Fifth Edition

SPANISH FOR MEDICAL PERSONNEL

Ana C. Jarvis
Chandler-Gilbert Community College

Raquel Lebredo
California Baptist College

D. C. Heath and Company
Lexington, Massachusetts   Toronto

Address editorial correspondence to:

D. C. Heath and Company
125 Spring Street
Lexington, MA 02173

Acquisitions: Denise St. Jean
Development: Sharon Alexander
Editorial Production: Julie Lane
Design: Alwyn R. Velásquez
Production Coordination: Richard Tonachel

Copyright © 1996 by D. C. Heath and Company.

Previous editions copyright © 1980, 1984, 1988, and 1992 by D. C. Heath and Company.

All rights reserved. No part of this publication may be reproduced or transmitted in any form or by any means, electronic or mechanical, including photocopy, recording, or any information storage or retrieval system, without permission in writing from the publisher.

Published simultaneously in Canada.

Printed in the United States of America.

International Standard Book Number: 0–669–35459–7

10 9 8 7 6 5 4 3 2 1

The substantially revised Fifth Edition of *Spanish for Medical Personnel* presents realistic situations and the specialized vocabulary that health-care professionals need to communicate with Hispanic patients in the course of their daily work. Personalized questions, grammar exercises, dialogue completions, role-plays, and realia-based activities provide students with numerous opportunities to apply, in a wide variety of practical contexts, the grammatical structures introduced in the corresponding lessons of the *Basic Spanish Grammar*, Fifth Edition, core text.

Spanish for Medical Personnel contains an introductory section with anatomical diagrams of the human body labeled in Spanish and English, one preliminary lesson, twenty regular lessons, four readings, and four review sections.

New to the Fifth Edition

In preparing the Fifth Edition, we have kept in mind suggestions from reviewers and users of the previous editions and the need to develop students' ability to communicate effectively in Spanish. The following list highlights the major changes in the manual and its components designed to respond to those needs.

- A new *Lección preliminar* reflects the key communicative and structural elements introduced in the preliminary lessons of *Basic Spanish Grammar*. This lesson is designed to foster students' confidence in their ability to learn Spanish and to encourage them to use the language actively from the very first day of class.
- The fine-tuned grammatical sequence parallels all changes made in *Basic Spanish Grammar*, Fifth Edition.
- The lesson framework has been reorganized to accommodate new features and to provide instructors and students with a more effective learning tool.
- The dialogues have been revised as necessary to reflect current medical practices. To encourage students to derive meaning from context, the dialogue translations now appear in an appendix.
- To facilitate students' access to useful words and expressions, the optional vocabulary list that formerly appeared toward the end of each lesson now occurs in a new, thematically-organized *Vocabulario adicional* subsection that follows the lesson's main vocabulary. Some of these lists have been updated or expanded to reflect current medical practices. Where appropriate, special notes at the end of the *Vocabulario adicional* supply cross-references to the diagrams in the human body section.
- New *Notas culturales* highlight Hispanic customs and traditions relevant to health care, as well as information on medical conditions and concerns affecting Hispanics in the United States.
- For immediate reinforcement of new vocabulary and the dialogue's content, *¿Recuerdan ustedes?* and *Para conversar* sections follow the cultural notes.
- A number of grammar exercises have been revised to make them contextualized and/or more communicative.
- New *Un paso más* sections provide supplemental practice of the *Vocabulario adicional*. Where pertinent, realia-based activities engage students in reading and using information from authentic documents.
- Each *Repaso* now features a *Práctica oral* section that is recorded on the Cassette Program. Throughout the manual, cassette icons signal additional recorded material.
- The introductory section on the human body now includes diagrams of the male and female reproductive organs, and the diagram of the skeletal structure provides a more detailed labeling of the bones. All anatomical diagrams in this section are available as transparency masters without Spanish labels in the *Testing Program/Transparency Masters* booklet that accompanies the *Basic Spanish Grammar* program.
- The appendixes feature a revised, more efficient reference tool for Spanish sounds and pronunciation as well as a new appendix with useful listings of conversion formulas for the metric system and the Celsius scale.

Organization of the Lessons

- Realistic dialogues model typical conversations in Spanish, using key vocabulary and grammatical structures that doctors, nurses, medical technicians, and other personnel need in their daily work.
- The *Vocabulario* section summarizes the new, active words and expressions presented in the dialogue and categorizes them by part of speech. A special subsection of cognates heads up the vocabulary list so students can readily identify these terms. The optional *Vocabulario adicional* subsection supplies supplementary vocabulary related to the lesson theme, while special footnotes identify useful colloquialisms.
- *Notas culturales* equip students with practical insights into culturally determined behavior patterns and other pertinent information regarding medical treatment of Hispanics in the United States.
- The *¿Recuerdan ustedes?* questions check students' comprehension of the dialogue.
- The *Para conversar* section provides personalized questions spun off from the lesson theme. Students are encouraged to work in pairs, asking and answering each of the questions.
- The *Vamos a practicar* section reinforces essential grammar points and the new vocabulary through a variety of structured and communicative activities.
- *Conversaciones breves* encourages students to use their own imaginations, experiences, and the new vocabulary to complete each conversation.
- The *En estas situaciones* section develops students' communication skills through guided role-play situations related to the lesson theme.
- Open-ended *Casos* offer additional opportunities for improving oral proficiency as students interact in situations they might encounter in their work as health-care professionals. These role-plays require spontaneous use of Spanish and are intended to underscore the usefulness of language study.
- The optional *Un paso más* section features one or two contextualized activities employing a range of creative formats to practice the supplementary words and expressions in the *Vocabulario adicional* section. In pertinent lessons, authentic documents expand upon the lesson theme and expose students to comprehensible input as they draw upon the use of cognates to assist them in developing their reading skills in Spanish. Comprehension activities guide students through the documents.

Lecturas

To further improve students' reading skills in Spanish, four supplementary selections (one after every five lessons) present basic information about diabetes, cancer, AIDS, and heart disease—four topics of major concern to the medical profession. Recorded on the Cassette Program, each reading passage is accompanied by three or four brief, model conversations related to the topic. Comprehension questions check students' understanding of the materials.

Repasos

A comprehensive review section, containing the following materials, appears after every five lessons. Upon completion of each section, students will know precisely what material they have mastered.

- *Práctica de vocabulario* exercises check students' cumulative knowledge and use of active vocabulary in a variety of formats: matching, true/false statements, identifying related words, sentence completion, and crossword puzzles. Solutions to the crossword puzzles appear in Appendix D so students can verify their responses independently.
- The *Práctica oral* section features questions that review key vocabulary and grammatical structures presented in the preceding five lessons. To develop students' aural and oral skills, the questions are also recorded on the Cassette Program.

Appendixes

- Appendix A, "Introduction to Spanish Sounds and the Alphabet," explains vowel sounds, consonant sounds, linking, rhythm, intonation, syllable formation, accentuation, and the Spanish alphabet.
- Appendix B, "English Translations of Dialogues," contains the translations of all dialogues in the preliminary lesson and the twenty regular lessons.

- Appendix C, "Metric System," features conversion formulas for temperature and metric weights and measures, as well as Spanish terms for U.S. weights and measures.
- Appendix D, "Answer Key to the *Crucigramas*," allows students to check their work on the crossword puzzles in the *Repaso* sections.

End Vocabularies

Completely revised, the comprehensive Spanish-English and English-Spanish vocabularies contain all words and expressions from the *Vocabulario* sections followed by the lesson number in which this active vocabulary is introduced. All passive vocabulary items in the *Vocabulario adicional* lists, the diagrams of the human body, and the glosses in the readings, authentic documents, exercises, and activities are also included.

Cassette Program and Tapescript

The *Spanish for Medical Personnel* Cassette Program opens with a recording of the vowels, consonants, and linking sections in Appendix A, "Introduction to Spanish Sounds and the Alphabet." The five mini-dialogues and the vocabulary list of the preliminary lesson are also recorded. For the twenty regular lessons, the Cassette Program contains recordings of the lesson dialogues (paused and unpaused versions), the active vocabulary list, and the supplementary words and expressions in the *Vocabulario adicional* section. The recordings of the *Lecturas, Conversaciones,* and *Práctica oral* sections of the *Repasos* now appear on the cassettes following Lessons 5, 10, 15, and 20 in accordance with their order in *Spanish for Medical Personnel.* For students' and instructors' convenience, a cassette icon in the manual signals materials recorded on the Cassette Program.

The complete tapescript for the *Spanish for Medical Personnel* Cassette Program is now available in a separate booklet that contains the tapescripts for the *Basic Spanish Grammar* program.

Testing

The *Testing Program/Transparency Masters* booklet for the *Basic Spanish Grammar* program includes a sample vocabulary quiz and two sample final exams for *Spanish for Medical Personnel*, Fifth Edition. For instructors' convenience, answer keys for the tests and suggestions for scheduling and grading the quiz and exams are also supplied. Transparency masters of the manual's diagrams of the human body without Spanish labels offer instructors a creative means of presenting or reviewing material.

A Final Word

The many students who have used *Spanish for Medical Personnel* in previous editions have enjoyed learning and practicing a new language in realistic contexts. We hope that the Fifth Edition will prepare today's students to communicate better with the Spanish-speaking people whom they encounter in the course of their work as health-care professionals.

We would like to hear your comments on and reactions to *Spanish for Medical Personnel* and to the *Basic Spanish Grammar* program in general. Reports of your experience using this program would be of great interest and value to us. Please write to us care of D. C. Heath and Company, Modern Languages Editorial, College Division, 125 Spring Street, Lexington, MA 02173.

Acknowledgments

We wish to thank our colleagues who have used previous editions of *Spanish for Medical Personnel* for their constructive comments and suggestions. We are grateful to Ozzie Díaz-Duque, who submitted many authentic materials, some of which appear in part in this edition. We also appreciate the valuable input of the following health-care practitioners and reviewers of *Spanish for Medical Personnel*, Fourth Edition:

Debra D. Andrist, Baylor University
Dr. Harry J. Azadian, Acting Medical Director, Raytheon Health Services Department
Joan W. Delzangle, Chaffey College

Ozzie F. Díaz-Duque, University of Iowa, Hospitals and Clinics
Donald B. Gibbs, Creighton University
Martha H. Goldberg, Cuesta College
Dr. Julio Machuca, Dentist, Woodbridge, VA
Fran J. Rakauskas, R.N., Raytheon Health Services Department
Richard James Schneer, Cedar Crest College
Dr. Flavio Valdes, Cardinal Cushing Center for Spanish Speaking, Boston, MA

Finally, we extend our sincere appreciation to the Modern Languages Staff of D. C. Heath and Company, College Division: Denise St. Jean, Senior Acquisitions Editor; Sharon Alexander, Senior Developmental Editor; Julie Lane, Production Editor; Richard Tonachel, Production Coordinator; and Alwyn Velásquez, Senior Designer.

Ana C. Jarvis
Raquel Lebredo

Contents

The Human Body   xi–xv

Lección preliminar
Conversaciones breves   1

Lección 1
En el consultorio   7

Lección 2
En el hospital   17

Lección 3
En el consultorio de la pediatra (I)   25

Lección 4
Con el ginecólogo   33

Lección 5
En el consultorio del pediatra (II)   43

Lectura 1
La dieta para diabéticos   53

REPASO: Lecciones 1–5   55

Lección 6
Con la dietista   61

Lección 7
En el Centro de Planificación Familiar   69

Lección 8
Un examen físico   77

Lección 9
Con el dentista   85

Lección 10
En la sala de emergencia   97

Lectura 2
El cáncer   107

REPASO: Lecciones 6–10   109

Lección 11
Nace un bebé   115

Lección 12
En el centro médico   125

Lección 13
En el hospital   137

Lección 14
En el laboratorio y en la sala de rayos X   149

Lección 15
Enfermedades venéreas   159

Lectura 3
El SIDA   169

REPASO: Lecciones 11–15   171

Lección 16
Problemas de la hipertensión   179

Lección 17
En el consultorio del Dr. Gómez, clínico   189

Lección 18
En la clínica de drogadictos   199

Lección 19
Consejos útiles   209

Lección 20
En el consultorio del cardiólogo   217

Lectura 4

Síntomas de un ataque al corazón   227

REPASO: Lecciones 16–20   229

Appendix A: Introduction to Spanish Sounds and the Alphabet   235

Appendix B: English Translations of Dialogues   241

Appendix C: Metric System   262

Appendix D: Answer Key to the *Crucigramas*   263

Spanish-English Vocabulary   265

English-Spanish Vocabulary   285

The Human Body

The diagrams on these pages show the important parts of the human body. Study them carefully and refer to them when necessary as you progress through the text.

El cuerpo humano (The Human Body)

Vista anterior (Front View)
La mujer (Woman)

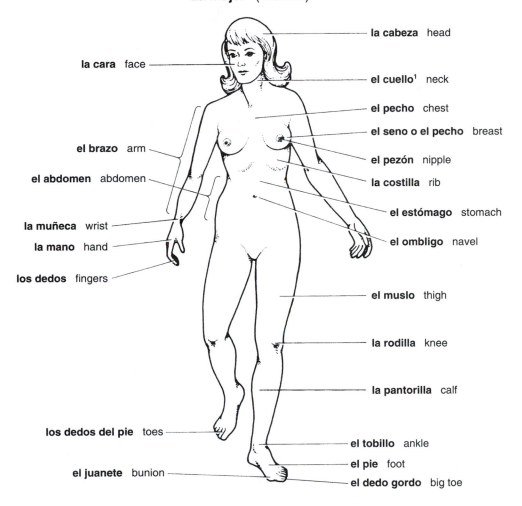

la cabeza head

la cara face

el cuello[1] neck

el pecho chest

el seno o el pecho breast

el brazo arm

el pezón nipple

el abdomen abdomen

la costilla rib

el estómago stomach

la muñeca wrist

la mano hand

el ombligo navel

los dedos fingers

el muslo thigh

la rodilla knee

la pantorilla calf

los dedos del pie toes

el tobillo ankle

el juanete bunion

el pie foot

el dedo gordo big toe

[1]Colloquialism: el pescuezo.

El cuerpo humano (The Human Body)

Vista posterior (Rear View)
El hombre (Man)

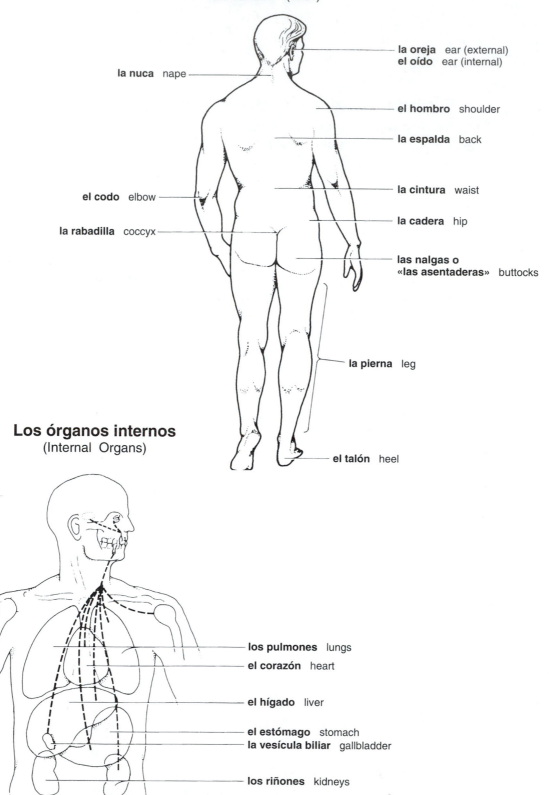

la nuca nape

el codo elbow

la rabadilla coccyx

la oreja ear (external)
el oído ear (internal)

el hombro shoulder

la espalda back

la cintura waist

la cadera hip

las nalgas o
«las asentaderas» buttocks

la pierna leg

el talón heel

Los órganos internos
(Internal Organs)

los pulmones lungs
el corazón heart

el hígado liver

el estómago stomach
la vesícula biliar gallbladder

los riñones kidneys

xii

El aparato digestivo
(Digestive System)

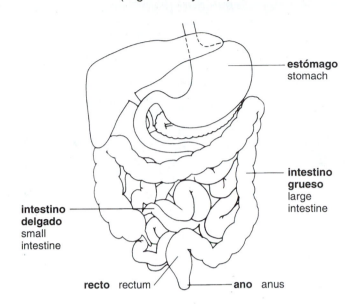

estómago
stomach

intestino grueso
large intestine

intestino delgado
small intestine

recto rectum

ano anus

Los órganos reproductivos (Reproductive Organs)

La mujer (Woman)

El hombre (Man)

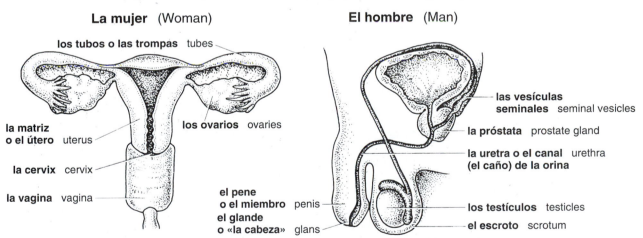

los tubos o las trompas tubes

la matriz o el útero uterus

la cervix cervix

la vagina vagina

los ovarios ovaries

el pene o el miembro penis
el glande o «la cabeza» glans

las vesículas seminales seminal vesicles

la próstata prostate gland

la uretra o el canal (el caño) de la orina urethra

los testículos testicles

el escroto scrotum

La cabeza (The Head)
Vista anterior (Front View)

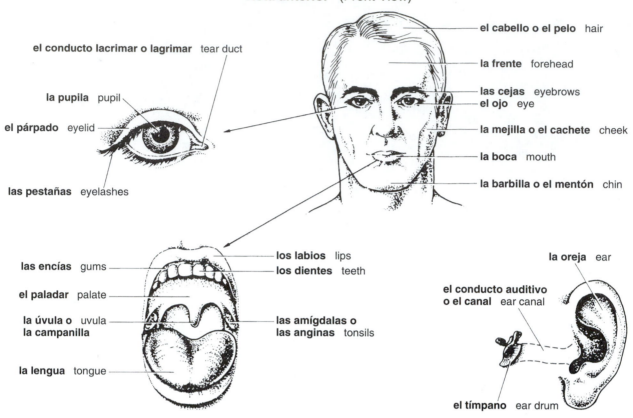

el conducto lacrimar o lagrimar tear duct

la pupila pupil

el párpado eyelid

las pestañas eyelashes

el cabello o el pelo hair

la frente forehead

las cejas eyebrows
el ojo eye

la mejilla o el cachete cheek

la boca mouth

la barbilla o el mentón chin

las encías gums

el paladar palate

la úvula o uvula
la campanilla

la lengua tongue

los labios lips
los dientes teeth

las amígdalas o
las anginas tonsils

la oreja ear

el conducto auditivo
o el canal ear canal

el tímpano ear drum

La cabeza (The Head)
Vista de perfil (Side View)

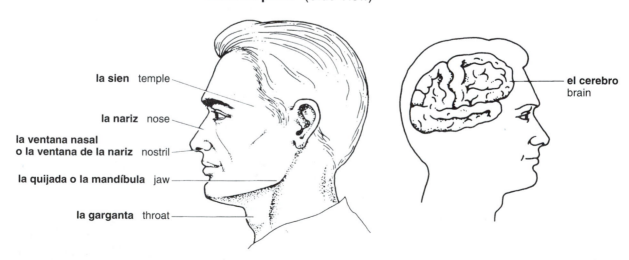

la sien temple

la nariz nose

la ventana nasal
o la ventana de la nariz nostril

la quijada o la mandíbula jaw

la garganta throat

el cerebro
brain

xiv

El esqueleto (The Skeleton)
Los huesos (The Bones)

la vértebra vertebra

la columna vertebral spinal column

el cráneo skull

la mandíbula jawbone

el esternón sternum

el húmero humerus

el carpo carpus

las falanges phalanges

el radio radius

la clavícula clavicle

el cúbito
ulna

el omóplato scapula

las costillas ribs

el hueso iliaco ilium

el cóccix coccyx

el fémur femur

la rótula patella

la tibia tibia

la fíbula o el peroné fibula

el tarso tarsus

el metatarso metatarsus

las falanges phalanges

el calcáneo
calcaneus

XV

Preliminar

Conversaciones breves

A. —Buenos días, señorita Vega. ¿Cómo está usted?
—Muy bien, gracias, señor Pérez. ¿Y usted?
—Bien, gracias.

B. —Buenas tardes, doctora Ramírez.
—Buenas tardes, señora Soto. Pase y tome asiento, por favor.
—Gracias.

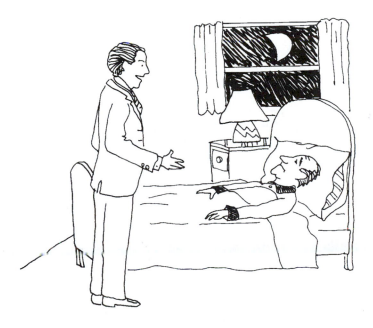

C. —Buenas noches, señor Rojas. ¿Cómo se siente?
—No muy bien, doctor.
—Lo siento…

D. —Muchas gracias, señora.
—De nada, señorita. Hasta mañana.
—Adiós.

1

E. —¿Nombre y apellido?
—José Luis Torres Fuentes.
—¿Dirección?
—Calle Palma, número diez.
—¿Número de teléfono?
—Ocho-dos-uno-cero-seis-uno-dos.

Vocabulario (*Vocabulary*)

SALUDOS Y DESPEDIDAS (*Greetings and farewells*)

Adiós.   Good-bye.
Buenos días.   Good morning., Good day.
Buenas tardes.   Good afternoon.
Buenas noches.   Good evening., Good night.
¿Cómo está usted?   How are you?
Hasta mañana.   See you tomorrow.
Bien.   Fine., Well.
Muy bien, gracias.   Very well, thank you.
No muy bien.   Not very well.

TÍTULOS (*Titles*)

doctor (Dr.), doctora (Dra.)   doctor
señor (Sr.)   Mr., sir, gentleman
señora (Sra.)   Mrs., lady, Ma'am, Madam
señorita (Srta.)   Miss, young lady

OTRAS PALABRAS Y EXPRESIONES (*Other words and expressions*)

el apellido   last name, surname
la calle   street
¿cómo?   how?
¿Cómo se siente?   How are you feeling?
conversaciones breves   brief conversations
De nada.   You're welcome.
la dirección, el domicilio   address
Lo siento.   I'm sorry.
Muchas gracias.   Thank you very much.
el nombre   name
el número de teléfono   phone number
Pase.   Come in.
por favor   please
Tome asiento.   Have a seat.
y   and

Notas culturales (*Cultural notes*)

Cognates (*cognados*) are words that are similar in spelling and meaning in two languages. Some Spanish cognates are identical to English words. In other instances, the words differ only in minor or predictable ways. There are many Spanish cognates related to the medical or health care professions as illustrated in the following lists. Learning to recognize and use cognates will help you to acquire vocabulary more rapidly and to read and speak Spanish more fluently.

anemia	anemia	**epilepsia**	epilepsy
bronquitis	bronchitis	**hipertensión**	hypertension
cáncer	cancer	**insomnio**	insomnia
diabetes	diabetes	**úlcera**	ulcer
enfisema	emphysema		
anestesiología	anesthesiology	**anestesiólogo(a)**	anesthesiologist
cardiología	cardiology	**cardiólogo(a)**	cardiologist
ginecología	gynecology	**ginecólogo(a)**	gynecologist
oftalmología	ophthalmology	**oftamólogo(a)**	ophthalmologist
ortopedia	orthopedics	**ortopedista**	orthopedist
pediatría	pediatrics	**pediatra**	pediatrician
urología	urology	**urólogo(a)**	urologist

¿Recuerdan ustedes? (*Do you remember?*)

Write appropriate responses to the following:

1. Buenos días.

   _____

2. Buenas tardes. ¿Cómo está usted?

   _____

3. Muchas gracias.

   _____

4. Buenas noches.

   _____

5. Pase y tome asiento, por favor.

   _____

6. ¿Cómo se siente?

   _____

7. Hasta mañana.

   _____

Vamos a practicar (*Let's practice*)

A. Write in Spanish the name of the place and the telephone number you would call in each of the following situations. Since many of the words are cognates, guess at their meaning.

1. You need some medicine. _____

2. You have a toothache. _____

3. Your husband/wife is having a heart attack. _____

4. You have just witnessed a car accident. _____

5. You want to know when you can visit a friend who has just had a baby. _____

   _____

   Hospital Municipal 257–8493

   Ambulancia 235–3001

   Dr. Manuel Montoya, dentista 265–9267

   Policía 112

   Farmacia "Marín" 241–4228

B. You are responsible for making patients' appointments at a medical clinic. In order to verify that you have written the following names correctly in the appointment book, spell each one in Spanish.

   1. Sandoval   4. Ugarte
   2. Fuentes   5. Barrios
   3. Varela   6. Zubizarreta

C. **Write the definite article before each word and then write the plural form.**

1. _____ apellido   _____

2. _____ dirección   _____

3. _____ doctora   _____

4. _____ señor   _____

5. _____ nombre   _____

6. _____ conversación   _____

7. _____ calle   _____

8. _____ número   _____

En estas situaciones (*In these situations*)

What would you say in the following situations? What might the other person say?

1. You greet your instructor in the evening and ask how he/she is.

2. You greet a patient, Miss Vega, in the morning.

3. Someone knocks on the door of your office.

4. You want to thank someone for a favor.

5. You want to ask someone how he/she is feeling.

6. You are helping someone fill out a form. You ask for his/her first name and last name, address, and phone number.

1

🔊 *En el consultorio*

El paciente entra y habla con la recepcionista.

RECEPCIONISTA	—Buenos días, señor.
PACIENTE	—Buenos días, señorita. Necesito hablar[1] con la médica, por favor.
RECEPCIONISTA	—Muy bien. ¿Nombre y apellido?
PACIENTE	—Jorge Vera Ruiz.
RECEPCIONISTA	—¿Quién paga la cuenta, señor Vera? ¿Usted o el seguro?
PACIENTE	—El seguro.
RECEPCIONISTA	—La tarjeta de seguro médico, por favor.
PACIENTE	—Aquí está.
RECEPCIONISTA	—Gracias. Ahora necesita llenar la planilla.
PACIENTE	—Muy bien. *(El paciente llena la planilla.)*

La doctora Gómez habla con el paciente. La doctora llena la planilla.

DOCTORA GÓMEZ	—A ver... Usted pesa ciento setenta libras. ¿Cuánto mide?
PACIENTE	—Cinco pies, nueve pulgadas.
DOCTORA GÓMEZ	—*(Mira la hoja clínica.)* Ajá... dolor de cabeza... dolor de estómago... y náusea...
PACIENTE	—Sí, doctora. Vomito a menudo. Siempre después de las comidas.
DOCTORA GÓMEZ	—¿Vomita sangre?
PACIENTE	—No, no vomito sangre.
DOCTORA GÓMEZ	—Bueno, necesitamos radiografías y un análisis de sangre.
PACIENTE	—Muy bien, doctora.

Con la recepcionista.

PACIENTE	—¿Cuándo necesito regresar?
RECEPCIONISTA	—Necesita regresar mañana, a las ocho y media.

---

[1]When two verbs are used together, the second verb remains in the infinitive: *Necesito **hablar**.*

INFORMACIÓN SOBRE EL PACIENTE (Llenar con letra de imprenta.)

_____

Fecha: 3/10/1996 [1]

Sr.
Sra.
Srta. Vera Ruiz   Jorge   Luis
         Apellido(s)   Nombre   Segundo nombre

Dirección: Magnolia 913 Riverside   CA   92314
            Calle   Ciudad   Estado   Zona postal

Teléfono: 686-9236

566-77-4832   4 de mayo de 1950   46
Número de seguro social   Fecha de nacimiento   Edad

Sexo: ☒ Masculino   Ocupación: Mecánico
      ☐ Femenino

Número de la licencia para conducir: A 06 964 803

Lugar donde trabaja: AMCO

Estado civil: ☒ Casado(a)   Nombre del esposo: ....
             ☐ Soltero(a)   Nombre de la esposa: Julia
             ☐ Divorciado(a)
             ☐ Separado(a)
             ☐ Viudo(a)

En caso de emergencia llamar a: Julia Vera

Teléfono: 686-9236

Nombre de la compañía de seguro: Blue Cross

Número de póliza: 792573

Firma: Jorge Vera Ruiz

[1] See _Notas culturales._

▣ Vocabulario

COGNADOS (*Cognates*)

la compañía	company	**el (la) paciente**	patient
la emergencia	emergency	**la póliza**	policy
la información	information	**el (la) recepcionista**	receptionist
la náusea	nausea	**el sexo**	sex
la ocupación	occupation	**social**	social

NOMBRES (*Nouns*)

el análisis   test, analysis
  el análisis de sangre   blood test
la cabeza   head
la comida   meal
la compañía de seguro   insurance company
el consultorio   doctor's office
la cuenta   bill
el dolor   pain, ache
  el dolor de cabeza   headache
  el dolor de estómago   stomachache
la edad   age
la esposa, la mujer   wife
el esposo, el marido   husband
el estado civil   marital status
el estómago   stomach
la fecha de nacimiento   date of birth
la firma   signature
la hoja clínica, la historia clínica   medical history
la licencia para conducir   driver's license
la letra   letter, handwriting
  la letra de imprenta, la letra de molde   print, printed letter
la libra   pound
el lugar donde trabaja   place of employment
el (la) médico(a)   (medical) doctor, M.D.
el pie   foot
la planilla, la forma (*Méx.*)   form
la pulgada   inch
la radiografía   X-ray
la sangre   blood
el segundo nombre   middle name
el seguro, la aseguranza (*Méx.*)   insurance
el seguro social   Social Security
la tarjeta   card
  la tarjeta de seguro médico   medical insurance card

VERBOS (*Verbs*)

entrar   to enter
hablar   to speak
llamar   to call
llenar   to fill out
mirar   to look at
necesitar   to need
pagar   to pay
pesar   to weigh
regresar   to return
vomitar, arrojar   to throw up

ADJETIVOS (*Adjectives*)

casado(a)   married
divorciado(a)   divorced
separado(a)   separated
soltero(a)   single
viudo(a)   widower, widow

OTRAS PALABRAS Y EXPRESIONES (*Other words and expressions*)

a las (+ *time*)   at (+ time)[1]
a menudo   often
A ver...   Let's see . . .
ahora   now
ajá   aha
aquí está   here it is
bueno   okay, well
con   with
¿cuándo?   when?
¿cuánto?   how much?
¿Cuánto mide usted?   How tall are you?
después (de)   after
en caso de   in case of
mañana   tomorrow
o   or
¿quién?   who?
siempre   always
sobre   about

---

[1]*A la una* is used to express *At one o'clock.*

Vocabulario adicional (*Additional vocabulary*)

Necesita una radiografía
- **de la cabeza** head
- **de la espalda** back
- **del pecho** chest
- **de la rodilla** knee
- **de la mano** hand
- **de la pierna** leg
- **de la muñeca** wrist

Necesita un análisis de
- **orina** urine
- **materia fecal** stool, feces
- **esputo** sputum

¿Dónde le duele? Where does it hurt?

Me duele
- **el cuello** neck
- **el estómago** stomach
- **el vientre** abdomen
- **el oído** (inner) ear
- **la garganta** throat
- **el hombro** shoulder
- **aquí** here

Me duelen[1]
- **los pies** feet
- **las piernas** legs
- **los brazos** arms
- **los dientes** teeth
- **los dedos** fingers

¡OJO! For additional anatomical terms, see the diagrams on pages xi–xv.

Notas culturales

- In most Spanish-speaking countries the day of the month is placed first. For example, 3/10/96 is equivalent to *el 3 de octubre de 1996* or October 3, 1996.
- In Hispanic countries, people generally have two surnames: the father's surname and the mother's maiden name. For example, the children of María *Rivas* and Juan *Pérez* would use the surnames *Pérez Rivas*. In this country, this custom may cause some confusion when completing forms, making appointments, or filing medical records. The proper order for alphabetizing Hispanic names is to list people according to the father's surname.

    Peña Aguilar, Rosa
    Peña Aguilar, Sara Luisa
    Peña Gómez, Raúl
    Quesada Álvarez, Javier
    Quesada Benítez, Ana María

¿Recuerdan ustedes?

Answer the following questions, basing your answers on the dialogue on page 7.

1. ¿Con quién necesita hablar el paciente?

_____

2. ¿Quién paga la cuenta, el señor Vera o el seguro?

_____

---

[1]Used with plural nouns.

3. ¿Qué *(What)* necesita llenar el paciente?

   _____

4. ¿Cuánto pesa y cuánto mide el señor Vera?

   _____

5. ¿Vomita el paciente después de las comidas?

   _____

6. ¿Vomita sangre?

   _____

7. ¿Qué necesita la doctora Gómez?

   _____

8. ¿A qué hora necesita regresar mañana el paciente?

   _____

Para conversar *(To talk)*

Interview a classmate, using the following questions. When you have finished, switch roles.

1. ¿Nombre y apellido?

   _____

2. ¿Cuánto pesa usted?

   _____

3. ¿Cuánto mide usted?

   _____

4. ¿Vomita usted a menudo?

   _____

5. ¿Necesita usted hablar con un médico?

   _____

6. ¿Usted necesita regresar mañana?

   _____

Vamos a practicar

A. Complete the following dialogues, using the present indicative of the verbs given.

1. necesitar/hablar

   —Nosotros _____ hablar con la doctora Smith.

   —¿La doctora _____ español?

   —No, pero *(but)* yo _____ español.

2. necesitar/pagar

   —¿Ustedes _____ la tarjeta de seguro médico?

   —No, nosotros _____ la hoja clínica.

   —¿Usted _____ la cuenta?

   —Sí, yo _____ la cuenta.

3. pesar

   —¿Cuánto _____ tú?

   —Yo _____ ciento cincuenta libras.

4. regresar

   —¿A qué hora _____ ustedes?

   —Yo _____ a las dos y la recepcionista _____ a las cinco.

   —¿Y los pacientes?

   —Ellos _____ a la una.

B. Answer the following questions. Write all numbers and abbreviations in Spanish.

1. ¿Mide usted 2'5"?

   _____

2. ¿Pesa usted 455 libras?

   _____

3. ¿Pagan ustedes la cuenta?

   _____

4. ¿Hay 970 planillas?

   _____

C. Write in Spanish what time the following people have scheduled appointments for today.

1. Ana María Santos: 9:15 A.M. _____

2. Roberto Montes: 10:00 A.M. _____

3. José Luis Vera Acosta: 10:45 A.M. _____

4. Dulce Peña: 11:30 A.M. _____

5. María Teresa Ruiz: 1:20 P.M. _____

6. Jorge Ibáñez: 2:50 P.M. _____

Conversaciones breves

Complete the following dialogues, using your imagination and the vocabulary from this lesson.

A. La recepcionista y el paciente:

PACIENTE —_____

RECEPCIONISTA —Buenos días. ¿Cómo se llama usted?

PACIENTE —_____

RECEPCIONISTA —¿Lugar donde trabaja?

PACIENTE —_____

RECEPCIONISTA —La tarjeta de seguro médico, por favor.

PACIENTE —_____

RECEPCIONISTA —Ahora necesita llenar la planilla.

PACIENTE —_____

B. El doctor Rivas y la paciente:

El doctor Rivas mira la hoja clínica.

DOCTOR RIVAS —_____

PACIENTE —Sí, mucho dolor de estómago y dolor de cabeza

DOCTOR RIVAS —_____

PACIENTE —Sí, vomito a menudo. Siempre después de las comidas.

DOCTOR RIVAS —_____

PACIENTE —Sí, a menudo vomito sangre.

DOCTOR RIVAS — _____

PACIENTE —Muy bien, doctor.

En estas situaciones

What would you say in the following situations? What might the other person say?

1. You are a receptionist and a patient comes into the office in the afternoon. You greet the person and ask if he/she needs to speak with the doctor *(f.)*. You tell the person that he/she needs to fill out the form and ask if the insurance company is paying the bill.

2. You are a doctor. Greet your patient (it's morning), and ask how he/she is. Ask your patient how much he/she weighs and how tall he/she is. Then tell the person you need X-rays and a blood test.

Un paso más *(A step further)*

A. Review the *Vocabulario adicional* in this lesson and then look at the drawings. Write what part of the body hurts by matching the numbers in the activity on page 15 to those in the drawings. The first one is done for you as a model.

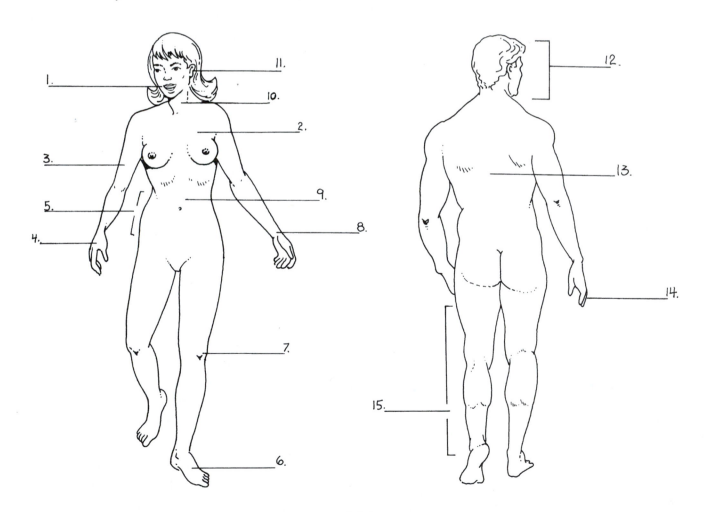

9. Me duele el estómago. _____

5. _____

6. _____

11. _____

13. _____

1. _____

14. _____

12. _____

B. Look at the drawings again and write what part of the body needs to be X-rayed.

Necesita una radiografía...

7. _____

8. _____

4. _____

5. _____

2. _____

C. **You work at the admitting desk in a hospital and part of your job is to fill in the following form for each patient. Solicit the necessary information from a classmate by asking questions based on the form. After you have completed the form, ask your classmate to verify that the information you have written is correct and to sign the form.**

INFORMACIÓN SOBRE EL PACIENTE (Llenar con letra de imprenta.)

_____

Fecha: ....

Sr.
Sra.
Srta. ....
     Apellido(s)   Nombre   Segundo nombre

Dirección: ....
         Calle   Ciudad   Estado   Zona postal

Teléfono: ....

....
Número de seguro social   Fecha de nacimiento   Edad

Sexo: ☐ Masculino   Ocupación:[1] ....
      ☐ Femenino

Número de la licencia para conducir: ....

Lugar donde trabaja: ....

Estado civil: ☐ Casado(a)   Nombre del esposo: ....
       ☐ Soltero(a)   Nombre de la esposa: ....
       ☐ Divorciado(a)
       ☐ Separado(a)
       ☐ Viudo(a)

En caso de emergencia llamar a: ....

Teléfono: ....

Nombre de la compañía de seguro: ....

Número de póliza: ....

Firma: ....

---

[1]For a list of occupations refer to Appendix C in *Basic Spanish Grammar*.

2

▦ *En el hospital*

La dietista habla con la Srta. López.

DIETISTA	—¿Es Ud. la Srta. López?
SRTA. LÓPEZ	—Sí, soy yo.
DIETISTA	—¿Qué desea comer[1] hoy, señorita?
SRTA. LÓPEZ	—Deseo sopa, pollo y, de postre, fruta.
DIETISTA	—¿Qué desea tomar[1]?
SRTA. LÓPEZ	—Leche fría y agua, por favor.
DIETISTA	—¿Y mañana, para el desayuno?
SRTA. LÓPEZ	—Jugo de naranja, cereal, pan tostado con mantequilla y café o chocolate caliente.

La enfermera habla con los pacientes en la sala.

Con el Sr. Ramos:

ENFERMERA	—¿Todavía tose mucho, Sr. Ramos?
SR. RAMOS	—Sí, necesito un jarabe para la tos.
ENFERMERA	—Ud. fuma mucho. No debe fumar[1] tanto.
SR. RAMOS	—Señorita, sólo fumo una cajetilla al día.
ENFERMERA	—Ajá... Bueno, necesitamos muestras de orina y de heces fecales para los análisis.

Con la Sra. Díaz:

ENFERMERA	—Sra. Díaz, ¿usa Ud. dentadura postiza, anteojos o lentes de contacto?
SRA. DÍAZ	—Uso lentes para leer.
ENFERMERA	—¿Necesita Ud. algo?
SRA. DÍAZ	—Sí, necesito otra almohada y una frazada, y también la pastilla para el dolor.
ENFERMERA	—Muy bien. ¿Desea orinar ahora?
SRA. DÍAZ	—Sí, por favor.
ENFERMERA	—Bien, aquí está la chata.

---

[1]Remember: When two verbs are used together, the second verb remains in the infinitive: *desea comer*; *debe* **fumar**.

17

▩ Vocabulario

COGNADOS

el cereal cereal
el chocolate chocolate
la fruta fruit
el hospital hospital
los lentes de contacto contact lenses
mucho much, a lot

NOMBRES

el agua (*f.*) water
la almohada pillow
los anteojos, los lentes, las gafas, los espejuelos
  (*Cuba*) glasses
el café coffee
la cajetilla pack of cigarettes
la chata,[1] **la cuña** bedpan
la dentadura teeth, set of teeth
la dentadura postiza dentures
el desayuno breakfast
el (la) dietista dietician
el (la) enfermero(a) nurse
la frazada, la manta, la cobija blanket
el jarabe para la tos cough syrup
el jugo juice
el jugo de naranja, el jugo de china
  (*Puerto Rico*) orange juice
la leche milk
la mantequilla butter
la muestra sample, specimen
  la muestra de orina urine sample, specimen
  la muestra de heces fecales, excremento[2]
    stool specimen
el pan bread
el pan tostado, la tostada toast
la pastilla pill
  la pastilla para el dolor, el calmante[3] pill for pain,
    pain killer
el pollo chicken
el postre dessert
la sala ward
la sopa soup
la tos cough

VERBOS

comer to eat
deber should, must
desear to want, to wish
fumar to smoke
leer to read
orinar to urinate[4]
ser to be
tomar, beber to drink
toser to cough
usar to wear, to use

ADJETIVOS

caliente hot
frío(a) cold
otro(a) other, another
postizo(a) false

OTRAS PALABRAS Y EXPRESIONES

al día a day, per day
algo anything, something
en in, at
hoy today
para for
¿qué? what?
sólo, solamente only
también also
tanto(a) so much
todavía still, yet

---

[1]A urinal for males is called *el pato*.
[2]Colloquialism: *la caca*. Remember that colloquialisms are expressions used in familiar and informal conversation or regional dialects and they should not be used indiscriminately.
[3]The term *calmante* has two meanings: "painkiller" and "sedative." *Calmante para el dolor* ("painkiller") may be used to clarify the meaning.
[4]Colloquialisms: *hacer pipí, hacer pis. Hacer pipí* is frequently used by mothers when talking to small children.

Vocabulario adicional

Ud. debe
- **ir a la oficina de admisión**   go to the admissions office
- **llenar la planilla de admisión**   fill out the admissions form
- **firmar la autorización**   sign the authorization
- **ingresar en el hospital**   be admitted to the hospital

Deseo jugo de
- **toronja**   grapefruit
- **piña**   pineapple
- **tomate**   tomato
- **manzana**   apple
- **uvas**   grapes
- **pera**   pear
- **durazno, melocotón**   peach

Debe tomar
- **dos tabletas**   tablets
- **dos cápsulas**   capsules
- **la medicina**   medicine
- **un sedativo, un calmante**   sedative
- **un tranquilizante**   tranquilizer

Notas culturales

Eating habits in Hispanic countries are different from those in the U.S. Not only does the food change from country to country and region to region, but meals are often served at different times.

Breakfast frequently consists of *café con leche* or *chocolate* and bread with butter or marmalade or a sweet roll. The midday meal or lunch (*el almuerzo/la comida*) is a more substantial meal than the typical U.S. lunch. For example, there might be a first course of soup followed by a main course of meat or fish, with vegetables and potatoes, rice, or beans, then a green salad, and finally dessert (often fruit or cheese). Coffee is served after the meal. Dinner or supper (*la cena*) is usually a lighter meal than lunch unless eaten in a restaurant, and it may consist of more than one course.

¿Recuerdan ustedes?

Answer the following questions, basing your answers on the dialogue.

1. ¿Qué desea comer la Srta. López?

   _____

2. ¿Qué desea de postre?

   _____

3. ¿Qué desea para el desayuno?

   _____

4. ¿Tose mucho el Sr. Ramos?

   _____

5. ¿Qué desea tomar para la tos?

   _____

6. ¿Qué necesita la enfermera para los análisis?

   _____

7. ¿Usa lentes de contacto la Sra. Díaz?

   _____

8. ¿Qué necesita la Sra. Díaz?

   _____

Para conversar

Interview a classmate, using the following questions. When you have finished, switch roles.

1. ¿Qué desea comer Ud. hoy?

   _____

2. ¿Come Ud. muchas frutas?

   _____

3. ¿Desea Ud. tomar leche fría, jugo de naranja, café o agua?

   _____

4. ¿Usa Ud. lentes de contacto?

   _____

5. ¿Necesita Ud. anteojos para leer?

   _____

6. ¿Usa Ud. dentadura postiza?

   _____

7. ¿Cuántas (*How many*) almohadas usa Ud.?

   _____

8. ¿Qué pastillas para el dolor toma Ud.?

   _____

9. ¿Fuma Ud.? (¿Cuántas cajetillas al día?)

   _____

10. ¿Qué debo tomar para la tos?

   _____

Vamos a practicar

A. Complete the following dialogues using the present indicative of the verbs given.

1. comer/beber

   —¿Qué _____ Uds.?

   —Nosotros _____ pollo. ¿Qué _____ tú?

   —Yo _____ jugo de naranja o leche.

2. deber/leer

   —¿Tú _____ usar anteojos para leer?

   —Sí, cuando (*when*) yo _____, necesito lentes.

3. toser/ser

   —¿Ud. _____ mucho, señora?

   —Sí, (yo) _____ mucho.

   —Este (*This*) jarabe _____ para la tos.

4. ser

   —¿_____ Ud. la Dra. Vargas?

   —No, yo _____ la enfermera.

5. ser

   —¿_____ Uds. de Arizona?

   —No, (nosotras) _____ de California.

B. Complete the following sentences with the appropriate form of the adjective given.

1. Ella usa dentadura _____ (*false*).

2. Deseo beber chocolate _____ (*hot*).

3. Necesito _____ (*another*) almohada.

4. Ellos beben agua _____ (*cold*).

5. La doctora desea hablar con los _____ (*other*) pacientes.

6. ¿Él toma café _____ (*cold*)?

Conversaciones breves

Complete the following dialogues, using your imagination and the vocabulary from this lesson.

A. La enfermera y el Sr. García:

ENFERMERA   — _____

SR. GARCÍA   —No uso dentadura postiza, pero (*but*) sí uso lentes de contacto.

ENFERMERA   — _____

SR. GARCÍA   —No, pero necesito otra frazada.

ENFERMERA   — _____

SR. GARCÍA   —Sí, señorita, toso mucho.

ENFERMERA   — _____

SR. GARCÍA   —No, yo no fumo mucho, sólo una cajetilla al día.

ENFERMERA   — _____

SR. GARCÍA   —No, no deseo orinar ahora.

B. La enfermera y la Srta. Ortiz:

ENFERMERA   — _____

SRTA. ORTIZ   —Deseo tomar leche fría.

ENFERMERA   — _____

SRTA. ORTIZ   —No, no deseo agua, gracias.

ENFERMERA   — _____

SRTA. ORTIZ   —Para el desayuno deseo jugo de naranja y cereal.

ENFERMERA   — _____

SRTA. ORTIZ   —No, no deseo tostadas con mantequilla.

ENFERMERA   — _____

SRTA. ORTIZ   —Para comer deseo pollo y sopa.

ENFERMERA   — _____

SRTA. ORTIZ   —No, no deseo postre.

C. La enfermera y la Sra. Mora:

ENFERMERA —Necesito una muestra de orina para los análisis.

SRA. MORA — _____

ENFERMERA —No, no necesito muestra de heces fecales. ¿Cómo está Ud. hoy?

SRA. MORA — _____

ENFERMERA —¿Desea tomar la pastilla para el dolor?

SRA. MORA — _____

ENFERMERA —Aquí está. ¿Necesita agua?

SRA. MORA — _____

En estas situaciones

What would you say in the following situations? What might the other person say?

1. You are a nurse. Verify your patient's name and ask if he/she wears contact lenses or glasses. Then ask if he/she needs another pillow or a blanket.

2. You are a patient. Tell the dietician you want toast with butter and milk for breakfast and that today you want to eat soup, salad, and chicken. Tell him/her you want to drink orange juice.

3. You are a doctor. Tell your patient that you need a urine sample and a stool specimen. Ask if he/she is still coughing a great deal, then tell the patient that he/she shouldn't smoke so much.

4. You are a nurse. Ask your patient if he/she wants to urinate and needs the bedpan.

Casos (*Cases*)

Act out the following scenarios with a partner.

1. A dietician and a patient discuss the menu for lunch and breakfast.

2. A nurse and a patient discuss the patient's needs.

Un paso más

Review the *Vocabulario adicional* in this lesson. Then give advice to the following people in these situations.

1. Your patient has a headache.

   _____

2. Your patient is very nervous.

   _____

3. The patient needs to give permission for surgery.

   _____

4. The person should be admitted to the hospital on Thursday.

   _____

5. Your patient wants some juice.

   _____

3

📼 *En el consultorio de la pediatra (I)*

La Sra. Leyva lleva a su hijo a la oficina de la Dra. Méndez. Da su nombre y toma un número, y los dos van a la sala de espera. Al rato, la enfermera llama a Miguel Leyva. La Sra. Leyva y su hijo van a un cuarto y esperan a la doctora.

Con la enfermera:

ENFERMERA	—¿Cuál es el problema de su hijo, Sra. Leyva?
SRA. LEYVA	—Está resfriado, y como él es asmático, sufre mucho, pobrecito.
ENFERMERA	—A ver... Su temperatura es alta... ciento tres grados... ¿Qué tal el apetito?
SRA. LEYVA	—Come muy poco y siempre está cansado.
ENFERMERA	—Está muy pálido... ¡Ah! Aquí está la doctora.

Con la Dra. Méndez:

DRA. MÉNDEZ	—Miguel está muy delgado. Pesa sólo cuarenta libras. Muy poco para un niño de siete años.
SRA. LEYVA	—Mi hijo come muy poco, doctora. Y siempre está estreñido y aventado...
DRA. MÉNDEZ	—Quizá está anémico. Necesitamos un análisis de sangre.
SRA. LEYVA	—¿Cree Ud. que es algo grave?
DRA. MÉNDEZ	—No... pero el niño necesita vitaminas, hierro y proteína.
SRA. LEYVA	—¿Y para el catarro y la fiebre? ¿Necesita penicilina? Él es alérgico a la penicilina.
DRA. MÉNDEZ	—No, su hijo no necesita penicilina.
SRA. LEYVA	—¿Necesita alguna medicina?
DRA. MÉNDEZ	—Sí, unas cápsulas. Debe tomar una después de cada comida y una antes de dormir.[1]
SRA. LEYVA	—Bueno.
DRA. MÉNDEZ	—El niño debe tomar mucho líquido, señora. Aquí está la receta.
SRA. LEYVA	—Muy bien. Ahora mismo vamos a una farmacia para comprar la medicina. ¿Debe tomar aspirinas para la fiebre?
DRA. MÉNDEZ	—No, debe tomar Tylenol para niños. Si la fiebre pasa de 101 grados, debe tomar dos cucharaditas cada cuatro horas. Si la fiebre no baja, deben regresar mañana.
SRA. LEYVA	—Muchas gracias, doctora.

---

[1]After prepositions Spanish uses an infinitive: *antes de **dormir***.

▣ Vocabulario

COGNADOS

alérgico(a) allergic	**la medicina, el remedio** medicine
anémico(a) anemic	**la oficina** office
el apetito appetite	**la penicilina** penicillin
asmático(a) asthmatic	**el problema** problem
la aspirina aspirin	**la proteína** protein
la cápsula capsule	**la temperatura** temperature
la farmacia[1] pharmacy	**la vitamina** vitamin
el líquido liquid	

NOMBRES

el año year
el catarro, el resfrío, el resfriado cold
el cuarto room
la cucharadita teaspoonful
la fiebre, la calentura fever
el grado degree
el hierro iron
el (la) hijo(a) son, daughter
la hora hour
la niña girl, child (*f.*)
el niño boy, child (*m.*)
el (la) pediatra pediatrician
el (la) pobrecito(a) poor little thing (one)
la receta prescription
la sala de espera waiting room

VERBOS

bajar to go down
comprar to buy
creer to think, to believe
dar to give
esperar to wait (for)
estar to be
ir to go
llevar to take (someone or something somewhere)
sufrir to suffer
tomar to take

ADJETIVOS

alguno(a) some, any
alto(a) high
aventado(a), lleno(a) de gases bloated
cada every, each
cansado(a) tired
delgado(a) thin
estreñido(a), tapado(a), tupido(a) constipated
grave, serio(a) serious
pálido(a) pale

OTRAS PALABRAS Y EXPRESIONES

ahora mismo[2] right now
al rato a while later
antes de before
antes de dormir before sleeping
como since
¿cuál? what?, which?
estar resfriado(a), estar acatarrado(a) to have a cold
los dos the two of them, both
para in order to
pero but
poco little (quantity)
que that
¿Qué tal... ? How about . . . ?, How is (are) . . . ?
quizá(s) perhaps, maybe
si if
la temperatura pasa de... the temperature is over . . .

---

[1]Colloquialism: *la droguería* (some Latin American countries).
[2]Colloquialism: *ahorita* (some Latin American countries).

Vocabulario adicional

INSTRUCCIONES PARA TOMAR LAS MEDICINAS[1]

Tome
(Take)
Dele
(Give him/her)
}
una cucharada
(a tablespoon)
una cucharadita
(a teaspoonful)
}

antes de cada comida   before each meal
cada seis (ocho) horas   every six (eight) hours
con las comidas   with meals
entre comidas   between meals
en ayunas   before eating anything
al acostarse   at bedtime
al levantarse   first thing in the morning (when he/she gets up)

LAS ALERGIAS (*Allergies*)

¿Es Ud. alérgico(a)
{
a algún antibiótico?   any antibiotic
a algún alimento?   any food
a la inyección contra el tétano?   the tetanus shot
a la sulfa?   sulfa
a algún cosmético o perfume?   any cosmetic or perfume
al polen?   pollen

Notas culturales

- In many Spanish-speaking countries, people not only consult medical doctors about their health problems, but also their local pharmacists. In general, pharmacists in the Hispanic world receive rigorous training and are up-to-date in pharmacology. They often give shots and recommend or prescribe medicines because many drugs such as antibiotics can be bought without a prescription.
- In some Latin American countries, especially in the Caribbean region, there are stores called *botánicas* where different kinds of herbs, roots, and powders can be bought. These products are used to cure headaches, backaches, and other similar problems.
- All Spanish-speaking countries use the metric system, which may cause some misunderstanding or confusion when discussing weights and measures with a Hispanic patient. For example, the child in the dialogue weighs forty pounds or approximately eighteen kilograms. Also, temperatures are measured in degrees Celsius rather than degrees Fahrenheit. Thus, the child's temperature is 101°F or about 38°C. For more information, see the conversion charts in Appendix C.

¿Recuerdan ustedes?

Answer the following questions, basing your answers on the dialogue.

1. ¿Adónde (where) lleva la Sra. Leyva a su hijo?

   _____

2. ¿Cuál es el problema de Miguel?

   _____

---

[1]The *Instrucciones para tomar las medicinas* are not recorded on the audio program.

3. ¿Cuánto pesa Miguel?

   _____

4. ¿Qué necesita el niño si es anémico? ¿Y para el catarro y la fiebre?

   _____

5. ¿Cuándo debe tomar las cápsulas?

   _____

6. ¿Adónde van la Sra. Leyva y su hijo ahora mismo?

   _____

7. ¿Qué debe tomar el niño para bajar la fiebre?

   _____

8. Si la fiebre no baja, ¿cuándo deben regresar?

   _____

Para conversar

Interview a classmate, using the following questions. When you have finished, switch roles.

1. ¿Es Ud. anémico(a)? ¿Asmático(a)?

   _____

2. ¿Está Ud. cansado(a)?

   _____

3. ¿Qué tal el apetito? ¿Come Ud. bien?

   _____

4. ¿Necesita Ud. hierro? ¿Vitaminas? ¿Proteína?

   _____

5. ¿Está Ud. resfriado(a)?

   _____

6. ¿Qué toma Ud. cuando está resfriado(a)?

   _____

7. ¿Qué toma Ud. para el dolor de cabeza?

   _____

8. ¿Qué toma Ud. para la fiebre? ¿Para el resfrío?

   _____

9. ¿Es Ud. alérgico(a) a alguna medicina?

_____

10. ¿Dónde *(Where)* compra Ud. las medicinas?

_____

11. Estoy resfriado(a). ¿Debo tomar mucho o poco líquido?

_____

12. ¿Yo estoy pálido(a)?

_____

Vamos a practicar

A. Complete the following dialogues with possessive adjectives in Spanish.

1. —¿Cuál es el problema de _____ hija, Sra. Pelayo?

    —_____ esposo y yo creemos que _____ hija es asmática.

2. —Ana María, ¿quién es _____ pediatra? La temperatura de _____ niño pasa de 103

    grados y vomita mucho.

    —_____ pediatra es la Dra. Méndez. _____ número de teléfono es 635-0211 y

    _____ oficina está en la calle Flores, número 28.

B. Complete the following exchanges, using the present indicative of *ir*, *dar*, or *estar*.

1. —¿ _____ Uds. a la farmacia?

    —Sí, _____ a la farmacia para comprar medicina. Yo _____ aventado y

    estreñido.

2. —La Dra. Soto no _____ su número de teléfono.

    —Yo no _____ mi número de teléfono tampoco *(either)*.

    —Nosotros _____ el número de la oficina.

3. —¿Uds. _____ resfriados?

    —Sí, _____ acatarrados y tosemos mucho.

C. **Complete the following sentences, using the present indicative of *ser* or *estar*.**

1. —¿_____ Ud. alérgico a alguna medicina?

   —Sí, _____ alérgico a la penicilina.

2. —¿Dónde _____ el médico?

   — _____ en el consultorio.

3. —¿Tú _____ el hijo de la Sra. Vega?

   —No, _____ el hijo de la Sra. Morales.

4. —¿Cuál _____ el problema de su hijo, señora?

   — _____ muy pálido últimamente (*lately*) y siempre _____ muy cansado.

   Además, _____ asmático. ¿Cree Ud. que _____ algo grave?

   —No, no _____ grave.

D. **Write the following dialogues in Spanish.**

1. "My son needs his vitamins."
   "All the medications are in your son's room, Mrs. Vega."

   _____

   _____

2. "Our daughter takes her child to Dr. (*f.*) Mena's office on Fridays."
   "Is she asthmatic?"
   "Yes, (the) poor little thing!"

   _____

   _____

   _____

Conversaciones breves

Complete the following dialogues, using your imagination and the vocabulary from this lesson.

A. La doctora y el paciente:

DOCTORA —¿Cómo se siente?

PACIENTE —_____

DOCTORA —¿Come Ud. bien?

PACIENTE —_____

DOCTORA —¿Qué vitaminas toma Ud.? ¿Toma hierro?

PACIENTE —_____

B. La enfermera y la madre (mother) de una paciente:

ENFERMERA —¿La fiebre de su hija es muy alta?

SRA. CALLES —_____

ENFERMERA —La niña debe tomar Tylenol para niños.

SRA. CALLES —¿Necesita otra medicina?

ENFERMERA —_____

SRA. CALLES —Ahora mismo voy a la farmacia para comprar la medicina.

En estas situaciones

What would you say in the following situations? What might the other person say?

1. You are a doctor. Tell a mother that her son/daughter must take Children's Tylenol every four hours and that they must return tomorrow if the fever doesn't go down.

2. You are a doctor. After giving a patient a prescription, tell him/her to take four capsules: one after each meal and one before sleeping. Also tell the patient that he/she must drink plenty of liquids.

3. You are the patient. Tell the doctor that you are constipated and bloated and that you don't eat very much. Ask the doctor if he/she thinks it is serious.

4. You are a doctor. Tell your patient that he/she may be anemic and that you need to do a blood test.

Casos

Act out the following scenarios with a partner.

1. A parent discusses a child's health problems and symptoms with a doctor.

2. A doctor gives instructions to a patient who has a cold and a high fever.

Un paso más

A. Review the *Vocabulario adicional* in this lesson. Then give your patients instructions about taking their medications that would approximately correspond to the times given.

1. a las seis de la mañana

    _____

2. a las siete de la mañana, a las doce y a las seis de la tarde

    _____

3. a las diez de la mañana y a las cuatro de la tarde

    _____

4. a las once de la noche

    _____

B. You are a doctor. What would you say to the following people in these situations?

1. The patient has just visited a botanical garden and now has uncontrollable bouts of sniffling and sneezing.

    _____

2. The patient has hives and difficulty breathing.

    _____

3. The patient has developed a rash on her face and neck.

    _____

4. You are about to give a patient a tetanus shot.

    _____

5. You want to prescribe a drug containing sulfa for your patient.

    _____

6. The patient has a bronchial infection and you want to prescribe an antibiotic.

    _____

4

Con el ginecólogo

La Sra. Mora no tiene menstruación desde enero y va al consultorio del Dr. Aranda. El Dr. Aranda es ginecólogo.

Con el Dr. Aranda:

SRA. MORA	—Creo que estoy embarazada, doctor; no tengo la regla desde enero.
DR. ARANDA	—Vamos a ver. ¿Tiene dolor en los senos? ¿Están duros o inflamados?
SRA. MORA	—Sí, doctor, y están más grandes. También tengo los tobillos muy hinchados.
DR. ARANDA	—¿Tiene mareos, náusea?
SRA. MORA	—Sí, todas las mañanas.
DR. ARANDA	—¿Está cansada?
SRA. MORA	—Sí, y estoy muy débil. Siempre estoy cansada y tengo dolor de espalda.
DR. ARANDA	—Quizás tiene anemia. ¿Tiene dolores durante las relaciones sexuales?
SRA. MORA	—Sí, tengo mucho dolor.
DR. ARANDA	—¿Orina con frecuencia?
SRA. MORA	—Sí, con mucha frecuencia.
DR. ARANDA	—¿Algún[1] malparto o aborto?
SRA. MORA	—No, ninguno.

El doctor examina a la paciente.

DR. ARANDA	—Ud. tiene todos los síntomas de estar embarazada, pero necesitamos unos análisis para estar seguros. Mientras tanto tiene que comer bien, descansar y evitar los trabajos pesados. No debe tomar bebidas alcohólicas.
SRA. MORA	—Yo no bebo, pero fumo mucho.
DR. ARANDA	—Tiene que dejar de fumar.
SRA. MORA	—¿Por qué?
DR. ARANDA	—Porque es malo para el bebé y para Ud. también.
SRA. MORA	—Tiene razón, doctor. Debo dejar de fumar.

---

[1]The *o* in *alguno* or *ninguno* is dropped before a masculine singular noun.

📼 Vocabulario

COGNADOS

el aborto   abortion
la anemia   anemia
el (la) ginecólogo(a)   gynecologist
el síntoma   symptom

NOMBRES

el bebé   baby
la bebida alcohólica   alcoholic beverage
la espalda   back
el malparto, el aborto natural, el aborto espontáneo   miscarriage
la mañana   morning
el mareo   dizziness
la regla, la menstruación, el periodo   menstruation
las relaciones sexuales[1]   sexual relations, sex
los senos, los pechos   breasts
el tobillo   ankle
el trabajo   work

VERBOS

descansar   to rest
evitar   to avoid
examinar, reconocer[2]   to examine
tener   to have

ADJETIVOS

débil   weak
duro(a)   hard
embarazada, encinta[3]   pregnant
grande   big
inflamado(a), hinchado(a)   swollen
malo(a)   bad
pesado(a)   heavy
seguro(a)   sure

OTRAS PALABRAS Y EXPRESIONES

con frecuencia   frequently
dejar de   to stop (doing something)
desde   since
durante   during
más   more
mientras tanto   in the meantime
ninguno(a)   not a one, none
¿por qué?   why?
porque   because
tener que + *infinitivo*   to have to + *infinitive*
tener razón   to be right
todo(a)   all
vamos a ver   let's see

---

[1] *Tener relaciones sexuales, acostarse con* = to have sex.
[2] Irregular first person: *yo reconozco.*
[3] Colloquialism: *preñada.*

Vocabulario adicional

OTROS ESPECIALISTAS

el (la) cardiólogo(a)   cardiologist
el (la) cirujano(a)   surgeon
el (la) especialista de garganta, nariz y oídos;
 el (la) otorrinolaringólogo(a)   throat, nose,
 and ear specialist
el (la) especialista de la piel, el (la) dermatólogo(a)
 dermatologist
el (la) internista   internist
el (la) obstetra   obstetrician
el (la) oculista   oculist
el (la) oftalmólogo(a)   ophthalmologist
el (la) ortopédico(a)   orthopedist
el (la) podiatra   podiatrist
el (la) psiquiatra   psychiatrist
el (la) urólogo(a)   urologist

Notas culturales

- Like most women, many Hispanic females may feel uncomfortable or embarrassed discussing matters of sex and reproduction, especially with a male doctor. This reaction may be due in part to cultural taboos, the patient's level of education, or both. In some cultures, it is not possible or it is considered socially unacceptable to talk about any aspect of sexuality. Therefore, it is important to be sensitive and diplomatic when dealing with these topics.
- Compared with the fertility rate of the general population (65 of 1000 births), Hispanics have a higher fertility rate (95 of 1000 births), give birth to children at younger ages, and have more children.
- According to a recent study, only about sixty percent of Hispanic females (excluding Cuban Americans) initiate prenatal care in the first trimester. Also, Hispanics are three times as likely to receive no prenatal care, and Puerto Ricans receive prenatal care later and less often. In spite of this, Hispanic females, especially Mexican Americans, have lower rates of premature deliveries and low birth weights.

¿Recuerdan ustedes?

Answer the following questions, basing your answers on the dialogue.

1. ¿Por qué va la Sra. Mora al consultorio del Dr. Aranda?

   _____

2. ¿Desde cuándo (*when*) no tiene la menstruación la Sra. Mora?

   _____

3. ¿Tiene dolor en los senos?

   _____

4. ¿Qué tiene la Sra. Mora todas las mañanas?

   _____

5. ¿Tiene ella dolores durante las relaciones sexuales?

_____

6. ¿Qué necesitan para estar seguros de que la Sra. Mora está embarazada?

_____

7. ¿Qué tiene que hacer (do) ella?

_____

8. ¿Por qué tiene que dejar de fumar?

_____

Para conversar

Interview a classmate, using the following questions. When you have finished, switch roles.

1. ¿Tiene Ud. los tobillos hinchados?

_____

2. ¿Tiene Ud. mareos o náusea?

_____

3. ¿Está Ud. cansado(a)? ¿Débil?

_____

4. ¿Tiene Ud. dolor de espalda?

_____

5. ¿Orina Ud. con frecuencia?

_____

6. ¿Toma Ud. bebidas alcohólicas?

_____

7. Yo creo que es malo fumar. ¿Tengo razón o no?

_____

8. ¿Es fácil (easy) dejar de fumar?

_____

9. Si una mujer (woman) está embarazada, ¿qué síntomas tiene?

_____

10. Estoy muy cansado(a). ¿Qué tengo que hacer (do)?

_____

Vamos a practicar

A. **Write two comparative or superlative statements for each situation.**

1. La temperatura de José es de noventa y nueve grados pero la temperatura de Rosa pasa de ciento dos grados.

_____

_____

2. Mi bebé pesa siete libras, el bebé de Ana pesa ocho libras y el bebé de Carmen pesa nueve libras.

_____

_____

3. Alfredo tiene once años, María tiene trece años y Miguel tiene dieciséis años.

_____

_____

4. La Clínica La Cruz Azul tiene diez doctores y la Clínica Alvarado tiene tres doctores.

_____

_____

B. **Use the expression *tener que* + infinitive to give advice according to each situation.**

1. Estoy muy cansado.

_____

2. Ella está encinta.

_____

3. La niña está muy débil.

_____

4. Ellas fuman mucho.

_____

5. La Sra. Vega toma bebidas alcohólicas y ahora está embarazada.

_____

Conversaciones breves

Complete the following dialogue, using your imagination and the vocabulary from this lesson.

La Sra. Peña y el ginecólogo:

DOCTOR —¿Desde cuándo no tiene la menstruación?

SRA. PEÑA — _____

DOCTOR —¿Tiene los tobillos hinchados? ¿Tiene mareos por la mañana?

SRA. PEÑA — _____

DOCTOR —¿Tiene dolor de espalda?

SRA. PEÑA — _____

DOCTOR —¿Tiene dolor durante las relaciones sexuales?

SRA. PEÑA — _____

DOCTOR —¿Orina con frecuencia?

SRA. PEÑA — _____

DOCTOR —¿Algún aborto o mal parto?

SRA. PEÑA — _____

En estas situaciones

What would you say in the following situations? What might the other person say?

1. You are the doctor, and your patient thinks she is pregnant. Ask her if her breasts are swollen or hard, and if she feels dizzy or nauseated in the morning.

2. You are the patient. Tell your doctor that you are always tired and weak, and that you feel (have) a great deal of pain during sexual intercourse. Also tell your doctor that you urinate frequently.

3. You are a nurse. Tell your patient that he/she must eat well and avoid heavy work. Advise him/her to stop smoking and to not drink alcoholic beverages.

Casos

Act out the following scenarios with a partner.

1. You are a doctor and one of your patients thinks she is pregnant.

2. You are a doctor and have to give instructions to a pregnant patient about what she must and must not do.

3. You are serving as an interpreter for a Spanish-speaking person who is pregnant. Tell the doctor her symptoms.

Un paso más

A. **Review the *Vocabulario adicional* in this lesson. Which specialist would you consult if you had the following medical conditions?**

1. a fracture _____

2. frequent chest pains _____

3. a recurrent ear infection _____

4. blurred vision _____

5. a large kidney stone _____

6. an ulcer _____

7. a severe case of depression _____

8. a severely ingrown toenail _____

9. a bad case of acne _____

B. Read the following instructions for pregnant women. Then write all of the Spanish words or phrases that are cognates and their English meanings.

INSTRUCCIONES PARA MUJERES EMBARAZADAS

Si le ocurre lo siguiente,° debe llamar a su doctor.

- Hemorragia vaginal
- Contracciones regulares cada diez minutos o menos durante dos horas
- Flujo sanguíneo color rojo vivo o coágulos de sangre de la vagina (*Es normal que sangre un poco después de tener relaciones sexuales o después de un examen vaginal.*)
- Fiebre alta de más de 100.4°F o 38°C
- Dificultad o dolor al orinar
- Una disminuición marcada del movimiento del feto o ningún movimiento fetal en 24 horas
- Vómitos frecuentes durante 48 horas
- Dolor de cabeza severo y persistente, vista borrosa,° acidez estomacal o hinchazón[3] de los tobillos, los pies o la cara°

LA DIETA

Las necesidades nutritivas diarias durante el embarazo:

Leche	3 vasos° de 8 onzas
Carne°	6 onzas o más
Pan	4 o más porciones
Frutas y vegetales	4 o más porciones

If the following happens to you

blurred vision
swelling
face

glasses
meat

Español

_____

_____

_____

_____

_____

_____

_____

_____

_____

_____

_____

_____

_____

_____

_____

_____

_____

Inglés

_____

_____

_____

_____

_____

_____

_____

_____

_____

_____

_____

_____

_____

_____

_____

_____

_____

5

📼 *En el consultorio del pediatra (II)*

La Sra. Gómez lleva a su hija a la clínica. La niña tiene diarrea, una temperatura de 103 grados y las nalgas muy irritadas.

Con la enfermera:

ENFERMERA	—¿La niña está vacunada contra la difteria, la tos ferina y el tétano[1]?
SRA. GÓMEZ	—No... ¿es necesario todo eso?
ENFERMERA	—Sí, señora, es muy importante. ¿Y contra la poliomielitis?
SRA. GÓMEZ	—No, no...
ENFERMERA	—Bueno, la semana próxima vamos a vacunar a su hija contra la difteria, la tos ferina y el tétano.
SRA. GÓMEZ	—¿Todo junto?
ENFERMERA	—Sí, es una vacuna contra las tres enfermedades. Más adelante vamos a vacunar a la niña contra las paperas, el sarampión y la rubéola.
SRA. GÓMEZ	—Está bien.
ENFERMERA	—También vamos a hacer una prueba de tuberculina.
SRA. GÓMEZ	—¿Para qué es eso?
ENFERMERA	—Para ver si hay tuberculosis. Es sólo una precaución.
SRA. GÓMEZ	—Muy bien... ¡Ah! La niña tiene salpullido en las nalgas. ¿La vaselina es buena para eso?
ENFERMERA	—Si hay diarrea, lo mejor es limpiar a la niña en seguida y cubrir la piel con un ungüento especial.
SRA. GÓMEZ	—También tiene una costra en la cabeza.
ENFERMERA	—Para eso debe usar aceite mineral. ¡Ah! Aquí está el doctor.

Con el Dr. Vivar:

SRA. GÓMEZ	—Mi hija tiene mucha diarrea, doctor, y no tiene hambre.
DR. VIVAR	—¿Hay pus o sangre en el excremento?
SRA. GÓMEZ	—Creo que no... Pero tiene mucha fiebre.
DR. VIVAR	—(*Revisa a la niña.*) Tiene una infección en el oído. Voy a recetar unas gotas para el oído, un antibiótico para la infección y Kaopectate para la diarrea.
SRA. GÓMEZ	—Muy bien.
DR. VIVAR	—Si todavía hay fiebre, quiero ver a la niña mañana por la tarde. Si no, la semana que viene.
SRA. GÓMEZ	—Sí, doctor. Muchas gracias.

---

[1]Colloquialism: *la Triple* refers to a vaccination against diphtheria, whooping cough, and tetanus.

Con la recepcionista:

SRA. GÓMEZ	—Quiero pedir turno para la semana próxima, por favor.
RECEPCIONISTA	—A ver... ¿El miércoles, primero de mayo a las diez y veinte está bien?
SRA. GÓMEZ	—Prefiero venir por la tarde, si es posible. ¿A qué hora cierran?
RECEPCIONISTA	—A las cinco. ¿Quiere venir a las tres y media?
SRA. GÓMEZ	—Sí. Muchas gracias.

Vocabulario

COGNADOS

el antibiótico antibiotic	**necesario(a)** necessary
la clínica clinic	**la poliomielitis** polio (myelitis)
la diarrea diarrhea	**la precaución** precaution
la difteria diphtheria	**el pus, la supuración** pus
especial special	**el tétano, el tétanos** tetanus
importante important	**la tuberculina** tuberculin
la infección infection	**la tuberculosis** tuberculosis
irritado(a) irritated	**la vaselina** vaseline
mineral mineral	

NOMBRES

el aceite oil
la costra scab
la enfermedad disease, sickness
la gota drop
las nalgas, las asentaderas buttocks
el oído (inner) ear
las paperas[1] mumps
la piel skin
el (la) primero(a) first (one)
la prueba test
la rubéola rubella
el salpullido, el sarpullido rash
el sarampión measles
la tos ferina whooping cough, pertussis
el turno, la cita appointment
el ungüento ointment

ADJETIVOS

junto(a) together
vacunado(a) vaccinated

VERBOS

cerrar (e:ie) to close
cubrir to cover
hacer[2] to do, to make
limpiar to clean
preferir (e:ie) to prefer
querer (e:ie) to want, to wish
recetar to prescribe
revisar, chequear to check
vacunar to vaccinate
venir to come
ver[3] to see

---

[1]Colloquialism: *las farfallotas (Puerto Rico)*.
[2]Irregular first person: *yo hago*.
[3]Irregular first person: *yo veo*.

OTRAS PALABRAS Y EXPRESIONES

¿a qué hora... ?   (at) what time . . . ?
contra   against
Creo que no.   I don't think so.
en seguida   right away
hay   there is, there are
lo mejor   the best (thing)
más adelante   later on
¿para qué... ?   for what . . . ?
pedir turno, pedir hora   to make an appointment
la próxima vez   next time
**la semana que viene, la semana próxima,
  la semana entrante**   next week
tener hambre   to be hungry
todo eso   all that

Vocabulario adicional

**ALGUNAS ENFERMEDADES COMUNES
Y OTROS PROBLEMAS**

la alergia   allergy
la amigdalitis, la infección de la garganta
  tonsilitis
las ampollas   blisters
la apendicitis   appendicitis
la artritis   arthritis
la bronquitis   bronchitis
el cólico   colic
la colitis, la inflamación del intestino grueso
  colitis
la conjuntivitis   conjunctivitis
las convulsiones   convulsions
el crup, el garrotillo   croup
la eczema   eczema
los escalofríos   chills
la fiebre del heno   hay fever
la fiebre escarlatina   scarlet fever

la fiebre reumática   rheumatic fever
la gastritis   gastritis
la gripe   influenza
la hipertensión   hypertension
la insolación   sunstroke
la intoxicación   intoxication
la laringitis   laryngitis
la leucemia   leukemia
la meningitis   meningitis
el orzuelo   sty
la pulmonía, la pneumonía   pneumonia
el reumatismo   rheumatism
la sarna   scabies
la urticaria   hives
la varicela   chickenpox
la viruela   smallpox

> ### *Notas culturales*
>
> - The incidence for tuberculosis is higher for Hispanics than for other ethnic groups. According to one study, from 1980 to 1987 New York City experienced a marked increase in tuberculosis cases, especially among 30- to 39-year-old Hispanics. Some researchers suggest that this increase is related to a latent tuberculosis infection, which is activated by the human immunodeficiency virus (HIV) among Hispanics in that city.
> - Due to general poverty, the number of children without vaccinations is still a serious problem in some Hispanic countries. In addition, some people may have misconceptions about vaccinations. For example, they may believe that as a result of vaccinations certain diseases such as polio, diphtheria, and whooping cough have been eradicated or that it is not necessary to vaccinate a child until he/she is of school age. Moreover, some Hispanics, particularly those who are migrant workers, find it difficult to maintain vaccination schedules because they are constantly moving their place of residence. In these situations, parents should be informed of the importance of each type of vaccination, and they should be encouraged to keep a written record of their child's vaccinations.

¿Recuerdan ustedes?

Answer the following questions basing your answers on the dialogues.

1. ¿Qué problemas tiene la hija de la Sra. Gómez?

   _____

2. ¿Contra qué enfermedades van a vacunar a la niña la próxima vez?

   _____

3. ¿Para qué es la prueba de la tuberculina?

   _____

4. Si hay diarrea, ¿qué es lo mejor?

   _____

5. ¿Qué va a recetar el Dr. Vivar?

   _____

6. Si la fiebre no baja, ¿cuándo (*when*) quiere ver a la niña el doctor?

   _____

7. ¿Para qué día es el turno de la Sra. Gómez?

   _____

8. ¿A qué hora prefiere venir la Sra. Gómez?

   _____

Para conversar

Interview a classmate, using the following questions. When you have finished, switch roles.

1. ¿Tiene Ud. hambre? ¿Qué quiere comer?

   _____

2. Para el desayuno, ¿prefiere Ud. comer fruta o cereal?

   _____

3. ¿Tiene Ud. turno para ver al médico? ¿Cuándo (*When*) es?

   _____

4. ¿Qué toma Ud. cuando tiene diarrea?

   _____

5. ¿Es importante vacunar a los niños contra la poliomielitis?

   _____

6. ¿Contra qué enfermedades está vacunado(a) Ud.?

   _____

7. Tengo 102 grados de fiebre. ¿Qué debo hacer?

   _____

8. Tengo una infección en el oído. ¿Qué cree Ud. que va a recetar el doctor?

   _____

9. Mi bebé tiene una costra en la cabeza. ¿Qué debo usar?

   _____

10. ¿Qué debo hacer si un niño tiene las nalgas irritadas?

    _____

Vamos a practicar

A. Write sentences to say what the following people are going to do, using *ir a* + the infinitive construction and the elements given.

1. yo / llevar / mi hija / clínica

   _____

2. Uds. / vacunar / niños / hoy / clínica

   _____

3. nosotros / limpiar / niña / en seguida

   _____

4. tú / cubrir / piel / ungüento especial

_____

5. doctor / revisar / niño

_____

6. doctora / recetar / gotas / oído

_____

B. Give the Spanish equivalent of the following dialogues.

1. "When do you want to see the child, Dr. López?"
   "You need to make an appointment for next week, Mrs. Vega."

_____

_____

2. "Are you hungry, Paquito? Do you want (some) toast?"
   "No, thank you. I prefer orange juice. I'm very thirsty."

_____

_____

3. "What time do you (*pl.*) close?"
   "We close at six."

_____

_____

Conversaciones breves

Complete the following dialogues, using your imagination and the vocabulary from this lesson.

A. La enfermera y la madre (*mother*) de un paciente:

ENFERMERA — _____

SRA. RUIZ —Sí, el niño está vacunado contra esas tres enfermedades.

ENFERMERA — _____

SRA. RUIZ —No, no está vacunado contra la poliomielitis.

ENFERMERA — _____

SRA. RUIZ —¿Una prueba de tuberculina? ¿Para qué es eso?

B. **El doctor y la madre de una paciente:**

SRA. ROJAS   —Mi hija tiene las nalgas muy irritadas y una costra en la cabeza. ¿Qué debo hacer?

DOCTOR   —_____

SRA. ROJAS   —¿Cuándo tengo que regresar?

DOCTOR   —_____

En estas situaciones

What would you say in the following situations? What might the other person say?

1. You are a doctor. Tell your patient that he/she has an ear infection and prescribe the proper medication.

2. You are a patient. Make an appointment with the receptionist to see the doctor on July 2 at two-thirty in the afternoon.

3. You are a nurse. Tell a patient that you are going to do a tuberculin test and explain its purpose. Then tell the patient that you want to see him/her in forty-eight hours to check the test.

Casos

Act out the following scenarios with a partner.

1. A pediatrician and a parent confer about a child who has the following symptoms: diarrhea, a rash on the buttocks, and a high temperature.

2. A nurse and a parent discuss a child's vaccination record. Use the following immunization record as a basis for your conversation.

RÉCORD DE INMUNIZACIONES (Vacunas)

Paciente: _____ Fecha de nacimiento: _____

Inmunizaciones

Vacuna contra la viruela _____
Fecha

Resultados
❑ Prendió[1] ❑ No prendió ❑ Contraindicado

Firma del doctor

Revacunación contra la viruela _____
Fecha

Resultados
❑ Prendió ❑ No prendió ❑ Contraindicado

Firma del doctor

Difteria, tos ferina, tétano

Tratamiento[2]	Fecha	Dosis	Firma del doctor
1a Dosis			
2a Dosis			
3a Dosis			
1a Reacción			
2a Reacción			
3a Reacción			

Poliomielitis

Tratamiento	Tipo usado	Dosis	Fecha	Firma del doctor
1a Dosis				
2a Dosis				
3a Dosis				
1a Reacción				
2a Reacción				
3a Reacción				

Otras inmunizaciones o pruebas

Nombre	Fecha	Resultado	Firma del doctor

Enfermedades y fechas

Tos ferina _____		Paperas _____	
Rubéola _____		Sarampión _____	
Varicela _____		Difteria _____	
Escarlatina _____		Poliomielitis _____	

Accidentes (dar fechas y especificar) _____

Impedimentos y anomalías (especificar) _____

Otras enfermedades (especificar) _____

Operaciones (especificar) _____

Defectos de los sentidos[3] (especificar) _____

[1]It reacted   [2]Treatment   [3]senses

Un paso más

A. Review the *Vocabulario adicional* in this lesson. Then work with a partner to classify the medical conditions listed, according to whether they are related to the skin, the blood, the bones, the eyes, etc. Also write the type of doctor or specialist to whom you would refer a patient who has each condition.

Los huesos (*Bones*)   **Doctor/Especialista**

_____   _____

_____   _____

Los ojos (*Eyes*)   **Doctor/Especialista**

_____   _____

_____   _____

_____   _____

La piel (*Skin*)   Doctor/Especialista

_____   _____

_____   _____

_____   _____

_____   _____

_____   _____

_____   _____

**El aparato respiratorio
(*Respiratory system*)**   Doctor/Especialista

_____   _____

_____   _____

_____   _____

_____   _____

_____   _____

_____   _____

_____   _____

El sistema nervioso (*Nervous system*)   Doctor/Especialista

_____   _____

_____   _____

La sangre   Doctor/Especialista

_____   _____

_____   _____

_____   _____

B. Read the following information from a brochure that was published as part of the National Campaign of Immunization to educate people in the U.S. about the need for vaccinations. Remember to guess the meaning of the cognates.

¿Qué vacunas necesita su niño?

Algunas vacunas protegen° contra más de una enfermedad, pero su niño necesita todas las siguientes vacunas para mantenerse saludable.   *protect*

- **M-M-R**   *Lo protege contra el sarampión, las paperas y la rubéola.*
- **Vacuna de polio**   *Lo protege contra la poliomielitis.*
- **DTP**   *Lo protege contra la difteria, el tétano y la pertusis (tos ferina).*
- **Hib**   *Lo protege contra "haemophilus influenzae" tipo b, una de las causas principales de la meningitis.*
- **Hepatitis B**   *Lo protege contra infecciones del hígado,° una de las causas de la cirrosis y del cáncer del hígado.*   *liver*

A los dos años de edad, su niño debe haber recibido° las siguientes vacunas.   *have received*

- 1 vacuna contra el sarampión
- 4 vacunas contra la difteria, el tétano y la pertusis (tos ferina)
- 3 vacunas contra la Hepatitis B
- 3-4 vacunas contra el "haemophilus influenzae b"

With a partner, discuss at what age(s) the vaccinations listed are normally administered to children. Then write the information so it can be distributed to your Spanish-speaking patients.

Lectura 1

📼 *La dieta para diabéticos*

(Adapted from TEL MED, tape #611)

Hay tres principios básicos que se deben tener en cuenta° con respecto a las dietas para los diabéticos.

    El primero y el más importante es el control de las calorías que la persona consume. El control del peso° es el factor más importante para controlar la diabetes porque el exceso de tejido graso° puede° interferir con la absorción de insulina por el cuerpo.

    El segundo principio de la dieta consiste en no comer dulces° concentrados. La persona diabética debe evitar el azúcar de mesa,° la miel,° las gelatinas y todos los alimentos que contengan mucho azúcar, como por ejemplo° ciertos refrescos,° los pasteles° y las galletitas.°

    El tercer principio básico es la forma° en que comen los diabéticos. Una persona que tiene diabetes, debe comer por lo menos° tres comidas al día. El desayuno debe ser la comida más importante. El almuerzo° y la cena° deben ser en cantidades moderadas. Si comen algo ligero° entre° comidas, deben limitar las cantidades en las comidas principales.

tener... keep in mind

weight
tejido... fatty tissue / can

sweets
azúcar... table sugar / honey
por... for example / soft drinks, soda
pies or cakes / cookies
way
por... at least
lunch   dinner
light   between

📼 Conversaciones

—Doctor, mi esposo es diabético. ¿Qué no debe comer?
—Debe evitar comer dulces.
—¿Puede tomar refrescos?
—Sí, si no están endulzados con azúcar.

—¿Qué es lo más importante para controlar la diabetes?
—Lo más importante es controlar el peso.
—¿Por qué?
—Porque el tejido graso interfiere con la absorción de la insulina.

—Doctor, ¿cuántas comidas puedo comer al día?
—Debe comer por lo menos tres comidas.
—¿Cuál debe ser la comida principal?
—La comida principal debe ser el desayuno.

—Mi hijo es diabético. ¿Qué alimentos puede comer?
—Puede comer solamente los alimentos especificados en su dieta.
—¿Puede comer huevos?
—Sí, pero no todos los días.

¿Recuerdan ustedes?

Answer the following questions, basing your answers on the reading and the conversations.

1. ¿Cuántos principios básicos hay que tener en cuenta con respecto a las dietas para los diabéticos?

   _____

2. ¿Cuál es el más importante?

   _____

3. ¿Cuál es el factor más importante para controlar la diabetes?

   _____

4. ¿Qué puede interferir con la absorción de la insulina por el cuerpo?

   _____

5. ¿Qué no debe comer la persona diabética?

   _____

6. ¿Cuántas comidas debe comer una persona que tiene diabetes?

   _____

7. ¿Cuál debe ser la comida más importante?

   _____

8. ¿Cómo deben ser las cantidades de comida en la cena?

   _____

9. ¿Qué deben limitar las personas diabéticas cuando comen algo ligero entre comidas?

   _____

10. ¿Deben las personas diabéticas comer mucha grasa (*fat*)?

    _____

11. ¿Qué no deben comer todos los días las personas diabéticas?

    _____

12. ¿Qué tipos de alimentos deben comer las personas diabéticas?

    _____

Repaso

LECCIONES 1–5

PRÁCTICA DE VOCABULARIO

A. Circle the expression that best completes each sentence.

1. El doctor receta (gotas, pus, tostadas) para el oído.

2. Fumo una (frazada, cajetilla, almohada) al día.

3. Voy a orinar. Necesito (la chata, la mantequilla, la dentadura postiza).

4. Mañana, para el desayuno, deseo sólo (receta, planilla, cereal).

5. Deseo beber (pastilla, agua, pollo).

6. La enfermera mira la hoja (clínica, aventada, estreñida).

7. Tose mucho. Necesita tomar (sangre, letra, jarabe) para la tos.

8. Para ver si es anémico, necesitamos una muestra de (materia fecal, orina, sangre).

9. Ella sufre, pero yo sufro (también, todavía, bueno).

10. El catarro es una (enfermedad, pulgada, clínica).

11. Necesita (resfrío, anteojos, hierro), proteínas y vitaminas.

12. Yo pago (la cuenta, la letra de imprenta, la rubéola).

13. ¿Tiene Ud. su (segundo nombre, firma, tarjeta) de seguro médico?

14. En caso de (emergencia, comida, seguro social), debe llamar a mi esposo.

15. Ella (entra, llena, cubre) la planilla.

B. Circle the word or phrase that does not belong in each group.

1. la próxima vez, la semana que viene, ahora

2. aceite mineral, tarjeta, ungüento

3. póliza, análisis, muestra

4. compañía de seguro, póliza, salpullido

5. antibiótico, cuarto, penicilina

6. evitar, dormir, descansar

7. a menudo, con frecuencia, tanto

8. mientras tanto, durante, desde

9. por qué, para qué, cuánto

10. trabajo, senos, tobillos

11. mareo, náusea, espalda

12. poco, mucho, quizá

13. desear, querer, dar

14. ahora mismo, al rato, después

15. diarrea, tétano, excremento

16. pies, pulgadas, ninguno

C. Complete the following with the appropriate word or phrase in column B.

A		B	
1.	No como nada. Estoy muy _____	a.	encinta.
2.	Ella mide _____	b.	recepcionista.
3.	Creo que _____	c.	la planilla.
4.	No tengo la información necesaria para llenar _____	d.	en seguida.
5.	¿Mi ocupación? Soy _____	e.	después de las comidas?
6.	Tengo dolor de _____	f.	débil.
7.	¿Debo tomar las cápsulas antes o _____	g.	todo eso?
8.	¿Para qué es _____	h.	estómago.
9.	Lo mejor es llamar al médico _____	i.	no.
10.	¿Todavía tiene _____	j.	un aborto.
11.	El niño no come. No tiene _____	k.	apetito.
12.	Tiene las nalgas _____	l.	fiebre?
13.	¿Cuál es _____	m.	las comidas? No estoy seguro...
14.	¿Debo tomar la medicina después de _____	n.	ver...
15.	Vamos a _____	o.	irritadas.
16.	¿Tiene los senos _____	p.	su hijo, señora?
17.	No tiene la menstruación y tiene náusea por la mañana. Son síntomas de que está _____	q.	inflamados y duros?
18.	No desea tener el bebé. Va a tener _____	r.	cinco pies, cuatro pulgadas.

D. ¿*Verdadero o falso*? Read each statement and decide if it is true (*V*) or false (*F*).

_____ 1. Es importante tomar precauciones.

_____ 2. Tiene una temperatura de noventa y ocho grados. Es muy alta.

_____ 3. Estoy un poco acatarrado. Eso es muy grave.

_____ 4. Si está aventado, debe tomar mucho líquido y descansar.

_____ 5. Algunas personas son alérgicas a la penicilina.

_____ 6. Aquí está la hoja clínica. Tiene información sobre el paciente.

_____ 7. Lo mejor es no dejar de fumar.

_____ 8. Si está embarazada, debe evitar los trabajos pesados y las bebidas alcohólicas.

_____ 9. Como tengo una infección, necesito un postre.

_____ 10. Cada vez que un niño come algo, debemos llamar al médico.

_____ 11. El Sr. Vega no tiene la menstruación desde enero.

_____ 12. Quiero agua porque tengo mucha hambre.

_____ 13. El doctor receta jarabe para la tos.

_____ 14. Los niños deben ser vacunados contra la poliomielitis.

_____ 15. El niño tiene una costra en la cabeza. Debe usar aceite mineral.

_____ 16. Hacen las radiografías en la sala de espera.

_____ 17. Más adelante vamos a vacunar a la niña contra las paperas, la rubéola y el sarampión.

_____ 18. El médico va a recetar Kaopectate para la tos ferina.

E. Crucigrama

HORIZONTAL

6. la semana próxima, la semana que _____
8. *always*, en español
9. un análisis de materia _____
11. Pesa muy poco. Es muy _____ .
12. Tose; tiene _____ .
15. Tiene una _____ en la cabeza.
16. resfrío
21. De _____ , deseo fruta.
24. médico de niños (*pl.*)
26. Si tiene dolor de cabeza, debe tomar una _____ .
28. *mornings*, en español

30. oficina del médico
32. *he returns*, en español
33. Tiene mareo y _____ .
35. examinar
38. Tiene asma; es _____ .
41. bebe
43. *X-ray*, en español
44. *milk*, en español
45. pedir turno: pedir _____ .
46. asentaderas
48. aborto natural
49. Yo peso 145 _____ .

VERTICAL

1. No debe tomar _____ alcohólicas.
2. Debe cubrir la _____ con un ungüento.
3. Está embarazada. Va a tener un _____ .
4. Deseo beber jugo de _____ .
5. Compro medicina en la _____ .
7. El _____ receta penicilina.
10. Ella es la esposa. Él es el _____ .
13. *soup*, en español.
14. Usa _____ postiza.
17. La prueba de la tuberculina es para ver si hay _____ .
18. *also*, en español
19. Necesito una _____ de sangre.
20. *toast*, en español
22. salpullido

23. *necessary*, en español
25. Cuando como mucho tengo dolor de _____ .
27. vomitar
29. No uso anteojos. Uso lentes de _____ .
31. hinchado
34. La difteria es una _____ .
36. Tiene catarro. Está _____ .
37. *poor thing*, en español (*f.*)
39. Debe usar _____ mineral.
40. ¿Está vacunada la niña _____ la poliomielitis?
42. La naranja es una _____ .
47. *he cleans*, en español

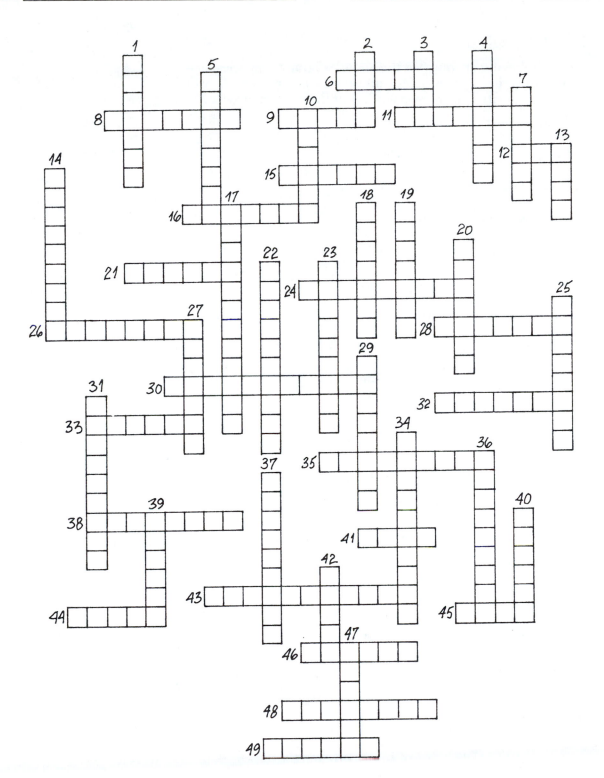

PRÁCTICA ORAL

Listen to the following exercise on the audio program. The speaker will ask you some questions. Answer each question, using the cue provided. The speaker will verify your response. Repeat the correct answer.

1. ¿Es Ud. de Arizona? (no, de California)

2. ¿Cuánto mide Ud.? (cinco pies, ocho pulgadas)

3. ¿Cuánto pesa Ud.? (ciento cincuenta libras)

4. ¿Ud. tiene seguro médico? (sí)

5. ¿Usa Ud. anteojos? (no, lentes de contacto)

6. ¿Su hijo es alérgico a alguna medicina? (sí, a la penicilina)

7. ¿Con quién necesita hablar Ud.? (con el médico)

8. ¿Su médico es el Dr. Ruiz? (no, el Dr. Molina)

9. ¿A qué hora debe Ud. regresar a la oficina? (a la una)

10. ¿Qué necesita Ud.? (una planilla)

11. ¿Tiene Ud. dolor de espalda? (no)

12. ¿Tiene Ud. los tobillos hinchados? (sí)

13. ¿Quiere Ud. pedir turno con el médico? (sí)

14. ¿Prefiere ir al médico por la mañana o por la tarde? (por la tarde)

15. ¿A qué hora cierran Uds. el consultorio? (a las cinco y media)

16. ¿Qué necesitan Uds.? (una muestra de orina)

17. Cuando Ud. tiene fiebre, ¿qué toma? (aspirinas)

18. ¿Qué come Ud. cuando tiene hambre? (pollo)

19. ¿Qué desea comer hoy? (cereal y pan tostado)

20. ¿Qué desea beber? (café)

21. ¿Bebe Ud. jugo de naranja? (sí)

6

📼 *Con la dietista*

La Sra. Rivas está hablando con la dietista de los problemas de su hijo Ramón.

DIETISTA —Sra. Rivas, su hijo Ramón necesita perder peso.

SRA. RIVAS —Ya lo sé, pero come constantemente; especialmente dulces. Además toma muchos refrescos y nunca toma leche.

DIETISTA —Si no quiere tomar leche, puede comer queso o yogur. Además, Ud. puede usar leche descremada en las comidas que prepara para él.

SRA. RIVAS —Estoy muy preocupada porque Ramón está muy gordo. Pesa 150 libras y sólo tiene diez años.

DIETISTA —Tiene que bajar de peso, porque la obesidad es peligrosa. Necesita seguir una dieta estricta.

SRA. RIVAS —Va a ser muy difícil.

DIETISTA —Debe hacer todo lo posible porque más tarde puede tener problemas con el corazón.

SRA. RIVAS —Yo siempre tengo miedo porque mi padre padece del corazón y mi madre es diabética.

DIETISTA —Por eso tiene que tener cuidado. Aquí tengo una lista de alimentos que su hijo debe comer. Es importante tener variedad. Muchos de los alimentos de la lista tienen pocas calorías.

SRA. RIVAS —A ver si ahora puede adelgazar...

DIETISTA —Tiene que comer por lo menos una cosa de cada grupo, pero en pequeñas cantidades.

SRA. RIVAS —¿Tengo que contar las calorías?

DIETISTA —No, pero Ramón tiene que hacer ejercicio y comer sólo la mitad de lo que come ahora, y sobre todo, debe evitar las grasas.

SRA. RIVAS —¿Cuándo volvemos?

DIETISTA —En dos semanas; y aquí tiene la lista de alimentos.

Grupo 1	Grupo 2
leche descremada	pescado
queso	pollo
yogur	hígado
margarina (un poco)	huevos, blanquillos
	frijoles, habichuelas
	mantequilla de maní, mantequilla de cacahuate (un poco)

Grupo 3	Grupo 4
naranjas	tortillas
toronjas	cereal
chiles (pimientos) verdes y rojos	pan
fresas	macarrones
melón	espaguetis
repollo, col	arroz
bróculi	
tomates	

Vocabulario

COGNADOS

el bróculi broccoli	**la lista** list
la caloría calorie	**los macarrones** macaroni
constantemente constantly	**la margarina** margarine
diabético(a) diabetic	**el melón** melon
la dieta diet	**la obesidad, la gordura** obesity
los espaguetis spaghetti	**el tomate** tomato
especialmente especially	**la tortilla** tortilla
estricto(a) strict	**la variedad** variety
el grupo group	**el yogur** yogurt

NOMBRES

el alimento food, nourishment
el arroz rice
la cantidad quantity
el chile, el pimiento pepper
la cosa thing
el dulce sweet, candy
la fresa strawberry
los frijoles, las habichuelas (*Puerto Rico*) beans
la grasa fat
el huevo, el blanquillo (*Méx.*) egg
el hígado liver
la leche descremada skim milk
la madre, la mamá mother

la mantequilla de maní, la mantequilla de cacahuate peanut butter
la mitad half
la naranja orange
el padre, el papá father
el pescado fish
el peso weight
el queso cheese
el refresco soft drink, soda pop
el repollo, la col cabbage
la toronja grapefruit

VERBOS

adelgazar, rebajar (*Méx.*)   to lose weight
contar (o:ue)   to count
padecer[1]   to suffer
poder (o:ue)   to be able to, can
preparar   to prepare
volver (o:ue)   to come (go) back, to return

ADJETIVOS

difícil   difficult
gordo(a)   fat
peligroso(a)   dangerous
pequeño(a)   small, little
pocos(as)   few
preocupado(a)   worried
rojo(a)   red
verde   green

OTRAS PALABRAS Y EXPRESIONES

además   besides, in addition
aquí   here
perder peso, bajar de peso   to lose weight
hacer ejercicio   to exercise
hacer todo lo posible   to do everything possible
más tarde   later
nunca   never
padecer del corazón, estar enfermo(a) del corazón   to have heart problems
por eso   that's why, for that reason
por lo menos   at least
seguir una dieta   to go on a diet
sobre todo   above all
tener... años   to be . . . years old
tener cuidado   to be careful
Ya lo sé.   I know (it).

Vocabulario adicional

LAS DIETAS

No debe comer
- **azúcar**   sugar
- **grasas**   fats
- **comidas picantes**   spicy foods
- **sal**   salt

Debe comer
- **fibras**   fibers, roughage
- **vegetales**   vegetables
- **una porción más pequeña**   a smaller portion

Debe seguir una dieta
- **especial**   special
- **balanceada**   balanced
- **con poca grasa**   low fat
- **sin sal**   salt free
- **con pocos carbohidratos**   low carbohydrate
- **con poca pasta o harina**   with little pasta or flour

---

[1]Irregular first person: *yo padezco.*

Notas culturales

- Diabetes and obesity are health issues of particular importance in the Hispanic population. The Hispanic Health and Nutrition Examination Survey (HHNES) revealed that 26.1% of Puerto Ricans, 23.9% of Mexican Americans, and 15.8% of Cubans aged forty-five to seventy-four years have diabetes. Moreover, the diabetes of Mexican Americans is of a greater metabolic severity and places them at higher risk for complications. For example, they suffer a higher incidence of diabetic retinopathy and diabetes-related end-stage renal disease.
- Diabetes in Hispanics is largely correlated with obesity and diet. The main diet of many Hispanics is often high in saturated fats, although this practice is changing as people become more aware of proper nutrition. Nevertheless, the HHNES study indicated that approximately 30% of males and 39% of females of Mexican-American descent are overweight as are 29% of males and 34% of females of Cuban descent, and 25% of males and 37% of females of Puerto Rican backgrounds. Also, Mexican Americans tend to have higher levels of cholesterol and triglycerides.

¿Recuerdan ustedes?

Answer the following questions, basing your answers on the dialogue.

1. ¿Con quién está hablando la Sra. Rivas sobre los problemas de Ramón?

   _____

2. ¿Ramón toma mucha leche?

   _____

3. ¿Qué puede usar la Sra. Rivas en las comidas que prepara para Ramón?

   _____

4. ¿Por qué está preocupada la Sra. Rivas?

   _____

5. ¿Quién padece del corazón? ¿Quién es diabética?

   _____

6. ¿Qué debe hacer Ramón para adelgazar?

   _____

7. Sobre todo, ¿qué debe evitar Ramón?

   _____

8. ¿Cuándo vuelven Ramón y su mamá a ver a la dietista?

   _____

Para conversar

Interview a classmate, using the following questions. When you have finished, switch roles.

1. ¿Necesita Ud. perder peso? ¿Por qué o por qué no?

   _____

2. ¿Come Ud. muchos dulces? ¿Toma muchos refrescos?

   _____

3. ¿Necesita Ud. seguir una dieta estricta?

   _____

4. ¿Es Ud. diabético(a)?

   _____

5. ¿Cuenta Ud. siempre las calorías cuando come?

   _____

6. ¿Qué cantidad de leche toma Ud. cada día?

   _____

7. ¿Qué alimentos tienen mucha proteína?

   _____

8. ¿Qué frutas tienen vitamina C?

   _____

9. ¿Qué alimentos de la lista tienen muchas calorías?

   _____

10. ¿Qué hay que hacer para adelgazar?

    _____

Vamos a practicar

A. Write sentences telling what the following people are doing, using the present progressive.

1. yo / la dietista

   _____

2. los niños / dulces

   _____

3. tú / leche descremada

   _____

4. Teresa / peso

_____

5. Ud. / ejercicio

_____

6. nosotros / dieta estricta

_____

B. Answer the following questions in the negative.

1. ¿Uds. pueden hacer algo por mi hijo?

_____

2. ¿Ud. va a hablar con alguien (*someone*)?

_____

3. ¿Hay algunas personas diabéticas aquí?

_____

4. ¿Ud. padece del corazón o de los riñones (*kidneys*)?

_____

5. ¿Ud. siempre cuenta las calorías?

_____

6. ¿Ud. siempre vuelve a su casa por la mañana?

_____

Conversaciones breves

Complete the following dialogue, using your imagination and the vocabulary from this lesson.

La Sra. Pérez y la dietista:

SRA. PÉREZ —Estoy muy preocupada porque mi hija Rosa está muy gorda.

DIETISTA —¿_____?

SRA. PÉREZ —Pesa 160 libras.

DIETISTA —¿_____?

SRA. PÉREZ —Tiene sólo doce años.

DIETISTA —_____

SRA. PÉREZ —Sí, ya sé que debe perder peso, pero ella come mucho.

DIETISTA —¿_____?

SRA. PÉREZ —Sí, come muchos dulces y además toma muchos refrescos.

DIETISTA —¿_____?

SRA. PÉREZ —No, nunca toma leche.

DIETISTA —_____

SRA. PÉREZ —Yo sé que ella necesita tomar leche, pero no quiere. ¿Qué otros alimentos necesita comer?

DIETISTA —_____

SRA. PÉREZ —¿Tengo que contar las calorías?

DIETISTA —_____

SRA. PÉREZ —Bueno, a ver si Rosa puede adelgazar ahora. La obesidad es peligrosa. Muchas gracias, señora. ¿Cuándo debo volver?

DIETISTA —_____

En estas situaciones

What would you say in the following situations? What might the other person say?

1. You are a patient. Tell the dietician that you want to lose weight but that you eat lots of sweets and foods that have many calories. Tell him/her how much you weigh.

2. You are a dietician. Tell your patient that obesity is very dangerous and he/she needs to go on a strict diet. Also, tell the person to eat only half the amount he/she eats now and to drink skim milk.

3. You are a doctor. Tell your patient that he/she has to be careful, because he/she is a diabetic and has heart problems.

Casos

Act out the following scenarios with a partner.

1. A dietician and a patient discuss the patient's need to lose weight because of potential health problems.

2. A dietician and a patient discuss the importance of a balanced diet and what foods the person should eat.

Un paso más

Review the *Vocabulario adicional* in this lesson. Then work with a partner and decide what advice you would give the following people in each situation. Recommend what the person should or should not eat and what type of diet the person should follow.

1. Una persona obesa

_____

_____

_____

_____

2. Una persona que tiene hipertensión

_____

_____

_____

_____

3. Una persona que siempre está estreñida

_____

_____

_____

_____

4. Una persona diabética

_____

_____

_____

5. Una persona que tiene gastritis

_____

_____

_____

_____

7

📟 *En el Centro de Planificación Familiar*

La Sra. Reyes está en el Centro de Planificación Familiar. Es recién casada y, como es muy joven, no quiere tener hijos todavía. La Dra. Fabio habla con ella sobre los distintos métodos usados para el control de la natalidad.

SRA. REYES —Dra. Fabio, yo sé que puedo tomar pastillas anticonceptivas, pero muchos dicen que causan cáncer.

DRA. FABIO —Si Ud. no quiere usar la pastilla, hay distintos métodos que puede probar para evitar el embarazo.

SRA. REYES —Pero, ¿son efectivos también?

DRA. FABIO —De todos los métodos, la pastilla es el mejor, pero muchas mujeres prefieren no tomarla.

SRA. REYES —Conozco a una señora que usa un aparato intrauterino. Ella dice que no tiene problemas, pero ¿no son peligrosos los aparatos intrauterinos?

DRA. FABIO —No necesariamente. El médico lo inserta en el útero... pero a veces pueden causar molestias...

SRA. REYES —¿Hay algún otro método?

DRA. FABIO —Sí, puede usar un diafragma que sirve para cubrir la entrada del útero y parte de la vagina.

SRA. REYES —¿Debe insertarlo el médico?

DRA. FABIO —No. El médico mide la vagina para determinar el tamaño correcto, pero Ud. lo inserta.

SRA. REYES —¿Cuándo debo insertarlo?

DRA. FABIO —Antes de tener relaciones sexuales.

SRA. REYES —Veo que no es muy fácil tampoco.

DRA. FABIO —No... Además, debe cubrir el diafragma con jalea o crema por dentro y por fuera.

SRA. REYES —¿Y el condón? ¿Es efectivo?

DRA. FABIO —Sí, si lo usa correctamente.

SRA. REYES —¿Y qué piensa Ud. sobre los implantes que se pueden colocar en el brazo de la mujer?

DRA. FABIO —Aquí tengo unos folletos que tienen información sobre ese método. Puede leerlos.

SRA. REYES —¿Y si sigo el método del ritmo, doctora?

DRA. FABIO —Bueno, en ese caso, Ud. debe saber cuál es su período fértil.

SRA. REYES —¿El período fértil... ?

DRA. FABIO —Sí, unos días antes, durante y después de la ovulación.

SRA. REYES —Bueno, voy a pensarlo, doctora. Gracias por todo.

DRA. FABIO —De nada. Buena suerte.

SRA. REYES —¿Puedo pedir turno para la semana que viene?

DRA. FABIO —Sí, yo puedo verla la semana que viene.

▦ Vocabulario

COGNADOS

el cáncer cancer	**familiar** family (*adj.*)
el centro center	**fértil** fertile
el condón condom	**el implante** implant
el control control	**el método** method
correctamente correctly	**necesariamente** necessarily
correcto(a) correct	**la ovulación** ovulation
la crema cream	**la parte** part
el diafragma diaphragm	**el útero** uterus
efectivo(a) effective	**la vagina** vagina
la familia family	

NOMBRES

el aparato intrauterino interuterine device (I.U.D.)
el brazo arm
el embarazo pregnancy
la entrada opening, entry
el folleto brochure, pamphlet
la jalea jelly
la molestia trouble, discomfort
la mujer woman
la natalidad birth
la planificación planning
el (la) recién casado(a) newlywed
el ritmo rhythm
el tamaño size

VERBOS

causar to cause
colocar to place
conocer[1] to know, to be acquainted with
decir[2] to say, to tell
determinar to determine
insertar to insert
medir (e:i) to measure
pensar (e:ie) to think (about)
probar (o:ue) to try
saber[3] to know
seguir (e:i)[4] to follow, to continue
servir (e:i) to serve

ADJETIVOS

anticonceptivo(a) for birth control, contraceptive
distinto(a), diferente different
fácil easy
joven young
mejor better, best
usado(a) used

OTRAS PALABRAS Y EXPRESIONES

buena suerte good luck
en ese caso in that case
por dentro on the inside
por fuera on the outside
tampoco either, neither

---

[1]Irregular first person: *yo conozco*.
[2]Irregular first person: *yo digo*.
[3]Irregular first person: *yo sé*.
[4]First person: *yo sigo*.

Vocabulario adicional

OTROS TÉRMINOS RELACIONADAS CON LA CONCEPCIÓN

la abstinencia abstinence
el bebé de probeta test-tube baby
concebir (e:i) to conceive
la esperma sperm
la espuma foam
la esterilidad sterility
esterilizar to sterilize
eyacular to ejaculate
la impotencia impotence

la inseminación artificial artificial insemination
ligar los tubos, amarrar los tubos to tie the tubes
lubricar to lubricate
(no) tener familia (not) to have children
el óvulo ovum
por vía bucal, por vía oral orally
el semen semen
la vasectomía vasectomy

¡OJO! For additional anatomical terms related to the reproductive organs, see the diagrams on page xiii.

Notas culturales

- Hispanic attitudes toward contraception and reproduction are very complex, and they are greatly influenced by many factors: socioeconomic status, level of education, religious beliefs, and cultural beliefs. For example, as a group Hispanics are predominantly Roman Catholic and the teachings of the Church may affect their decision. Two other concepts that may influence their decisions are the cultural importance given to motherhood and childrearing and the cultural notion of *machismo*, which is associated with proving one's virility, manliness, or masculinity. One example of *machismo* in practice relates to those Hispanic men who don't want to have a baby, but they will not permit their wives to use contraceptives and they refuse to use condoms. In these cases, the women are faced with a dilemma and don't know what to do because very few alternatives remain.
- According to a recent study based on data from the Hispanic Health and Nutrition Examination Survey, there are also differences regarding contraceptive/reproductive decisions among the three major Hispanic ethnic groups. This study indicated that Mexican-American females are almost twice as likely to be using oral contraceptives as Cuban American or Puerto Rican females. In addition, Mexican-American women show a higher rate of hysterectomies and oophorectomies than the other two groups, while the largest percentage of tubal ligations is among Puerto Rican women. In fact, 58% of all contraception in Puerto Rico is due to female sterilization.

¿Recuerdan ustedes?

Answer the following questions, basing your answers on the dialogue.

1. ¿Por qué va la Sra. Reyes al Centro de Planificación Familiar?

2. ¿Sobre qué hablan ella y la Dra. Fabio?

3. Según la doctora, ¿cuál es el mejor método de control de la natalidad?

4. ¿Son peligrosos los aparatos intrauterinos?

_____

5. ¿Dónde (*Where*) inserta el médico el aparato intrauterino?

_____

6. ¿Para qué sirve el diafragma? ¿Cuándo se debe insertar?

_____

7. ¿Con qué se debe cubrir el diafragma antes de insertarlo?

_____

8. ¿Qué debe saber la Sra. Reyes para seguir el método del ritmo?

_____

9. ¿Qué método piensa usar la Sra. Reyes?

_____

Para conversar

Interview a classmate, using the following questions. When you have finished, switch roles.

1. ¿Cuál cree Ud. que es el método más fácil para el control de la natalidad?

_____

2. ¿Cuál cree Ud. que es el método más efectivo?

_____

3. Si una persona quiere usar el diafragma, ¿debe ver antes a un médico? ¿Por qué?

_____

4. ¿Es fácil seguir el método del ritmo? ¿Por qué o por qué no?

_____

5. ¿Es efectivo el condón?

_____

6. ¿Conoce Ud. a una pareja (*couple*) de recién casados?

_____

7. ¿Cuánto tiempo (*How long*) cree Ud. que debe esperar una pareja de recién casados para tener hijos?

_____

8. ¿Cuántos hijos cree Ud. que debe tener una familia?

_____

Vamos a practicar

A. **Complete the following sentences, using the correct form of the present indicative of the verbs listed.**

pedir	hacer	decir
saber	conseguir	conocer
servir	poner	medir
seguir		

1. María _____ turno para la semana que viene.

2. Mamá _____ que las pastillas anticonceptivas causan cáncer.

3. ¿Para qué _____ las jaleas y las cremas? ¿Para evitar el embarazo?

4. Yo _____ a una mujer que tiene un implante en el brazo.

5. Yo no _____ nada para evitar el embarazo.

6. Ellos _____ los condones en la farmacia; no necesitan receta.

7. El médico _____ la vagina para determinar el tamaño correcto.

8. ¿_____ Uds. el método del ritmo? ¿Es efectivo eso?

9. Yo _____ la crema por dentro y por fuera.

10. Yo _____ que el aparato intrauterino puede causar molestias.

B. **Answer each question, first in the affirmative and then in the negative, using direct object pronouns.**

Modelo: ¿Usa Ud. **esta jalea?**
*Sí, yo **la** uso.*
*No, yo no **la** uso.*

1. ¿Desea Ud. evitar **el embarazo?**

_____

_____

2. ¿Va a insertar Ud. **el diafragma?**

_____

_____

73

3. ¿Examina el doctor **la vagina**?

_____

_____

4. ¿Ve Ud. a **la ginecóloga**?

_____

_____

5. ¿Tiene Ud. **los folletos sobre el control de la natalidad**?

_____

_____

6. ¿Pone Ud. **la crema** en el diafragma?

_____

_____

7. ¿Puede Ud. ver**me** la semana que viene? (*f.*)

_____

_____

8. ¿Puede Ud. ver**nos** el miércoles por la mañana? (*m.*)

_____

_____

Conversaciones breves

Complete the following dialogue, using your imagination and the vocabulary from this lesson.

El doctor y la paciente:

PACIENTE —Yo no quiero tomar la pastilla.

DOCTOR —_____

PACIENTE —Pero no son muy efectivos.

DOCTOR —_____

PACIENTE —Pero, ¿no son peligrosos los aparatos intrauterinos?

DOCTOR —_____

PACIENTE —¿Cuándo debo insertar el diafragma?

DOCTOR — _____

PACIENTE —¿También debo usar alguna crema o jalea con el diafragma?

DOCTOR — _____

ACIENTE —Yo creo que mi esposo puede usar un condón.

DOCTOR — _____

PACIENTE —Sí, prefiero eso.

En estas situaciones

What would you say in the following situations? What might the other person say?

1. You are a doctor and your patient does not want to have children yet. Explain to your patient that her fertile period is before, during, and after ovulation. Then tell your patient that if she doesn't want to use birth control pills, there are other methods she can use to avoid pregnancy.

2. You are a doctor and your patient wants a diaphragm. Tell your patient that you have to measure her vagina to determine the right size and that she should insert the diaphragm before having sexual intercourse. Describe the placement of the diaphragm to her.

3. You are a patient. Tell your doctor that your husband doesn't want to use a condom. Ask him/her if the rhythm method is effective.

Casos

Act out the following scenario with a partner.

A doctor and a patient discuss the nature and use of the following birth control methods.

1. the pill

2. the I.U.D.

3. the diaphragm

4. the rhythm method

5. the implant

Un paso más

Review the *Vocabulario adicional* in this lesson. Then write the words or phrases related to the following.

1. Lo que (*What*) se puede hacer para evitar tener hijos:

   _____

   _____

   _____

   _____

2. Términos relacionados con los órganos reproductivos del hombre (*man*):

   _____

   _____

   _____

3. Métodos artificiales para tener hijos:

   _____

   _____

4. Términos relacionados con la infertilidad:

   _____

   _____

5. Forma en que se toma una medicina:

   _____

8

📼 Un examen físico

Carlos está en el consultorio del Dr. Díaz. El doctor le está haciendo un examen general. La enfermera trae la hoja clínica del paciente y se la da al médico. Carlos tiene la presión normal y parece muy sano.

DR. DÍAZ	—¿Tiene dolores de cabeza a menudo?
CARLOS	—Sí, a veces, cuando leo mucho.
DR. DÍAZ	—¿Puede doblar la cabeza hacia adelante, hasta tocar el pecho con la barbilla?
CARLOS	—¿Así?
DR. DÍAZ	—Sí. Ahora hacia atrás. ¿Le duele cuando hace eso?
CARLOS	—No, no me duele.
DR. DÍAZ	—¿Tiene algún ruido en los oídos?
CARLOS	—Sí, en este oído, a veces.
DR. DÍAZ	—¿Tiene tos o está ronco sin estar resfriado?
CARLOS	—No, nunca.
DR. DÍAZ	—¿Puede respirar por la boca, por favor? Respire hondo... lentamente. ¿Tiene dificultad para respirar a veces?
CARLOS	—Solamente después de correr mucho.
DR. DÍAZ	—¿Siente algún dolor en el pecho?
CARLOS	—No.
DR. DÍAZ	—¿Tiene a veces la presión alta o baja?
CARLOS	—Siempre es normal cuando me la toman.
DR. DÍAZ	—¿Le duele algunas veces el estómago después de comer?
CARLOS	—Cuando como mucho y de prisa.
DR. DÍAZ	—¿Le duele cuando le aprieto el estómago así?
CARLOS	—Me duele un poco...
DR. DÍAZ	—¿Le duele el pene cuando orina?
CARLOS	—No.
DR. DÍAZ	—¿Puede doblar las rodillas...? Otra vez, separándolas... ¿Siente algún dolor en los huesos?
CARLOS	—No, doctor.
DR. DÍAZ	—¿Siente comezón o ardor a veces?
CARLOS	—No, nada fuera de lo común...
DR. DÍAZ	—¿Duerme bien?
CARLOS	—Algunas veces tengo insomnio.
DR. DÍAZ	—¿Sube y baja de peso con frecuencia?
CARLOS	—No, siempre peso más o menos lo mismo.
DR. DÍAZ	—Bueno. Vamos a hacerle un análisis de sangre para ver si hay diabetes o tiene el colesterol alto. Debe ir al laboratorio en ayunas y darle esta orden a la enfermera.
CARLOS	—Muy bien, doctor. ¿Cuándo vuelvo?
DR. DÍAZ	—Si el resultado del análisis es negativo, dentro de seis meses. Si es positivo, yo lo llamo.
CARLOS	—Gracias.

▣ Vocabulario

COGNADOS

el colesterol cholesterol	**el insomnio** insomnia
la diabetes diabetes	**el laboratorio** laboratory
el examen, el chequeo exam,	**negativo(a)** negative
examination, checkup	**normal** normal
físico(a) physical	**la orden** order
general general	**positivo(a)** positive

NOMBRES

el ardor   burning
la barbilla   chin
la comezón, la picazón   itching
la dificultad   difficulty
el hueso   bone
el pecho   chest
el pene   penis
la presión, la presión arterial   pressure,
 blood pressure
el resultado   result
la rodilla   knee
el ruido   noise, ringing

VERBOS

apretar (e:ie)   to press (down)
correr   to run
doblar   to bend
doler (o:ue)[1]   to hurt, to ache
dormir (o:ue)   to sleep
parecer[2]   to seem
respirar, resollar   to breathe
sentir (e:ie)   to feel
separar   to separate
tocar   to touch
traer[3]   to bring

ADJETIVOS

bajo(a)   low
ronco(a)   hoarse
sano(a)   healthy

OTRAS PALABRAS Y EXPRESIONES

a veces, algunas veces   sometimes
así   like this, so
cuando   when
de prisa   in a hurry
dentro de   in, within
en ayunas   with an empty stomach, fasting
eso   that
este(a)   this
fuera de lo común   out of the ordinary
hacer un análisis, hacer una prueba   to run a test
hacer un examen   to give a checkup
hacia adelante   forward
hacia atrás   backward
hasta   until, till
lentamente   slowly
lo mismo   the same (thing)
más o menos   more or less
nada   nothing
otra vez   again
por la boca   through the mouth
Respire hondo.   Take a deep breath., Breathe
 deeply.
sin   without
subir de peso, aumentar de peso   to gain weight
un poco   a little

---

[1]*Doler* is used with indirect object pronouns. *Me duele el estómago.* "My stomach hurts." (literally,
"The stomach is hurting me.")
[2]Irregular first person: *yo parezco.*
[3]Irregular first person: *yo traigo.*

78

Vocabulario adicional

EL EXAMEN FÍSICO

¿Tiene Ud. {
dificultad al tragar? difficulty swallowing
fatiga? fatigue
mucha flema? a lot of phlegm
gases intestinales (flato)? intestinal gas (flatus)
malestar? molestias? discomfort
tendencia a sangrar? tendency to bleed
tos seca? dry cough
urticaria? ronchas? hives

¿Alguien de su familia tiene {
bocio? goiter
enfisema? emphysema
hidropesía? dropsy
malaria? malaria
pleuresía? pleurisy

Notas culturales

The use of health care services by Hispanics depends greatly upon socioeconomic status and type of employment because these affect access to comprehensive and preventive medical care. Data from the Hispanic Health and Nutrition Examination Survey indicates that one-third of the Mexican-American population, one-fifth of the Puerto Rican population, and one-fourth of the Cuban American population are uninsured for medical expenditures. Furthermore, compared with Hispanics with private health insurance, uninsured Hispanics are less likely to have a regular source of health care, less likely to have visited a physician in the past year, and less likely to have had a routine physical examination. Mexican Americans, who have the least insurance, visit physicians least often. The highest rate in number of physician visits is among Puerto Ricans which may be due in part to the fact that they have greater access to Medicaid.

¿Recuerdan ustedes?

Answer the following questions, basing your answers on the dialogue.

1. ¿Qué le está haciendo el doctor a Carlos?

   _____

2. ¿Qué le da la enfermera al médico?

   _____

3. ¿Cuándo le duele la cabeza a Carlos?

   _____

4. ¿Cuándo tiene Carlos dificultad para respirar?

   _____

5. ¿Tiene Carlos la presión alta?

   _____

6. ¿Carlos siempre duerme bien?

   _____

7. ¿Para qué le van a hacer un análisis a Carlos?

   _____

8. ¿Cuándo debe volver Carlos a ver al doctor?

   _____

Para conversar

Interview a classmate, using the following questions. When you have finished, switch roles.

1. ¿Tiene Ud. la presión normal?

   _____

2. ¿Tiene Ud. dolores de cabeza a veces? ¿Cuándo?

   _____

3. ¿Le duele cuando dobla la cabeza hacia atrás?

   _____

4. ¿Tiene algún ruido en los oídos a veces? ¿Cuándo?

   _____

5. ¿Tiene tos? ¿Está ronco(a)?

   _____

6. ¿Tiene Ud. dificultad para respirar? ¿Cuándo?

   _____

7. ¿Le duele algo?

   _____

8. ¿Siente algún dolor en los huesos?

   _____

9. ¿Siente comezón o ardor a veces?

   _____

10. ¿Sube y baja de peso con frecuencia?

   _____

11. ¿Duerme bien?

_____

12. ¿Alguien (*Someone*) en su familia tiene el colesterol alto?

_____

13. ¿Alguien en su familia tiene diabetes?

_____

Vamos a practicar

A. Rewrite the following sentences, replacing the words in boldface with the corresponding direct object pronouns.

1. Le doy **el resultado** mañana.

_____

2. Te traen **los alimentos** después.

_____

3. Nos toman **la presión** con frecuencia.

_____

4. Me dan **las pastillas.**

_____

5. Les piden **el análisis de sangre.**

_____

B. Write the following dialogues in Spanish.

1. "When do you need the test results, doctor?"
   "Can you give them to me tomorrow?"

_____

_____

2. "Does the patient seem pale to you?"
   "Yes, I am bringing him this glass (*vaso*) of water."

_____

_____

3. "When do I take these pills?"
   "You should ask the nurse or the doctor."

_____

_____

Conversaciones breves

Complete the following dialogue, using your imagination and the vocabulary from this lesson.

El Dr. Ríos y el paciente:

DR. RÍOS — _____

PACIENTE —Sí, a veces tengo dolores de cabeza.

DR. RÍOS — _____

PACIENTE —No, no siento ruido en los oídos, pero a veces me duelen.

DR. RÍOS — _____

PACIENTE —No, nunca siento dolor en el pecho.

DR. RÍOS — _____

PACIENTE —No, nunca me duele el pene cuando orino.

DR. RÍOS — _____

PACIENTE —Ardor no, pero a veces siento comezón.

DR. RÍOS — _____

PACIENTE —Sólo cuando como de prisa.

DR. RÍOS — _____

PACIENTE —Sí, mi padre tiene diabetes.

En estas situaciones

What would you say in the following situations? What might the other person say?

1. You are the patient. Tell your doctor you want a checkup because you sometimes have headaches and difficulty breathing.

2. You are a doctor. Tell your patient to take a deep breath through the mouth. Ask the person if his/her stomach hurts when you press it.

3. You are a doctor. Tell your patient he/she seems healthy, but that you want to run some tests. Tell your patient that he/she must not eat anything before coming to the lab.

Casos

Act out the following scenario with a partner.

A doctor gives a patient a complete checkup.

Un paso más

A. Review the *Vocabulario adicional* in this lesson. Then write the symptoms you associate with the following medical conditions.

1. gastritis: _____

2. anemia: _____

3. tuberculosis: _____

4. alergia: _____

5. catarro: _____

6. hemofilia: _____

7. cáncer de la garganta (*throat*): _____

B. Read the following symptoms of diabetes. Then write six questions you would ask a patient whom you suspect might have diabetes.

¿CUÁLES SON ALGUNOS DE LOS SIGNOS COMUNES DE UNA DIABETES SEVERA?

1. Orinar frecuentemente, aún durante la noche
2. Sed°   *Thirst*
3. Pérdida de peso
4. Apetito constante
5. Cansancio y debilidad
6. Comezón en la piel
7. Piel seca°   *dry*
8. Visión borrosa°   *blurred*
9. Infecciones de la piel (*llagas*°)   *wounds*

¿CUÁLES SON ALGUNOS DE LOS SIGNOS COMUNES DE UNA DIABETES MENOS SEVERA?

1. Cansancio y debilidad
2. Dolor
3. Entumecimiento° u hormigueo° en los dedos de las manos o en los pies   *Numbness/pins and needles, tingling*
4. Visión borrosa
5. Infecciones de la piel (*llagas*)
6. Es posible que no haya° signos de ninguna clase   *there may be*

1. _____

2. _____

3. _____

4. _____

5. _____

6. _____

Now interview a classmate using the questions you have written.

9

▣ *Con el dentista*

Anita va al dentista porque le duele una muela. Después de entrar en el consultorio, se sienta y la asistente le hace unas radiografías. Ahora el dentista viene para examinarle los dientes.

DENTISTA	—Abra la boca, por favor. ¿Cuál es la muela que le duele? Tóquela.
ANITA	—Ésta. No puedo morder nada, y si como algo muy frío o muy caliente, el dolor es insoportable.
DENTISTA	—Vamos a ver. (*Mira la radiografía.*) Necesito extraerle la muela. No voy a poder salvarla porque tiene un absceso. Otro día vamos a extraerle las muelas del juicio porque no tienen espacio suficiente.
ANITA	—Muy bien. Doctor, para sacarme la muela, ¿me va a dar anestesia local o general?
DENTISTA	—Es una extracción simple. Voy a darle novocaína.
ANITA	—¿Tengo algún diente picado?
DENTISTA	—Sí, tiene dos caries, y tiene una muela que necesita una corona.
ANITA	—¿Todo eso?
DENTISTA	—Sí, lo siento.
ANITA	—Doctor, me sangran mucho las encías cuando me cepillo los dientes...
DENTISTA	—Sí, veo que las tiene muy inflamadas, y tiene mucho sarro. Eso puede causar piorrea y mal aliento.
ANITA	—Entonces, ¿debo pedir turno para la higienista?
DENTISTA	—Sí, pida turno para dentro de tres o cuatro semanas para la higienista, y también para empastarle los dientes.
ANITA	—Y para el problema de las encías, ¿qué hago?
DENTISTA	—Cepíllese los dientes después de cada comida con un buen cepillo y una pasta de dientes para controlar el sarro. Ah, y no se olvide de usar el hilo dental todos los días.

El dentista le extrae la muela.

DENTISTA	—Enjuáguese la boca y escupa aquí. (*Le pone una gasa sobre la herida.*) Durante una hora, cámbiese la gasa que tiene en la herida cada diez o quince minutos, y no se enjuague la boca hoy. Mañana, enjuáguesela con agua tibia con sal.
ANITA	—Si me duele, ¿puedo tomar aspirina?
DENTISTA	—No, tome Advil o Motrin u otro calmante sin aspirina. Si tiene la cara inflamada, póngase una bolsa de hielo.
ANITA	—¿Algo más?
DENTISTA	—Si sangra un poco, use dos almohadas para dormir. Si sangra mucho, llámeme.

Al salir del consultorio, la asistente la llama.

ASISTENTE —Señorita, ¿esta cartera es suya?
ANITA —Sí, es mía. Gracias.

🔲 Vocabulario

COGNADOS

el absceso abscess	**el (la) higienista** hygienist
la anestesia anesthesia	**local** local
el (la) asistente assistant, helper	**el minuto** minute
el (la) dentista dentist	**la novocaína** novocaine
el espacio space, room	**la piorrea** pyorrhea
la extracción extraction	**simple** simple

NOMBRES

el aliento breath
la boca mouth
la bolsa, la cartera handbag, purse
la bolsa de hielo ice pack
la cara face
la carie, la picadura cavity
el cepillo brush
la corona crown
el diente tooth
la encía[1] gum (of mouth)
la gasa gauze
la herida wound, injury
el hielo ice
el hilo dental, la seda dental dental floss
la muela tooth, molar
la muela del juicio, el cordal wisdom tooth
la pasta de dientes, la pasta dentífrica toothpaste
la sal salt
el sarro tartar

ADJETIVOS

insoportable unbearable
picado(a), cariado(a) decayed, carious
tibio(a) lukewarm, tepid

VERBOS

abrir to open
cambiar(se) to change (onself)
cepillar(se) to brush (oneself)
controlar to control
empastar, emplomar to fill (a tooth)
enjuagar(se) to rinse (out)
escupir to spit
morder (o:ue) to bite
olvidarse (de) to forget
sacar, extaer[2] to take out, to pull out, to extract
salir[3] to leave, to go out
salvar to save
sangrar to bleed
sentarse (e:ie) to sit (down)

OTRAS PALABRAS Y EXPRESIONES

ah oh
cepillarse los dientes to brush one's teeth
entonces then
mío(a) mine
suficiente enough, sufficient
suyo(a) yours

---

[1] *Pus en las encías* (Pus in the gums).
[2] Irregular first person: *yo extraigo.*
[3] Irregular first person: *yo salgo.*

Vocabulario adicional

EL CUIDADO (CARE) DE LOS DIENTES

Cepíllese los dientes
- **después de cada comida**
- **con un cepillo**
  - **duro** hard
  - **blando** soft
  - **semiduro** medium
- **con una buena pasta dentífrica con floruro**   with a good fluoride toothpaste

LAS PARTES DE UN DIENTE

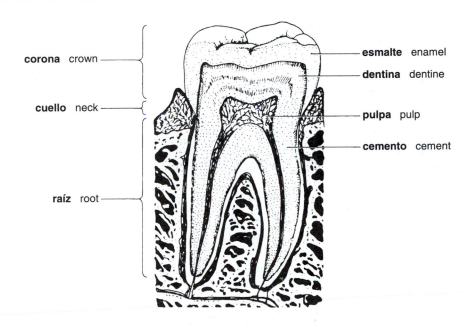

corona crown

cuello neck

raíz root

esmalte enamel

dentina dentine

pulpa pulp

cemento cement

CLASES DE DIENTES

el canino, el colmillo   canine
el incisivo   incisor
el molar, la muela   molar

el canal en la raíz   root canal
el enjuague   mouthwash
los frenos   dental braces
el (la) odontólogo(a)   odontologist, dental surgeon, dentist
la ortodoncia   orthodontia
el (la) ortodoncista   orthodontist
la placa   plaque
el puente   (dental) bridge

¡OJO! For additional terms related to parts of the mouth, see the diagram on page xiv.

Notas culturales

- Many products made in the U.S. like toothpaste, dental floss, and mouthwash are commonly sold in Spanish-speaking countries. Brands like Colgate, Listerine, Scope, and so on are very well known.
- In an effort to inform the Hispanic population about dental care, the National Institute of Dental Research in conjunction with the U.S. Department of Health and Human Services publishes the following pamphlets in Spanish as a public service. These brochures may also be obtained from state and local health departments.

    Datos sobre las caries dentales (Facts About Dental Cavities)
    Rx para dientes sanos—La placa: ¿Qué es la placa dental y cómo puede quitársela? (Rx for Sound Teeth—Plaque: What it is and how to get rid of it)
    Evite las caries dentales (Avoid Dental Decay)
    Prevenga el daño que causa el biberón (Prevent Baby Bottle Tooth Decay)
    Consejos de cuidado dental para diabéticos (Dental Tips for Diabetics)
    Enfermedad periodontal en los diabéticos: Guía para los pacientes (Periodontal Disease in Diabetics: Patient Guide)

¿Recuerdan ustedes?

Answer the following questions basing your answers on the dialogue.

1. ¿Por qué va Anita al dentista?

    _____

2. ¿Cuándo tiene Anita un dolor insoportable?

    _____

3. ¿Por qué no va a poder salvar la muela el dentista?

    _____

4. ¿Por qué le va a sacar las muelas del juicio?

    _____

5. ¿Cuántas caries tiene Anita?

    _____

6. ¿Qué problemas tiene Anita con las encías?

    _____

7. Para extraerle la muela, ¿el dentista le va a dar anestesia local o anestesia general?

    _____

8. ¿Qué debe hacer Anita si tiene mucho dolor?

    _____

9. ¿Qué debe hacer Anita si tiene la cara inflamada?

_____

10. ¿La cartera es de Anita?

_____

Para conversar

Interview a classmate, using the following questions. When you have finished, switch roles.

1. ¿Tiene Ud. alguna muela picada?

_____

2. ¿Siente Ud. dolor cuando muerde o cuando come algo muy caliente?

_____

3. ¿Tiene Ud. un absceso?

_____

4. ¿Cuántas veces (*times*) al día se cepilla Ud. los dientes? ¿Cuándo lo hace?

_____

5. ¿Qué pasta dentífrica usa Ud.?

_____

6. ¿Usa Ud. hilo dental? ¿Cuántas veces a la semana?

_____

7. ¿Cuántas veces al año le hace su higienista una limpieza (*cleaning*)?

_____

8. ¿Tiene Ud. alguna corona?

_____

9. ¿Qué puedo hacer si me duele mucho la muela?

_____

10. ¿Qué causa el sarro?

_____

Vamos a practicar

A. **Answer the following questions, using the affirmative or negative commands according to the cues given.**

Modelos: ¿Debo abrir la boca ahora? (sí)
Sí, **abra** la boca ahora.

¿Puedo cerrar la boca ahora? (no)
No, no **cierre** la boca ahora.

1. ¿Puedo comer algo después de salir del consultorio? (no)

   _____

2. ¿Debemos cepillarnos los dientes después de las comidas? (sí)

   _____

3. ¿Debemos usar seda dental? (sí)

   _____

4. ¿Debo darle anestesia general, doctor? (no)

   _____

5. ¿Debo empastarla ahora mismo? (sí)

   _____

6. ¿Debo enjuagarme la boca? (sí)

   _____

7. ¿Puedo escupir ahora? (no)

   _____

8. ¿Puedo ponerme una bolsa de hielo si tengo dolor? (sí)

   _____

9. ¿Debemos tomar aspirinas? (no)

   _____

10. ¿Debemos usar una pasta de dientes para controlar el sarro? (sí)

    _____

B. **Write the following dialogues in Spanish.**

1. "This isn't my toothbrush. Is it yours?"
   "No, it's not mine."

   _____

   _____

2. "Do your gums bleed a lot when you brush your teeth?"
   "No, mine don't bleed much."

   _____

   _____

3. "Is this Sergio's toothpaste?"
   "No, it's mine. His is in the bathroom (*baño*)."

   _____

   _____

Conversaciones breves

**Complete the following dialogues, using your imagination and the
vocabulary from this lesson.**

A.   El Sr. Paz y su dentista:

SR. PAZ   —Doctor, tengo un dolor de muelas insoportable.

DENTISTA   — _____

SR. PAZ   —Ésta es la muela que me duele: la muela del juicio.

DENTISTA   — _____

SR. PAZ   —Sí, me duele cuando tomo algo muy frío.

DENTISTA   — _____

SR. PAZ   —¿Extraerla? ¿No me la puede salvar?

DENTISTA   — _____

SR. PAZ   —¿Me va a dar anestesia general o local?

DENTISTA   — _____

B. Jorge y su dentista:

JORGE —Doctora, cada vez que me cepillo los dientes, las encías me sangran.

DENTISTA —_____

JORGE —Sí, doctora, ya sé que tengo las encías hinchadas.

DENTISTA —_____

JORGE —¿Por qué tengo sarro? ¿Es malo eso?

DENTISTA —_____

JORGE —¿Qué puedo hacer para evitar la piorrea?

DENTISTA —_____

JORGE —¿Es necesario usar el hilo dental?

DENTISTA —_____

En estas situaciones

What would you say in the following situations? What might the other person say?

1. You are a dentist. Ask your patient which tooth hurts and then tell the person to touch it. Ask your patient to open his/her mouth so you can examine the tooth.

2. You are a patient. Explain to your dentist that when you bite on something very hot or very cold the pain is unbearable and that your gums bleed when you brush your teeth.

3. You are a dentist. Explain to your patient that you have to pull out a wisdom tooth because there isn't enough room in his/her mouth for the tooth. Tell the person to make an appointment with the receptionist.

Casos

Act out the following scenarios with a partner.

1. You are a dentist and a patient comes to you with a toothache. Examine the person's teeth to find out what is causing the problem. Then inform your patient of the results of your examination and propose suitable solutions.

2. You are a dentist and a patient comes to you with a number of abscessed teeth. After examining the person's teeth, explain to him/her that he/she needs dentures.

3. You are a dentist. Explain to a patient how to take care of his/her teeth properly so that the person can avoid having dental problems in the future.

Un paso más

A. **Review the *Vocabulario adicional* in this lesson and answer the following questions:**

1. ¿Qué enjuague usa Ud.?

   _____

2. ¿Es mejor usar un cepillo duro, blando o semiduro?

   _____

3. ¿Qué ventaja (*advantage*) tiene usar una pasta de dientes con floruro?

   _____

4. Si una persona tiene los dientes torcidos (*crooked*), ¿a qué especialista debe ir? ¿Qué van a ponerle?

   _____

5. ¿Cuál es la especialización de ese dentista?

   _____

6. Si tengo una carie muy profunda, ¿qué tiene que hacerme el dentista antes de ponerme una corona?

   _____

B. **Label the following diagrams in Spanish.**

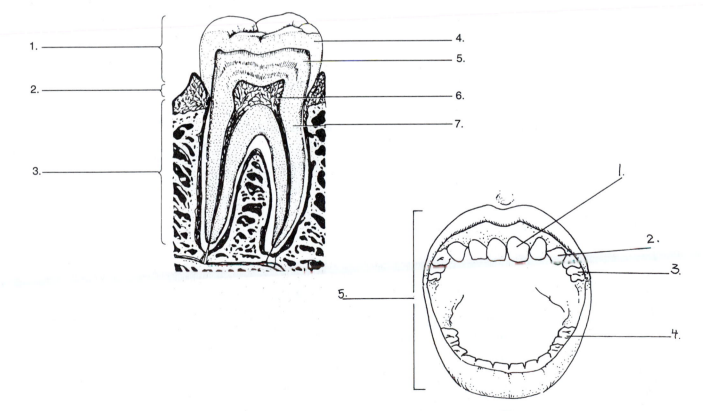

93

C. Read the ad for Miami Dental Care Centers and answer the following questions. Remember to guess the meaning of all cognates.

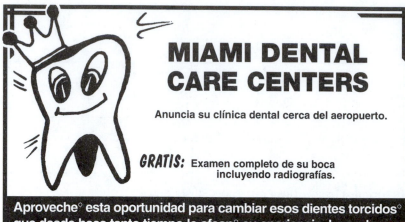

MIAMI DENTAL CARE CENTERS

Anuncia su clínica dental cerca del aeropuerto.

GRATIS: Examen completo de su boca incluyendo radiografías.

Aproveche° esta oportunidad para cambiar esos dientes torcidos° que desde hace tanto tiempo le afean° su apariencia. Le podemos solucionar cualquier° problema dental, garantizándole su tratamiento° y utilizando materiales de alta calidad aprobados por la ADA.

Dentaduras completas	$500.00
Coronas de porcelana	$300.00
Limpieza°	$38.00
Empastes	$30.00

- Un laboratorio instalado en la misma clínica nos permite ofrecer los últimos adelantos° de la odontología moderna a precios de descuento°.
- Abierto seis días a la semana.
- Servicio de emergencia las veinticuatro horas.
- Flexibilidad de horario° para su mayor comodidad°.
- Se aceptan Visa, MasterCard y toda clase de seguros.

Permita que profesionales con largos años de experiencia le atiendan° su boca en forma amena°, con equipos° modernos.

Pedro Urbino D.D.S.   **Sylvia Madrigal D.D.S.**
José Martínez D.D.S.   **Eduardo Castellanos D.D.S.**

Llame hoy mismo para una cita
695-4301

Take advantage of / crooked
disfigure
any / treatment

Cleaning

advances / discount

hours, schedule / convenience

attend
pleasant, agreeable / equipment

1. ¿Qué puede Ud. recibir gratis (*free*) en la clínica dental?

   _____

2. Según (*According to*) el anuncio, ¿qué puede cambiar?

   _____

3. ¿Cómo son los materiales que usan en la clínica dental?

   _____

4. ¿Cuánto va a pagar por una dentadura completa?

   _____

5. Si Ud. necesita una limpieza y un empaste, ¿cuánto va a pagar?

   _____

6. ¿Qué material usan en la clínica dental para las coronas?

   _____

7. ¿Cuántos dentistas trabajan (*work*) en la clínica?

   _____

8. Si Ud. tiene dolor de muelas a las once de la noche (*night*), ¿puede ir a la clínica dental? ¿Por qué?

   _____

10

📼 *En la sala de emergencia*

Un accidente:

Llega una ambulancia al hospital... Traen a un herido. Llevan la camilla a la sala de emergencia.

DOCTOR	—¿Qué pasó?
PACIENTE	—¡Ay... ! Mi carro chocó con un árbol, me golpeé la cabeza y me corté la frente. Fue terrible.
DOCTOR	—¿Perdió el conocimiento?
PACIENTE	—Yo creo que sí, pero fue sólo por unos segundos.
DOCTOR	—¿Cómo se siente ahora?
PACIENTE	—Me duele mucho la cabeza.
DOCTOR	—Bueno, voy a limpiarle y desinfectarle la herida. Luego voy a tener que darle puntos y vendarle la cabeza.
PACIENTE	—¿Me va a poner una inyección antes?
DOCTOR	—Sí. Después vamos a hacerle unas radiografías para ver si hay fractura. La enfermera lo va a llevar a la sala de rayos X.

Un caso de envenenamiento:

Una madre trae a su hijo a la sala de emergencia. El niño tomó veneno.

DOCTOR	—¿Qué cantidad de veneno tomó el niño, señora?
MADRE	—No sé... aquí está el frasco... está casi vacío...
DOCTOR	—¿Vomitó o le dio Ud. algún líquido?
MADRE	—No, no vomitó ni tomó nada.
DOCTOR	—Vamos a hacerle un lavado de estómago. No se preocupe. Pronto va a estar bien. Espere afuera, por favor.

Una fractura:

La Sra. García se cayó en la escalera, y su esposo la trae a la sala de emergencia.

DOCTOR	—¿Dónde le duele, señora?
SRA. GARCÍA	—Me duele mucho el tobillo; creo que me lo torcí.
DOCTOR	—A ver... No, yo creo que es una fractura.

Los enfermeros llevan a la Sra. García a la sala de rayos X en una camilla. Después de ver las radiografías el doctor confirma su diagnóstico y le explica a la Sra. García lo que va a hacer.

DOCTOR	—Pues sí, Sra. García, Ud. se fracturó el tobillo. Vamos a tener que enyesárselo.
SRA. GARCÍA	—¿Por cuánto tiempo tengo que usar el yeso?
DOCTOR	—Por seis semanas.
SRA. GARCÍA	—¿Voy a tener que usar muletas para caminar?
DOCTOR	—Sí, señora.

Una quemadura:

Una niña se quemó y su papá la trae a la sala de emergencia.

DOCTOR	—¿Se quemó la niña con algo eléctrico o algún ácido?
EL PAPÁ	—No, se quemó con agua hirviendo.
DOCTOR	—La niña tiene una quemadura de tercer grado. Vamos a tener que ingresarla.

📼 Vocabulario

COGNADOS

el accidente accident	**el diagnóstico** diagnosis
el ácido acid	**eléctrico(a)** electric, electrical
la ambulancia ambulance	**la fractura** fracture
el caso case	**terrible** terrible

NOMBRES

el árbol tree
la camilla stretcher
el carro, el coche, el auto, la máquina (*Cuba*) car
el envenenamiento poisoning
la escalera staircase
el frasco, la botella, el pomo (*Cuba*) bottle
la frente forehead
el (la) herido(a) injured person
la inyección shot, injection
la muleta crutch
el punto, la puntada stitch
la quemadura burn
la sala de emergencia, la sala de urgencia emergency room
la sala de rayos X (equis) X-ray room
el segundo second
el veneno poison
el yeso[1] cast

VERBOS

caer(se)[2] to fall
caminar to walk
confirmar to confirm
cortar(se) to cut (oneself)
chocar to run into, to collide
desinfectar to disinfect
enyesar[3] to put a cast on
explicar to explain
fracturarse, quebrarse (e:ie) (*Méx.*), **romperse** to fracture, to break
golpear(se) to hit (oneself)
ingresar to admit (to a hospital)
limpiar[4] to clean
llegar to arrive
pasar to happen
preocuparse por to worry (about)
quemar(se) to burn (oneself)
torcer(se) (o:ue) to twist
vendar to bandage

ADJETIVOS

hirviendo boiling
tercero(a) third
vacío(a) empty

---

[1]Also *escayola (España)*.
[2]Irregular first person: *yo caigo*.
[3]Also *escayolar (España)*.
[4]*Lavar la herida* (To wash the wound) is also used.

OTRAS PALABRAS Y EXPRESIONES

afuera   outside
antes   first, before
¡ay!   oh!
casi   almost
Creo que sí.   I think so.
¿dónde?   where?
hacer un lavado de estómago   to pump the stomach
lo que   that which
luego   then
perder el conocimiento, desmayarse   to lose consciousness, to faint, to be unconscious
poner una inyección   to give a shot
¿Por cuánto tiempo...?   For how long . . . ?
por unos segundos   for a few seconds
pronto   soon
pues   well

Vocabulario adicional

ALGUNAS EXPRESIONES RELACIONADAS CON ACCIDENTES Y EMERGENCIAS

Tenga siempre a mano el número de teléfono
Always keep at hand the telephone number

- de su **médico**
- del **centro de envenenamiento**   poison center
- de la **policía**   police
- del **hospital**
- del **departamento de bomberos**   fire department
- de la **ambulancia**
- de los **paramédicos**   paramedics

Para evitar el riesgo de envenenamiento,
To avoid the risk of poisoning,

- **lea bien las instrucciones antes de tomar una medicina.**
  read instructions carefully before taking (any) medicine.
- **nunca tome medicinas en la oscuridad.**
  never take (any) medicine in the dark.
- **guarde las medicinas fuera del alcance de los niños pequeños.**
  keep medicines out of small children's reach.
- **munca le diga a un niño que la medicina es "caramelo (dulce)".**
  never tell a child that medicine is "candy."

Está en la sala de emergencia porque
He/She is in the emergency room because

- **le dieron (pegaron) un tiro.**   they shot him/her.
- **le dieron dos puñaladas.**   they stabbed him/her twice.
- **tiene una herida de bala.**   he/she has a gunshot wound.
- **tomó una sobredosis de cocaína (heroína).**
  he/she took an overdose of cocaine (heroin).

99

Notas culturales

- In many Spanish-speaking countries, people are taken to special centers called *Casa de Socorro* (literally, House of Help) or *Casa de Primeros Auxilios* (House of First Aid) when they have medical emergencies. The staff at these centers treats the patient's problem and either releases the patient or sends him/her to a hospital for further treatment.
- In large urban areas in the U.S., economically disadvantaged Hispanics receive a large portion of their healthcare services from big, public hospitals that have rotating staffs. In this type of setting, they rarely experience continuity of health care. Also, data from the HHANES study reveals that many Hispanics use the emergency department as a source of primary care and that they are more likely to enter hospitals via emergency rooms rather than by other means.

¿Recuerdan ustedes?

Answer the following questions, basing your answers on the dialogue.

1. ¿Traen al herido en un carro o en una ambulancia?

   _____

2. ¿Qué le pasó al paciente cuando chocó con un árbol?

   _____

3. ¿Por cuánto tiempo perdió el conocimiento?

   _____

4. ¿Para qué van a hacerle una radiografía al paciente?

   _____

5. ¿Por qué le van a hacer un lavado de estómago al niño?

   _____

6. ¿Dónde se cayó la Sra. García?

   _____

7. ¿Por qué van a enyesarle el tobillo?

   _____

8. ¿Por cuánto tiempo va a tener que usar el yeso y qué va a necesitar para caminar?

   _____

9. ¿Con qué se quemó la niña?

   _____

10. ¿Por qué van a tener que ingresar a la niña?

   _____

Para conversar

**Interview a classmate, using the following questions. When you have
finished, switch roles.**

1. ¿Chocó Ud. con un auto alguna vez (*ever*)? ¿Qué le pasó?

   _____

2. ¿Se golpeó la cabeza alguna vez?

   _____

3. ¿Perdió Ud. el conocimiento alguna vez?

   _____

4. ¿Se quemó Ud. alguna vez? ¿Con qué?

   _____

5. ¿Se torció Ud. el tobillo alguna vez?

   _____

6. ¿Cómo se siente hoy?

   _____

7. Yo me fracturé la pierna. ¿Qué me van a hacer?

   _____

8. Yo me corté el dedo (*finger*). ¿Qué debo hacer?

   _____

9. Tengo una quemadura de primer grado. ¿Tienen que ingresarme en el
   hospital?

   _____

10. ¿Qué cree Ud. que va a hacer el médico?

    _____

11. ¿Qué hacen los médicos generalmente cuando una persona toma veneno?

    _____

12. ¿Cómo llevan a un herido de la ambulancia a la sala de emergencia?

    _____

Vamos a practicar

A. **Complete the following sentences, using the appropriate form of the preterit of the verbs listed.**

tomar	perder	romperse
golpearse	torcerse	quemarse
ir	desinfectar	dar
llegar	ser	enyesar

1. Mi papá _____ la cabeza.

2. La doctora me _____ la herida y me _____ cinco puntos.

3. La ambulancia _____ con un herido.

4. Yo _____ con agua hirviendo.

5. El Dr. López _____ el médico de mi esposo.

6. Mi papá _____ una pierna (*leg*) y el médico se la _____ .

7. ¿ _____ tú el conocimiento?

8. ¿Qué cantidad de veneno _____ él?

9. ¿Adónde _____ Uds. después del accidente? Nosotros _____ al hospital.

10. ¿Cuándo _____ Ud. el tobillo?

B. **Complete the following sentences, with the Spanish equivalent of the words in parentheses.**

1. ¿Cuánto pagaste _____? (*for the crutches*)

2. Lo llevaron a la sala de rayos X _____ (*to take an X-ray*)

3. Perdió el conocimiento _____ (*for a few seconds*)

4. Necesitamos los análisis _____ (*for tomorrow morning*)

5. Mi esposo tiene que estar en el hospital _____ (*for three days*)

6. Estos frascos son _____ (*for Dr. Soto*)

Conversaciones breves

Complete the following dialogues, using your imagination and the vocabulary from this lesson.

A. El herido y la doctora:

DOCTORA — _____

HERIDO —Me siento mal; la herida me duele mucho. ¿Tiene que darme puntos?

DOCTORA — _____

HERIDO —¿Me va a doler?

DOCTORA — _____

HERIDO —La pierna (*leg*) también me duele mucho. ¿Cree Ud. que tengo una fractura?

DOCTORA — _____

HERIDO —¿Cuándo van a hacerme las radiografías?

DOCTORA — _____

B. La madre de un niño y el doctor:

MADRE —Mi hijo tomó veneno.

DOCTOR — _____

MADRE —Sí, aquí está el frasco. Está casi vacío.

DOCTOR — _____

MADRE —¿Un lavado de estómago? ¿Va a estar bien después?

DOCTOR — _____

MADRE —Muchas gracias, doctor.

C. El doctor y un paciente:

PACIENTE —Doctor, me quemé el brazo con ácido. Me duele mucho.

DOCTOR — _____

PACIENTE —¿Una quemadura de tercer grado?

DOCTOR — _____

PACIENTE —¿Por cuánto tiempo tengo que estar en el hospital?

DOCTOR — _____

En estas situaciones

What would you say in the following situations? What might the other person say?

1. You have been hurt in a car accident. Tell the doctor that your car ran into a bus, and you hit your head on the windshield (*el parabrisas*) and cut your face (*cara*). Also tell the doctor that you were unconscious for a few moments. The doctor explains that he/she is going to wash and disinfect the wound and give you three stitches.

2. You are a doctor and a parent with a child who has taken poison comes to the emergency room. Ask the parent how much poison the child took and whether he/she has the bottle. Tell the parent you are going to pump the child's stomach.

3. You are a doctor and a parent with a child who fell out of a tree and broke his/her arm comes to the emergency room. Tell the parent you are going to have X-rays taken and then put the child's arm in a cast.

Casos

Act out the following emergency room scenes with a partner, who plays the role of the patient needing medical treatment as a result of the situations listed.

1. a car accident

2. a case of poisoning

3. a fracture

4. a burn

Un paso más

A. **Review the *Vocabulario adicional* in this lesson. Then write who you would call (the police, the fire department, etc.) and the actual number you would dial in the following situations. See your telephone book for a listing in your area.**

1. Ud. ve un accidente. _____

2. Hay un ladrón (*burglar*) en su casa. _____

3. Una mujer está lista (*ready*) para tener un bebé. _____

4. Hay un incendio (*fire*) en su casa. _____

5. Su hijo tomó veneno. _____

B. **Give the following people advice so that they can avoid the risk of poisoning.**

1. Una madre que tiene niños pequeños

   _____

   _____

2. Una persona que siempre toma medicinas por la noche

   _____

3. Una persona que tiene varios problemas de salud (*health*)

   _____

4. Una persona que toma medicinas sin consultar al médico

   _____

C. **The family of a patient who is in the emergency room ask you what happened. Since they only speak Spanish, you have to give them the following news in Spanish.**

1. He took an overdose of cocaine.

   _____

2. He has been shot twice.

   _____

3. She has been stabbed five times.

   _____

D. Read the description of the emergency medical care unit at the
Hospital Edgardo Rebagliati Martins in Lima, Perú, and answer the
following questions. Remember to guess the meaning of all cognates.

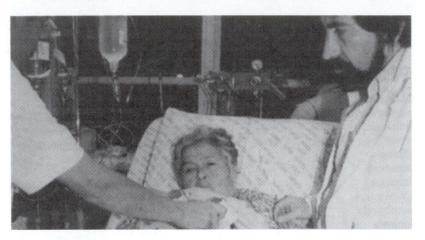

UNIDAD° DE EMERGENCIAS

Unit

■ Es una de las más modernas y equipadas del país° donde se
atienden° aproximadamente 375 pacientes diarios°. La unidad cuenta
con treinta médicos permanentes de todas las especialidades,
además de tres ambulancias que operan las veinticuatro horas del
día. La unidad está habilitada con una moderna sala de reanimación° y
shock-trauma para atender a los pacientes en estado° de shock y una
unidad de monitoreo para controlar a aquéllos en estado crítico. Los
pacientes que requieren una intervención quirúrgica° de emergencia
son operados en una de las dos salas de operaciones de uso
exclusivo con las que cuenta esta unidad.

country
are tended / daily

revival
state

surgical

1. ¿Cuántos pacientes pueden atender en un día en esta unidad?

   _____

2. ¿Cuántas ambulancias tienen? ¿Cuándo puede Ud. conseguir (*obtain*) una?

   _____

3. ¿Qué hacen con los pacientes en estado de shock?

   _____

4. ¿Cuántas salas de operaciones tiene esta unidad de emergencias?

   _____

5. ¿Cómo compara (*compare*) esta unidad de emergencias con una en los Estados Unidos?

   _____

   _____

Lectura 2

◼ *El cáncer*

(Adapted from TEL MED, tape #183)

El cáncer mata° a miles de personas todos los años y si esto no cambia,° cerca de° 80 millones— o una de cada tres personas que viven actualmente° en los Estados Unidos— tendrán° cáncer en algún momento de su vida.°

  kills / if this doesn't change / about at the present time will have / life

Hay tres cosas que se pueden hacer para protegerse° contra el cáncer:

  protect ourselves

1. Evitar fumar o exponerse° demasiado° al sol.

  exposing oneself / too much

2. Hacerse exámenes médicos periódicamente. Los hombres de menos de cuarenta años deben hacerlo cada dos años, y una vez° al año después de los cuarenta años. Las mujeres de menos de treinta y cinco años deben hacerlo una vez cada dos años, y una vez al año después de los treinta y cinco años.

  once

3. Aprender a reconocer° las señales° que indican la presencia de cáncer y ver al médico si alguno de estos síntomas persiste por más de dos semanas.

  to recognize / signs

Hay siete señales que pueden indicar la existencia de cáncer:

1. Una pérdida de sangre° no usual.

  bleeding

2. Un abultamiento o endurecimiento° en el seno o cualquier° otra parte del cuerpo.

  lump or hardening / any

3. Una llaga° que no se cura.

  sore

4. Un cambio° en los hábitos de defecar u orinar.

  change

5. Ronquera° o tos persistente.

  hoarseness

6. Problemas de indigestión o dificultad para tragar.°

  to swallow

7. Cualquier cambio en el tamaño o color de una verruga,° lunar° o mancha° en la piel.

  wart / mole / birthmark

El cáncer puede tratarse° con algunas drogas, con radiación, con quimioterapia o con cirugía,° pero es importante ver al médico en seguida si se descubren° algunos de los síntomas indicados.

  can be treated surgery / are discovered

Conversaciones

—¿Qué puedo hacer para evitar el cáncer?
—No debe fumar y no debe exponerse mucho al sol.

—¿Cada cuánto tiempo debo hacerme un examen médico?
—Si tiene menos de treinta y cinco años, cada dos años.
—Yo tengo cuarenta y cinco años.
—Entonces° debe hacerlo cada año.
—Tengo dificultad para tragar.
—Eso puedo ser una señal de cáncer.
—¿Qué debo hacer?
—Debe ver a su médico si el problema persiste por más de dos semanas.

¿Recuerdan ustedes?

Answer the following questions, basing your answers on the reading and the conversations.

1. ¿Qué enfermedad mata a miles de personas todos los años?

   _____

2. ¿Cuántas personas en los Estados Unidos tendrán cáncer?

   _____

3. ¿Qué debemos evitar para protegernos contra el cáncer?

   _____

4. ¿Con qué frecuencia deben hacerse chequeos los hombres con menos de cuarenta años? ¿Con más de cuarenta?

   _____

5. ¿Con qué frecuencia deben hacerse exámenes las mujeres antes de los treinta y cinco años? ¿Después?

   _____

6. ¿Cuál es una señal de cáncer?

   _____

7. ¿Cuáles son otras tres señales que pueden indicar cáncer?

   _____

8. ¿Cómo puede tratarse el cáncer?

   _____

9. ¿Qué es importante hacer si tiene algunos de los síntomas que indican la presencia de cáncer?

   _____

Repaso

LECCIONES 6–10

PRÁCTICA DE VOCABULARIO

A. Circle the expression that best completes each sentence.

1. Tiene que comer por lo menos una cosa de cada (fruta, grupo, hígado).

2. Debe comer cantidades más (pequeñas, jóvenes, peligrosas).

3. Traen al herido en una (escalera, quemadura, camilla).

4. Quiero beber (un yeso, un refresco, una cartera).

5. El dentista dice que necesito una limpieza porque tengo mucho (sarro, espacio, ritmo).

6. Tomó veneno. Por eso le van a hacer un lavado de (boca, jalea, estómago).

7. Estos alimentos tienen pocas (calorías, coronas, dificultades).

8. Abra la boca y tóquese la muela que le duele cuando (saca, salva, muerde).

9. El médico le está haciendo un examen físico. Le pregunta si tiene ardor o (comezón, control, fractura) a veces.

10. Cuando corro, tengo dificultad para (doblar, apretar, respirar).

11. No comí nada. Estoy (ronco, sano, en ayunas).

12. Para tocarme el pecho con la barbilla, debo doblar la cabeza (hondo, hacia adelante, hacia atrás).

13. ¿Tiene Ud. la presión normal, alta o (baja, general, distinta)?

14. No hay nada (lentamente, de prisa, fuera de lo común).

15. Respire hondo. Respire (por el pie, por la cabeza, por la boca).

16. Para evitar la obesidad, hay que (torcerse el tobillo, hacer ejercicio, parecer sano).

17. Mi carro chocó con (un árbol, una pastilla, un chequeo).

18. Doble la cabeza hacia adelante hasta tocar (la espalda, las nalgas, el pecho) con la barbilla.

19. Me caí (en la escalera, correctamente, dentro de dos semanas).

20. ¿Eso se hace así? (¡Yo creo que sí!, ¿Qué pasó?, ¡En ese caso!)

B. Circle the word or phrase that does not belong in each group.

1. padezco, me duele, otra vez

2. sin comer, más o menos, en ayunas

3. no mucho, lo mismo, un poco

4. entrada, examen general, análisis

5. medir, ruido, tamaño

6. aparato intrauterino, condón, lista

7. chiles verdes, mantequilla de maní, melón

8. pescado, frijoles, naranjas

9. quemarse, pensar, fracturarse

10. probar, desinfectar, limpiar

11. vendar, variedad, herida

12. agua hirviendo, quemadura, árbol

13. tener insomnio, no poder dormir, perder el conocimiento

14. el condón, el control de la natalidad, el colesterol

15. leche, toronja, queso

16. espacio, cepillo de dientes, muela

17. adelgazar, bajar de peso, sentir

18. diabetes, azúcar, muleta

C. Complete the following sentences with the appropriate word or phrase in column B.

A	B
1. Tiene mal _____	a. encía.
2. Póngase una bolsa _____	b. preocupada.
3. Enjuáguese _____	c. posible.
4. Me sangra la _____	d. es insoportable.
5. El dolor _____	e. cuidado.
6. No coma muchos _____	f. dele yogur.
7. Estoy muy _____	g. de hielo. ·
8. Eso no es _____	h. más tarde.
9. Ella padece _____	i. sé.
10. Vuelva _____	j. la boca.
11. Si no quiere leche, _____	k. del corazón.
12. Hay que tener _____	l. calorías.
13. Tiene que contar las _____	m. aliento.
14. Se rompió _____	n. la pierna.
15. Ya lo _____	o. dulces.
16. Buena _____	p. con frecuencia.
17. No como dulces _____	q. las rodillas.
18. Separe _____	r. suerte.

D. Crucigrama

HORIZONTAL

3. No puedo dormir. Tengo _____ .

5. Debe enjuagarse la boca y después debe _____ aquí.

6. Tiene que seguir una _____ estricta porque está muy gordo.

8. perder peso

9. Tengo problemas para seguir una dieta. Es muy _____ .

13. El dentista va a empastarme el diente porque está _____ .

17. Tiene diabetes. Es _____ .

18. El resultado no es positivo; es _____ .

20. padre

23. En seguida. Muy _____ .

24. La pastilla _____ es un método efectivo para evitar el embarazo.

25. No tienen hijos. Están recién _____ .

27. col

30. sólo

31. En México es un *blanquillo*.

33. opuesto de *padre*

34. Para limpiarse entre los dientes, use hilo _____ .

36. Me cepillo los _____ con pasta dentífrica.

39. Está enfermo; no se _____ bien.

43. Tomó veneno. Es un caso de _____ .

44. Aquí tiene una _____ de los alimentos que debe comer.

46. Voy a la sala de rayos _____ .

47. Voy a ponerle una _____ de penicilina.

48. Le van a _____ la pierna porque tiene una fractura.

VERTICAL

1. opuesto de *delgado*

2. Voy al dentista porque me duele una _____ .

4. Debe comer la _____ de lo que come ahora, si quiere perder peso.

7. No sé el _____ del análisis todavía.

8. El pollo, el arroz y las toronjas son _____ .

10. No es incorrecto. Es _____ .

11. Centro de _____ de la familia

12. Tengo piorrea. Debo ir al _____ .

14. *constantly*, en español

15. Antes de extraerme la muela, el dentista me da _____ . Es una anestesia local.

16. madre

19. Debe comer una cosa de cada _____ de alimentos.

20. Su _____ es 150 libras.

21. Debe poner la crema por dentro y por _____ .

22. *to happen*, en español.

23. Puede usar leche descremada cuando _____ las comidas.

25. No esta frío. Está _____ .

26. Quiero jugo de _____ .

28. Tengo que sacarle la muela porque no tiene _____ espacio.

29. picadura

32. Para hacer un sándwich, necesito _____ .

35. Ellos _____ al hospital a las tres.

37. El médico limpia y _____ la herida.

38. Necesita _____ para caminar porque le enyesaron la pierna.

40. Me corté el dedo (*finger*) y el médico dice que necesito cinco _____ .

41. ¿Su hijo tomó veneno? ¿Tiene el _____ vacío?

42. diferente

45. Para el mal _____ use Scope.

📼 PRÁCTICA ORAL

Listen to the following exercise on the audio program. The speaker will ask you some questions. Answer each question, using the cue provided. The speaker will verify your response. Repeat the correct answer.

1. ¿Cuánto pesa Ud.? (180 libras)

2. ¿Cuánto peso necesita perder Ud.? (20 libras)

3. ¿Ud. sube y baja de peso con frecuencia? (no)

4. ¿Es difícil para Ud. seguir una dieta estricta? (sí)

5. ¿Come Ud. muchos dulces? (no)

6. ¿Qué frutas prefiere comer Ud.? (naranjas y fresas)

7. ¿Padece Ud. del corazón? (no)

8. ¿Tiene Ud. dolor de cabeza frecuentemente? (sí)

9. ¿Qué toma Ud. cuando le duele la cabeza? (aspirinas)

10. ¿Tiene Ud. ruido en los oídos? (sí, a veces)

11. ¿Tiene Ud. dificultad para respirar? (sí, cuando corro)

12. ¿Tiene Ud. dolor o ardor cuando orina? (no, nunca)

13. ¿Tiene Ud. la presión alta? (no, normal)

14. ¿Tiene Ud. el colesterol normal? (no, alto)

15. ¿Necesita Ud. hacerse algún análisis? (sí, de sangre)

16. ¿Qué pasta de dientes usa Ud.? (Colgate)

17. ¿Le sangran las encías cuando se cepilla los dientes? (a veces)

18. ¿Perdió Ud. el conocimiento alguna vez? (no, nunca)

19. ¿Se cayó Ud. ayer? (sí, en la escalera)

20. ¿Se quemó Ud. alguna vez? (sí, con agua hirviendo)

21. ¿Cuál cree Ud. que es el mejor método para evitar el embarazo? (la pastilla)

22. ¿Son peligrosos los aparatos intrauterinos? (no)

11

📼 *Nace un bebé*

El Sr. Guerra llama por teléfono al médico porque su esposa comenzó a tener los dolores de parto.

DR. PEÑA	—¿Cuánto tiempo hace que tiene los dolores?
SR. GUERRA	—Hace unas dos horas. Eran las cuatro cuando comenzaron los dolores.
DR. PEÑA	—¿Cada cuánto tiempo le vienen?
SR. GUERRA	—Cada cinco minutos.
DR. PEÑA	—¿Siente los dolores en la espalda primero y después en el vientre?
SR. GUERRA	—Sí.
DR. PEÑA	—Tráigala al hospital en seguida.

Veinte minutos más tarde, la Sra. Guerra está en el hospital. Su esposo la trajo y la mamá de la Sra. Guerra vino con ellos. Ya se le rompió la bolsa de agua.

DR. PEÑA	—Abra las piernas y doble las rodillas. Relájese. No se ponga tensa. (*Después de examinarla.*) Bueno, Ud. tiene que quedarse en el hospital. ¿A qué hora movió el vientre?
SRA. GUERRA	—Esta tarde, después de comer.
DR. PEÑA	—Vamos a llevarla a la sala de parto ahora mismo.

En la sala de parto, el Sr. Guerra está con su esposa.

DR. PEÑA	—No puje si no siente los dolores. Cálmese. Respire normalmente.
SRA. GUERRA	—Deme algo para calmar el dolor... por favor... ¿Voy a necesitar una operación cesárea?
DR. PEÑA	—No. Ud. es un poco estrecha, pero todo va bien. Vamos a ponerle una inyección y Ud. no va a sentir los dolores. (*Le ponen una inyección.*) Ahora tiene Ud. una contracción. Puje. Muy bien. Voy a tener que usar fórceps para sacar al bebé. (*A la enfermera.*) Dame los fórceps.
SRA. GUERRA	—¿Va a usar fórceps? ¡Eso puede lastimar al bebé!
DR. PEÑA	—No, no se preocupe. Puje... Ya está saliendo... ¡Es un varón!
SR. GUERRA	—¡Tenemos un hijo!
SRA. GUERRA	—¿Tuve un varón...?
DR. PEÑA	—Sí, y todo salió muy bien. Ahora tiene que salir la placenta. Puje otra vez. Así... eso es...

Mas tarde:

DR. PEÑA	—¿Va a darle de mamar al bebé o piensa darle biberón?
SRA. GUERRA	—Pienso darle biberón.
DR. PEÑA	—En ese caso, para no tener leche Ud. debe ponerse bolsas de hielo en los senos y debe tomar Tylenol si siente dolor.

La Sra. Guerra habla con su esposo en la habitación.

SRA. GUERRA —(*A su esposo.*) Ve a ver al niño en la sala de bebés. Es muy bonito, ¿verdad? Hazme un favor, dile a la enfermera que queremos tener al bebé con nosotros un rato.

Vocabulario

COGNADOS

cesárea cesarean
la contracción contraction
el favor favor
los fórceps forceps
normalmente normally
la operación operation
la placenta placenta

NOMBRES

el biberón, la mamadera, la mamila (*Méx.*)
  baby bottle
la bolsa de agua, la fuente de agua water bag
el dolor de parto labor pain
la habitación room
el parto, el alumbramiento delivery
la pierna leg
la sala de bebés nursery
la sala de parto delivery room
la tarde afternoon
el varón[1] male, boy
el vientre, la barriga abdomen

VERBOS

calmar(se) to calm down
comenzar (e:ie) to begin, to start
lastimar(se) to hurt (oneself)
nacer[2] to be born
pensar (e:ie) to plan
pujar to push (in the case of labor or defecation)
quedarse to remain, to stay
relajarse to relax (oneself)

ADJETIVOS

bonito(a) pretty
estrecho(a) narrow

OTRAS PALABRAS Y EXPRESIONES

así like that, that way
dar de mamar, dar el pecho to nurse
mover (o:ue) el vientre, obrar, defecar,
  evacuar (*Méx.*)[3] to have a bowel movement
ponerse tenso(a) to tense up
un rato a while
¿verdad? right?, true?
ya already, now

---

[1]Colloquialism: *la mujercita* (*Méx.*) = female, girl.
[2]Irregular first person: *yo nazco.*
[3]Colloquialisms: *hacer caca, corregir* (e:i) (*Cuba*).

Vocabulario adicional

OTROS TÉRMINOS RELACIONADOS CON EL PARTO Y EL CUIDADO DEL BEBÉ

el bebé prematuro   premature baby
el cordón umbilical   umbilical cord
el cuidado postnatal   postnatal care
el cuidado prenatal   prenatal care
el chupete, el chupón (*Méx.*), **el tete** (*Cuba*)
  pacifier
dar a luz, parir   to give birth
dilatado(a)   dialated
estar de parto   to be in labor
el feto   fetus
la fórmula   formula

hacer un sonograma   to do a sonogram
la incubadora   incubator
los (las) mellizos(as), los (las) gemelos(as)[1]
  twins
el nacimiento   birth
la partera, la comadrona   midwife
el parto natural   natural childbirth
la raquídea, la anestesia espinal   spinal anesthesia
el (la) recién nacido(a)   newborn
la sala de maternidad   maternity ward

Notas culturales

- In small towns and rural regions of Latin America, midwives play an important role because there are relatively few doctors. Even in large cities, some women prefer to give birth in their homes with the help of a midwife in spite of the fact that care in large hospitals may be free of charge.
- The actual percentage of Hispanic mothers who breast-feed for any duration varies widely among the three major ethnic groups. Generally, Mexican Americans are more likely to breast-feed than Cuban Americans or Puerto Ricans. For example, studies have shown that breast-feeding rates among Mexican American women range from 31% to 60%, whereas those among Puerto Rican women are from 10% to 11%, and the rate among Cuban American women is 12%. Two reasons for the over-all low rate of breast-feeding have been proposed. The first one reflects cultural attitudes. Some Hispanics with little education believe that a fat baby is healthy, and bottle-fed babies tend to be fatter than breast-fed babies. The second one involves the manner in which the obstetrician approaches the topic of breast-feeding versus bottle-feeding and the mother's compliance with the physician's recommendations.

¿Recuerdan ustedes?

Answer the following questions, basing your answers on the dialogue.

1. ¿Cuánto tiempo hace que la Sra. Guerra tiene dolores?

_____

2. ¿Cada cuánto tiempo le vienen los dolores?

_____

3. ¿Dónde siente los dolores?

_____

---

[1]Colloquialisms: *los (las) cuates* (*Méx.*), *los (las) jimaguas* (*Cuba*).

4. ¿Se le rompió la bolsa de agua?

_____

5. ¿Tiene que quedarse la Sra. Guerra en el hospital?

_____

6. ¿Adónde van a llevarla?

_____

7. ¿Va a necesitar la Sra. Guerra una operación cesárea?

_____

8. ¿Tuvo la Sra. Guerra un varón o una niña?

_____

9. ¿Va a darle de mamar al bebé la Sra. Guerra?

_____

10. ¿Qué debe hacer la Sra. Guerra si siente dolor en los senos?

_____

Para conversar

Interview a classmate, using the following questions. When you have finished, switch roles.

1. ¿En qué año nació Ud.?

_____

2. Cuando Ud. nació, ¿estuvo su padre en la sala de parto?

_____

3. ¿Estuvo Ud. ingresado(a) en el hospital alguna vez? ¿Por qué?

_____

4. ¿Cuánto tiempo se quedó en el hospital?

_____

5. ¿Cuánto tiempo se queda Ud. en clase normalmente?

_____

6. ¿Trabaja Ud. (*Do you work*) en la sala de partos?

_____

7. Si una mujer tiene dolores de parto cada tres minutos, ¿qué debe hacer?

_____

8. ¿Cuántas operaciones cesáreas puede tener una mujer?

_____

9. ¿Qué es mejor para el bebé, darle de mamar o darle el biberón?

_____

10. ¿Es necesario mover el vientre todos los días?

_____

11. ¿Se pone Ud. tenso(a) a veces?

_____

12. ¿Qué hace Ud. para calmarse?

_____

Vamos a practicar

A. Rewrite the following sentences, changing the verbs to the preterit.

1. Ella viene al hospital y trae los biberones.

_____

2. Nosotros no estamos en la sala de parto.

_____

3. Ellos tienen que hablar con su vecino.

_____

4. Tú no quieres ir al hospital.

_____

5. El médico no puede calmarla.

_____

6. ¿Dónde ponen Uds. las muestras de materia fecal?

_____

7. ¿Qué dicen los médicos?

_____

8. Ella no hace nada.

_____

B. **Complete the following sentences, using the imperfect of the verbs in parentheses.**

1. Ella dijo que no _____ (querer) quedarse en el hospital.

2. Ellos _____ (ir) al hospital con su padre todos los días.

3. Teresa dijo que _____ (tener) dolor de vientre.

4. Yo siempre _____ (ver) a mi médico los lunes.

5. Mi mamá no _____ (poder) ir al hospital.

6. Hace quince años que vivimos aquí, pero cuando _____ (ser) chicos,

   _____ (vivir) en México.

C. **Give instructions, using familiar (*tú*) commands and the cues provided.**

1. venir a la una y traer las muestras

   _____

2. ir al hospital y llevar a la señora a la sala de parto

   _____

3. decirle al médico que el niño está enfermo

   _____

4. relajarse; no preocuparse

   _____

5. tener cuidado; no lastimarse

   _____

6. no quedarse en casa

   _____

7. comprar un biberón y ponerlo en el cuarto

   _____

8. darle la mamadera al bebé

   _____

Conversaciones breves

Complete the following dialogue, using your imagination and the vocabulary from this lesson.

La paciente y el doctor:

PACIENTE —Hola, ¿Dr. Paz? Comencé a tener dolores...

DOCTOR —_____

PACIENTE —Hace una hora.

DOCTOR —_____

PACIENTE —Cada seis minutos.

DOCTOR —_____

PACIENTE —Primero en la espalda y después en el vientre.

DOCTOR —_____

PACIENTE —Muy bien, doctor. En seguida vamos.

En la sala de parto:

PACIENTE —¿Pujo ahora, doctor?

DOCTOR —_____

PACIENTE —¿Voy a necesitar una operación cesárea?

DOCTOR —_____

PACIENTE —¿Va a usar fórceps? ¿No va a lastimar eso al bebé?

DOCTOR —_____

PACIENTE —¡Estoy pujando!

DOCTOR —_____

PACIENTE —¡Un varón! ¿Está bien?

DOCTOR —_____

PACIENTE —Doctor. Yo quiero darle biberón al bebé. No voy a darle el pecho.

DOCTOR —_____

En estas situaciones

What would you say in the following situations? What might the other person say?

1. Tell a friend or a neighbor that you are having labor pains and to please call the doctor.

2. You are a doctor, examining a patient in labor. Tell your patient to open her legs and bend her knees. Tell her not to be tense and to relax. Ask her what time she had a bowel movement.

3. You are a doctor. Tell your patient to breathe normally and not to push if she doesn't feel a contraction. Explain to her that she is a little narrow, so you are going to take the baby out with forceps.

Casos

Act out the following scenarios with a partner.

1. A patient calls her obstetrician to find out if it's time to go to the hospital because she thinks she is having labor pains.

2. A doctor examines a patient to see whether or not she's ready to be admitted to the hospital.

3. A patient and her obstetrician are in the birthing room; the patient is giving birth.

Un paso más

A. **Review the *Vocabulario adicional* in this lesson. Then complete the following conversations.**

1. —Ayer me hicieron un _____ .

   —¿Qué te dijo el médico? ¿Que es un varón?

   —No, que es una niña.

   —¿Cuántas semanas tiene el _____?

   —Tiene tres semanas.

2. —¿De qué les habló la partera?

   —Nos habló del cuidado prenatal y _____ de los bebés.

3. —¿El bebé nació antes de los nueve meses?

   —Sí, fue un bebé _____. Lo pusieron en la _____.

   —¿Dónde está la mamá ahora?

   —Está en la sala de _____.

   —¿A qué hora dio a _____?

   —A las cinco de la tarde.

   —¿Le dieron anestesia?

   —Sí, le pusieron _____.

4. —¿Ya le cortaron el _____ umbilical a su hijo?

   —Sí.

5. —¿La Sra. García tuvo _____?

   —Sí. ¡Son idénticos!

   —¿Fue un _____ natural?

   —No, tuvieron que hacerle cesárea.

   —¿Dónde están ahora los recién _____?

   —En su casa (*home*).

   —¿Ella les va a dar de mamar?

   —No, les va a dar _____.

6. —¿Por qué llora (*cry*) el niño?

   —Porque no tiene su _____.

B. Read these suggestions on the care of newborns and answer the following questions. Remember to guess the meaning of all cognates.

Algunas sugerencias útiles°

useful

La mayoría de los bebés al principio° comen cada tres o cuatro horas. Si el bebé duerme por más de cinco horas durante el día, debe despertarlo y darle de comer. No es necesario despertar al bebé durante la noche para darle de comer.

in the beginning

No es necesario calentar° la fórmula antes de usarla. Sólo tiene que colocar el biberón en agua tibia para que la leche no esté muy fría y ponerla a la temperatura ambiente.° Si el bebé no toma toda la fórmula en el biberón, no debe forzarlo. Si queda un poco de fórmula, puede refrigerarla y usarla sólo una vez° más. Una vez que haya usado° un biberón nunca le añada° más fórmula. Puede darle la fórmula usada primero, y después continúe dándole fórmula de un biberón nuevo.°

to heat up

room

once
you have used / add

new

La fórmula con hierro tiene todas las vitaminas y minerales que el bebé necesita durante los primeros meses de vida.° Es buena idea darle al bebé fórmula fortificada con hierro durante los primeros seis meses de vida. Luego puede cambiar a leche natural.

life

Su bebé no necesita comidas sólidas, jugos de fruta ni agua adicional hasta que no tenga° por lo menos cinco o seis meses. Debe consultar con el pediatra antes de darle comidas sólidas. Antes de salir del hospital, el médico o la enfermera puede contestar cualquier° pregunta que Ud. tenga sobre el cuidado del bebé. Una vez en su casa, puede llamar al doctor, la clínica o a la asociación de enfermeras de salud° pública si tiene alguna pregunta.

until he is

answer any

health

1. ¿Cuándo comen los recién nacidos?

_____

2. ¿Debe despertar al bebé durante la noche para darle de comer?

_____

3. ¿Qué debe hacer con la fórmula antes de dársela al bebé?

_____

4. ¿Por qué debe darle al bebé fórmula con hierro?

_____

5. ¿Con quién debe consultar antes de darle al bebé comidas sólidas?

_____

6. ¿A qué edad (*age*) debe darle al bebé comidas sólidas?

_____

12

En el centro médico

Una mañana en el consultorio de algunos especialistas.

En el consultorio del oculista:

OCULISTA	—Voy a hacerle un examen de la vista. Mire la pared. ¿Puede leer las letras más pequeñas?
PACIENTE	—No las veo claramente.
OCULISTA	—¿Y la línea siguiente?
PACIENTE	—También está borrosa.
OCULISTA	—¿La próxima línea?
PACIENTE	—¡Ésa sí! (*Lee las letras.*)
OCULISTA	—Ahora mire directamente a la luz en este aparato. Dígame ahora cuántas luces ve. ¿Están cerca o lejos?
PACIENTE	—Veo dos... están cerca...
OCULISTA	—Siga el punto rojo... Ahora lea las letras con estos lentes. ¿Qué letras ve mejor? ¿Las letras del lado rojo o las letras del lado verde?
PACIENTE	—Las letras que están en el lado verde.
OCULISTA	—Ahora voy a hacerle la prueba del glaucoma. Ponga la barbilla aquí y mire directamente a la luz.

En el consultorio del urólogo:

SR. PAZ	—Doctor, mi esposa tuvo otro bebé y nosotros no queríamos más hijos... ¿Puede ella ligarse los tubos... o puedo hacerme yo una vasectomía?
DOCTOR	—La decisión es de Uds...
SR. PAZ	—Si yo me hago una vasectomía, ¿cuánto tiempo tengo que estar en el hospital?
DOCTOR	—Puedo operarlo aquí mismo, y sólo tiene que dejar de trabajar dos días. No es una cirugía mayor.
SR. PAZ	—¡Ah!, es una cirugía menor. Yo no sabía que era tan fácil. Voy a pensarlo.

En el consultorio del cirujano:

DOCTOR	—¿Cuándo fue la última vez que se hizo una mamografía?
SRA. MENA	—El año pasado, pero el otro día, cuando me estaba revisando los senos, encontré una bolita en el pecho izquierdo.
DOCTOR	—Vamos a ver.

Después de examinarla:

DOCTOR	—Sí, encontré algo duro en el seno.
SRA. MENA	—Puede ser cáncer, ¿verdad?
DOCTOR	—Puede ser un quiste o un tumor, pero la mayoría de los tumores son benignos. Para asegurarnos de que no es maligno, vamos a hacerle una biopsia.

En el consultorio de la dermatóloga:

PACIENTE —Doctora, tengo mucho acné. Usé una crema pero no me dio
resultado.

DOCTORA —Sí, tiene muchos granos y espinillas. Es un problema frecuente en las personas jóvenes.

PACIENTE —Yo como muchas grasas y mucho chocolate...

DOCTORA —Ud. necesita tratamiento, pero la alimentación no tiene
importancia en este caso.

PACIENTE —¿Qué tengo que hacer?

DOCTORA —Yo voy a sacarle las espinillas y el pus de los granos. Además,
Ud. debe usar un jabón medicinal y una loción.

PACIENTE —Muy bien. ¡Ah! Tengo una verruga en el cuello. Traté de
cortármela y me sangró mucho.

DOCTORA —Eso es peligroso. Yo puedo quitársela la próxima vez.

▦ Vocabulario

COGNADOS

el acné acne	**la loción** lotion
benigno(a) benign	**maligno(a)** malignant
la biopsia biopsy	**la mamografía** mammogram
la decisión decision	**medicinal** medicinal, medicated
el (la) dermatólogo(a) dermatologist	**el (la) oculista** oculist, ophthalmologist
directamente directly, straight	**la persona** person
el (la) especialista specialist	**el tumor** tumor
frecuente frequent	**el (la) urólogo(a)** urologist
el glaucoma glaucoma	**la vasectomía** vasectomy
la importancia importance	

NOMBRES

la alimentación food	**la letra** letter
el aparato apparatus, instrument	**la línea** line
la bolita[1] lump, little ball	**la luz** light
la cirugía surgery	**la mayoría** majority
el (la) cirujano(a) surgeon	**la pared** wall
el cuello neck	**el punto** dot
el día day	**el quiste** cyst
la espinilla blackhead	**el tratamiento** treatment
el grano pimple	**la verruga** wart
el jabón soap	**la vez** time (in a series)
el lado side	**la vista** vision

---

[1]Colloquialism: *la masa* (mass).

VERBOS

asegurarse to make sure
encontrar (o:ue) to find
operar to operate
quitar to take out, to remove
trabajar to work

ADJETIVOS

borroso(a) blurry
izquierdo(a) left
mayor major
menor minor
pasado(a) last
próximo(a) next
siguiente following, next
último(a) last (in a series)

OTRAS PALABRAS Y EXPRESIONES

aquí mismo right here
cerca (de) near, close
claramente clearly
dar resultado to work, to produce results
lejos(de) far (away)
ligar los tubos to tie the tubes
no tener importancia to not matter
la última vez the last time

Vocabulario adicional

ALGUNOS TÉRMINOS RELACIONADOS CON LA UROLOGÍA

El paciente tiene
- **cálculos (piedras) en el riñón** kidney stones
- **infección en la vejiga** infection in the urinary bladder
- **irritación y dolor al orinar** irritation and pain when urinating

ALGUNOS TÉRMINOS RELACIONADOS CON LA DERMATOLOGÍA

Ud. tiene
- **el cutis[1]** skin
  - **seco** dry
  - **grasiento** oily
  - **normal** normal
- **eczema** eczema
- **hongos** fungus
- **una infección en el cuero cabelludo** an infection in the scalp

ALGUNOS TÉRMINOS RELACIONADOS CON LA VISTA

Ud. tiene
- **astigmatismo** astigmatism
- **desprendimiento de la retina** retina detachment
- **miopía** nearsightedness
- **daltonismo** color blindness
- **hiperopía** farsightedness
- **cataratas** cataracts

Él es
- **bizco** cross-eyed
- **ciego** blind
- **miope, corto de vista** nearsighted
- **présbite** farsighted

¡OJO! For additional terms related to the eye, see the diagram on page xiv.

---

[1]This term is used to refer to facial skin.

Notas culturales

- A vasectomy is the least common means of birth control used by Hispanics for two cultural reasons: the concept of *machismo* and the belief that women are responsible for birth control.
- In most Spanish-speaking countries, the use of *curanderos* or folk healers has a long tradition that dates back to pre-Colombian times. *Curanderos* use their knowledge of medicinal herbs and plants to treat all types of illnesses, and they sometimes utter prayers when they administer their remedies.

  Although controversy exists among Hispanic health experts concerning the frequency with which *curanderos* are used in the United States, it is true that some Hispanics, who have little or no formal education, may consult both a *curandero* and a physician for the same ailment. The physician's response to the use of the *curandero* can greatly influence a patient's decision regarding treatment. To establish trust, it is not necessary to give credence to folk healing; instead it is better to inquire about the use of a *curandero* (if they exist in your area) during the diagnostic process by asking, "Have you visited a *curandero* recently and, if so, what were you given?" In this manner, the doctor acknowledges the importance of this cultural practice in the patient's life. The question is also valid from a clinical standpoint since some of the herbs or medications dispensed by the *curandero* can have negative interactions with the medication prescribed by the physician.

¿Recuerdan ustedes?

Answer the following questions, basing your answers on the dialogues.

1. ¿Cómo ve el paciente del oculista las dos primeras líneas?

   _____

2. ¿Qué letras ve mejor el paciente: las del lado verde o las del lado rojo?

   _____

3. ¿Qué prueba va a hacerle el oculista al paciente?

   _____

4. ¿Qué operación quiere hacerse el Sr. Paz?

   _____

5. ¿Cuánto tiempo debe dejar de trabajar el Sr. Paz después de la vasectomía?

   _____

6. ¿Cuándo fue la última vez que le hicieron una mamografía a la Sra. Mena?

   _____

7. ¿Qué encontró la Sra. Mena cuando se estaba revisando los senos?

   _____

8. ¿Qué va a hacer el doctor para asegurarse de que el tumor no es maligno?

   _____

9. ¿Qué problemas tiene el paciente de la dermatóloga?

_____

10. ¿Qué no es importante en este caso?

_____

11. ¿Qué debe usar el paciente para el acné?

_____

12. ¿Qué le pasó al paciente cuando trató de cortarse la verruga?

_____

Para conversar

**Interview a classmate, using the following questions. When you have
finished, switch roles.**

1. ¿Le hizo el oculista la prueba del glaucoma la última vez que Ud. fue a verlo?

_____

2. Si las letras son pequeñas, ¿las ve Ud. claramente?

_____

3. ¿La vasectomía es una cirugía mayor o menor?

_____

4. ¿Son malignos todos los tumores?

_____

5. ¿Qué puede hacer el cirujano para saber si un tumor es benigno o maligno?

_____

6. ¿Tuvo Ud. acné alguna vez?

_____

7. ¿Tiene Ud. espinillas? ¿Granos?

_____

8. ¿Come Ud. muchas grasas? ¿Mucho chocolate?

_____

9. ¿Está Ud. siguiendo algún tratamiento?

_____

10. ¿Qué debe hacer una persona que tiene muchas espinillas?

_____

11. ¿Tiene Ud. verrugas?

_____

12. ¿Le sangra a veces la nariz (*nose*)?

_____

13. ¿Lo (La) operaron alguna vez? ¿De qué?

_____

Vamos a practicar

A. Write sentences telling what the following people were doing at four o'clock yesterday, using the past progressive and the elements given.

1. Carlos / trabajar / y yo / dormir

_____

2. nosotros / hablar / el oculista

_____

3. los médicos / examinar / a sus pacientes

_____

4. tú / servir / café

_____

5. Uds. / pedir turno / el dermatólogo

_____

B. Complete the following dialogues, using the preterit or the imperfect of the verbs in parentheses.

1. —¿Qué te _____ (decir) el médico ayer?

   —Me _____ (decir) que yo _____ (tener) un tumor benigno.

2. —¿Qué hora _____ (ser) cuando tú _____ (ver) al especialista ayer?

   —_____ (Ser) las dos.

3. —¿Por qué no _____ (venir) ellos al hospital el martes pasado?

   —Porque no _____ (poder). _____ (Tener) que ir al dermatólogo.

4. —¿Jorge no _____ (ir) al médico ayer?

   —No, no _____ (querer) ir.

5. —¿Tú _____ (saber) que el tumor _____ (ser) maligno?

   —No, lo _____ (saber) esta mañana.

6. —¿Ud. no _____ (conocer) a la madre de Teresa?

   —No, la _____ (conocer) el sábado pasado en el hospital.

Conversaciones breves

Complete the following dialogues, using your imagination and the vocabulary from this lesson.

A. **En el consultorio de la oculista:**

OCULISTA   —¿_____?

PACIENTE   —No, están borrosas.

OCULISTA   —¿_____?

PACIENTE   —Ésas sí. P X T V L

OCULISTA   —¿_____?

PACIENTE   —Veo dos luces.

OCULISTA   —¿_____?

PACIENTE   —Veo mejor las letras que están en el lado rojo.

B. **En el consultorio del urólogo:**

PACIENTE   —Doctor, mi esposa y yo no queremos tener más hijos. ¿Qué puedo hacer?

URÓLOGO   —_____

PACIENTE   —Pero, una vasectomía es una cirugía mayor...

URÓLOGO   —_____

PACIENTE   —¿Tengo que ir al hospital para hacerme la operación?

URÓLOGO   —_____

PACIENTE   —Muy bien, entonces voy a hablar con mi esposa.

C. **En el consultorio del cirujano:**

PACIENTE   —Cuando me revisé los senos, encontré una bolita.

DOCTOR   —_____

PACIENTE —¿La encuentra, doctor?

DOCTOR — _____

PACIENTE —¿Puede ser un tumor maligno?

DOCTOR — _____

D.   En el consultorio del dermatólogo:

DOCTOR —Ud. tiene mucho acné.

PACIENTE — _____

DOCTOR —La alimentación no tiene importancia, pero Ud. necesita tratamiento.

PACIENTE — _____

DOCTOR —Voy a sacarle las espinillas y el pus de los granos.

PACIENTE — _____

DOCTOR —Sí, puede usar un jabón medicinal y una loción.

En estas situaciones

What would you say in the following situations? What might the other person say?

1. You are an eye doctor. Explain to your patient that you are going to do a glaucoma test. Then tell the person to place his/her chin on this instrument and look straight at the light.

2. You are a patient. Ask your doctor if he/she can perform a vasectomy in his/her office, and how long you have to take off from work.

3. You are the doctor. Ask your patient if she examines her breasts frequently and when the last time was she had a mammogram.

4. You are a patient. Ask your dermatologist if you can cut off a wart.

Casos

Act out the following scenarios with a partner.

1. An ophthalmologist examines a patient's vision.

2. A urologist and a patient discuss a vasectomy as an alternative means of birth control.

3. A doctor and a patient discuss the lump in the patient's breast and what measures should be taken.

4. A dermatologist examines a patient who has acne, and they discuss treatment for the problem.

Un paso más

A. **Review the *Vocabulario adicional* in this lesson. Then complete the following sentences.**

1. El urólogo me dijo que tenía _____ en el riñón y una infección en

    la _____ .

2. No tengo el cutis _____ ni _____ ; mi cutis es normal.

3. No es présbite; es _____ .

4. Tiene una infección en el cuero _____ .

5. Tengo _____ y dolor al orinar.

6. No distingue ciertos (*distinguish certain*) colores porque tiene _____ .

7. No ve nada. Es _____ .

8. No lo operaron de _____ . Lo operaron de un _____ de la retina.

9. No tiene astigmatismo; tiene _____ .

10. Desenex es una medicina que se usa para los _____ .

B. Read the following announcement and answer the questions on page
    135. Remember to guess the meaning of all cognates.

Hospital Aralias

AVISO IMPORTANTE

El cáncer ya es curable...

* **¿Pertenece al sexo femenino?**

* ¿Es usted mayor de 30 años?

* ¿Sabía usted que el cáncer es curable si se detecta a tiempo?

* ¿Sabía usted que con un estudio especial de mamografía se puede detectar el cáncer en un 78%?

LO MÁS IMPORTANTE ES QUE YA CONTAMOS CON EL ÚNICO EQUIPO ESPECIAL PARA MAMOGRAFÍA EN PUERTO VALLARTA

Consulte a su ginecólogo
Con gusto° lo atenderemos en:

Paseo del Marlin 155   Y   Juárez 688
Tel: 4-51-29   Tel: 2-18-35 y 3-04-10

MÉDICOS RADIÓLOGOS
Dra. Ma. Aceves Amaya y Dr. M. Zarkin T.

pleasure

1. ¿Para quiénes es importante este anuncio?

   _____

2. ¿Según el anuncio, qué enfermedad es curable si se detecta a tiempo?

   _____

3. En Puerto Vallarta, ¿quiénes tienen el único equipo especial para hacer mamografías?

   _____

4. ¿Dónde tienen estos médicos su consultorio?

   _____

13

▣ En el hospital

La Sra. Peña tuvo una hemorragia anoche. La trajeron al hospital y le hicieron una transfusión de sangre. Acaba de visitarla su médico y ahora está hablando con la enfermera.

ENFERMERA —Buenos días, señora. Hoy se ve mucho mejor. ¿Cómo durmió anoche?

SRA. PEÑA —Dormí mejor con las tabletas que me dio el médico.

ENFERMERA —Sí, eran calmantes. ¿Le duele el brazo donde le pusieron sangre?

SRA. PEÑA —Sí. ¿Cuándo me quitan el suero? Tengo unos moretones alrededor de la vena.

ENFERMERA —Voy a quitárselo ahora mismo. Pero antes voy a tomarle el pulso y la temperatura. Póngase el termómetro debajo de la lengua.

Después de un rato:

SRA. PEÑA —Por favor, necesito la chata.

ENFERMERA —Aquí está. Levante las nalgas para ponerle la chata. Después voy a darle un baño de esponja aquí en la cama.

SRA. PEÑA —Todavía me duele el brazo.

ENFERMERA —Voy a ponerle unas compresas de agua fría.

La enfermera baña a la paciente, la ayuda a cambiarse de ropa y le da unas fricciones en la espalda.

SRA. PEÑA —Ahora me siento mucho mejor. ¿Puede subirme un poco la cama?

ENFERMERA —¡Cómo no! ¿Así está cómoda? En seguida le traigo el almuerzo. Pero antes voy a darle una cucharada de este líquido.

SRA. PEÑA —¡Ay! A mí no me gusta esa medicina. ¡Ah!... estaba preocupada... Yo tenía un reloj y dos anillos cuando vine...

ENFERMERA —No se preocupe. Están guardados en la caja de seguridad del hospital. Si necesita algo más, avíseme. Apriete este botón que está al lado de la cama.

SRA. PEÑA —Muy amable. Gracias. ¡Ah! ¿Cuáles son las horas de visita?

ENFERMERA —De dos a tres y de siete a nueve.

SRA. PEÑA —¿Cuándo cree Ud. que me van a dar de alta?

ENFERMERA —No sé. Tiene que preguntárselo a su médico. Necesitamos una orden escrita de él.

📼 Vocabulario

COGNADOS

la **hemorragia**   hemorrhage
el **pulso**   pulse
la **tableta**   tablet
el **termómetro**   thermometer
la **transfusión**   transfusion

NOMBRES

el **almuerzo**   lunch[1]
el **anillo**   ring
el **baño de esponja**   sponge bath
el **botón**   button
la **caja de seguridad, la caja fuerte**   safe
la **cama**   bed
la **compresa de agua fría**   cold water compress
la **cucharada**   (table)spoonful
la **fricción**   rub, rubbing, massage
las **horas de visita**   visiting hours
la **lengua**   tongue
el **moretón, el morado, el cardenal** (*Cuba*)   bruise
el **reloj**   watch
la **ropa**   clothes, clothing
el **suero**   I.V. (serum)
la **vena**   vein

VERBOS

acabar de   to have just
avisar   to let know
ayudar   to help
bañar   to bathe
gustar[2]   to like, to be pleasing to
levantar   to lift, to raise
preguntar   to ask (a question)
subir   to lift, to go up
verse   to look, to seem
visitar   to visit

ADJETIVOS

cómodo(a)   comfortable
escrito(a)   written
guardado(a)   put away
varios(as)   several

OTRAS PALABRAS Y EXPRESIONES

al lado de   at the side of
alrededor de   around
anoche   last night
cómo no   of course, sure
dar de alta   to release (from a hospital)
debajo de   under
muy amable   very kind (of you)

---

[1]Colloquialism: *el lonche (Méx.)*.
[2]*Gustar* is used with indirect object pronouns. *No me gusta esa medicina*. I don't like that medicine.
(literally, That medicine is not pleasing to me.)

Vocabulario adicional

EN EL HOSPITAL

¿Dónde está {
el elevador, el ascensor? elevator
la oficina de pagos? business (payment) office
el cajero? cashier
la tienda de regalos? gift shop
la unidad de cuidados intensivos? intensive care unit
el banco de sangre? the blood bank
el departamento de personal? personnel department
el estacionamiento? parking

Busco el departamento de {
archivo clínico medical records
radiología radiology
ortopedia orthopedics
enfermedades mentales y siquiatría mental health and psychiatry
anestesiología anesthesiology
pediatría pediatrics
neurología neurology

Busco la sala de {
cardiología cardiology
cirugía (operaciones) surgery, operating room
recuperación recovery room
terapia física physical therapy

Notas culturales

- Relatively few hospitals in the U.S. have well-established professionally staffed interpreting services, and as a result, the family (including children), friends, and other patients may serve as a Hispanic patient's interpreter. This practice of employing non-professionals as interpreters can create problems because these people do not have the necessary health care background to communicate medical terminology, and they may misinterpret what the patient or physician says. Furthermore, Hispanics in the U.S. speak many different dialects of Spanish. Parts of the body, physiological functions, symptoms of illness, and many names of foods are just a few areas in which dialects differ. For example, *constipación* may mean a *cold*, *nasal congestion*, or *intestinal congestion*; and the word *peas* can be translated as *guisantes*, *arvejas*, or *chícharos*.

- When treating Hispanic patients with a limited understanding of English, it is important to be aware of the fact that they often nod in agreement when speaking to a nurse or physician. This nodding, however, does not always indicate comprehension; sometimes they are too polite or embarrassed to say they don't understand.

¿Recuerdan ustedes?

Answer the following questions, basing your answers on the dialogue.

1. ¿Por qué trajeron a la Sra. Peña al hospital?

   _____

2. ¿Quién acaba de visitarla y con quién está hablando ahora?

   _____

3. ¿Por qué durmió mejor la Sra. Peña?

   _____

4. ¿Dónde tiene la señora unos moretones?

   _____

5. ¿Qué va a hacer la enfermera antes de quitarle el suero?

   _____

6. ¿Dónde debe ponerse el termómetro la Sra. Peña?

   _____

7. ¿Qué hace la enfermera después de bañar a la paciente?

   _____

8. ¿Qué le da antes de traerle el almuerzo?

   _____

9. ¿Por qué estaba preocupada la Sra. Peña?

   _____

10. ¿Qué debe hacer la señora si necesita algo?

    _____

11. ¿Cuáles son las horas de visita?

    _____

12. ¿Sabe la enfermera cuándo van a dar de alta a la Sra. Peña?

    _____

Para conversar

Interview a classmate, using the following questions. When you have finished, switch roles.

1. ¿Cómo durmió Ud. anoche?

   _____

2. ¿Está cómodo(a)?

   _____

3. ¿Qué toma Ud. cuando le duele la cabeza?

   _____

4. ¿Tuvo Ud. una hemorragia alguna vez?

   _____

5. ¿Le hicieron a Ud. una transfusión de sangre alguna vez? ¿Por qué?

   _____

6. ¿Qué calmante es mejor para la artritis?

   _____

7. ¿Les da Ud. baños de esponja a sus pacientes?

   _____

8. ¿Les da Ud. fricciones a sus pacientes? ¿Cuándo?

   _____

9. ¿Hay una caja de seguridad en el hospital donde Ud. trabaja?

   _____

10. ¿Cuáles son las horas de visita en el hospital donde Ud. trabaja?

   _____

Vamos a practicar

A. Rewrite the following sentences, according to the new beginning.

1. Yo pedí café.

   Ella _____

2. A mí me duele la rodilla.

   A él _____

3. Ella acaba de llegar.

   Nosotros _____

4. Nosotros servimos jugo ayer *(yesterday)*.

Ellos _____

5. A ti no te gusta tomar calmantes.

A nosotros _____

6. Yo me sentí mal toda la noche.

Mi mamá _____

7. Nosotros no dormimos bien anoche.

Uds. _____

8. Yo seguí las instrucciones.

El paciente _____

B. Complete the following sentences with the Spanish equivalent of the words in parentheses.

1. ¿_____? Le voy a dar una fricción. *(Does your back hurt?)*

2. La enfermera _____ un baño de esponja. *(has just given me)*

3. Ella _____ porque le dieron un calmante. *(slept better)*

4. _____ el almuerzo a las once. *(They served)*

5. ¿_____ el almuerzo, señora? *(Did you like)*

6. ¿_____ un suero? *(What is)*

7. ¿_____ las horas de visita? *(What are)*

Conversaciones breves

Complete the following dialogues, using your imagination and the vocabulary from this lesson.

A. La Sra. Orta y la enfermera:

ENFERMERA —_____

SRA. ORTA —Dormí mucho mejor, gracias.

ENFERMERA —_____

SRA. ORTA —Sí, me duele mucho y tengo unos morados.

ENFERMERA —_____

SRA. ORTA —Sí, en el brazo, alrededor de la vena.

B. La enfermera y la Srta. Rojas:

ENFERMERA —Voy a darle un baño de esponja.

SRTA. ROJAS —_____

ENFERMERA —Sí, aquí en la cama.

SRTA. ROJAS —_____

ENFERMERA —No, no puedo subirle la cama ahora.

SRTA. ROJAS —_____

ENFERMERA —Le traigo el almuerzo después, pero antes debe tomar este líquido.

SRTA. ROJAS —_____

ENFERMERA —No, sólo tiene que tomar una cucharada.

SRTA. ROJAS —_____

ENFERMERA —Las horas de visita son de doce a dos y de siete a nueve.

En estas situaciones

What would you say in the following situations? What might the other person say?

1. You are a patient. Tell the nurse that you did not sleep very well last night and that you want some pain killers. Ask the nurse when he/she is going to take out the I.V.

2. You are a nurse and a patient asks for a bedpan. Tell the person to lift his/her buttocks so you can place the bedpan. Then inform the patient that you are going to give him/her a sponge bath later.

3. You are a nurse. Tell your patient that you are going to take his/her pulse and temperature. Tell the patient to place the thermometer under his/her tongue. Explain to the patient that he/she has to take two spoonfuls of his/her medication before lunch.

4. You are a nurse. Tell your patient that you are going to help him/her change clothes and then you are going to give him/her a back rub. Before you leave the room, tell your patient to press the button if he/she needs you.

5. You are a doctor. Tell your patient that he/she is much better and that you are going to release him/her from the hospital tomorrow.

Casos

Act out the following scenarios with a partner.

1. A nurse and a patient discuss visiting hours, the safekeeping of items, and the patient's release from the hospital.

2. A nurse is monitoring a patient who had a blood transfusion and is now feeling some discomfort.

Un paso más

A. **Review the *Vocabulario adicional* in this lesson. Then write what hospital service or facility the following people need according to each situation.**

1. Ana necesita ir a la habitación número 528.

   _____

2. Sergio tiene cáncer del estómago y está muy grave.

   _____

3. Raúl necesita ver al siquiatra.

   _____

4. Teresa va a donar *(to donate)* sangre.

   _____

5. Jorge tiene problemas con el corazón *(heart)*.

   _____

6. Daniel quiere comprar un regalo.

   _____

7. María tiene que pagar la cuenta del hospital.

   _____

8. Raquel acaba de tener una operación y necesita recuperarse *(recover)* de la anestesia.

   _____

9. Alina no camina bien después del accidente.

   _____

10. El bebé de Julia necesita un examen.

    _____

11. La Sra. Torres tiene una fractura.

    _____

12. Luis quiere trabajar en el hospital.

    _____

13. La recepcionista busca la hoja clínica de un paciente.

    _____

14. Margarita tiene esquizofrenia *(schizophrenia)*.

    _____

15. Están operado al Sr. Montenegro.

    _____

B. Read the following announcement of services offered by the Hospital Nacional Edgardo Rebagliati Martins and then list five points of comparison between this hospital and one in your city or town. Remember to guess the meaning of all cognates.

Capacidad de atención hospitalaria

El Hospital Rebagliati pertenece a la Categoría-Nivel IV por su alta especialización. Brinda° atención a aquellos pacientes transferidos por los policlínicos de Lima y provincias, que requieren alta cirugía o tratamientos rigurosos.

It offers

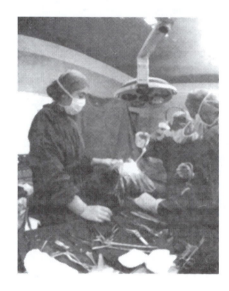

ESPECIALIDADES MÉDICAS
- Medicina interna
- Cardiología
- Dermatología y Alergia
- Nefrología
- Neumología
- Neurología
- Endocrinología
- Psiquiatría
- Genética
- Gastroenterología
- Oncología
- Hematología

ESPECIALIDADES QUIRÚRGICAS
- Cirugía general
- Neurocirugía
- Ortopedias
- Traumatología
- Cirugía cardiovascular
- Urología
- Otorrino
- Oftalmología
- Cirugía de cabeza y cuello

OTROS SERVICIOS
- Obstetricia
- Pediatría
- Cuidados intensivos
- Emergencia

APOYO AL DIAGNÓSTICO Y TRATAMIENTO
- Laboratorio
- Imágenes (Rayos X, Resonancia Magnética, Ecografía y otros)
- Rehabilitación
- Cobaltoterapia
- Diálisis

Generalidades (Datos aproximados)
- Intervenciones quirúrgicas: 68 diarias°
- Staff de médicos permanentes: 600
- Total de médicos: 900
- Número de enfermeras: 800
- Número de camas: 1,300
- Promedio° de hospitalización: 13 días
- Consultas externas: 1,500 diarias
- Lavado de prendas y sábanas:° 4,000 kg. diarios
- Trasplantes renales por año: 50
- Unidad de emergencia: 375 pacientes diarios
- Presupuesto° del hospital: 100 millones de nuevos soles°

daily

Average

Washing clothing and sheets

Budget
monetary unit of Peru

1. _____

2. _____

3. _____

4. _____

5. _____

14

📼 *En el laboratorio y en la sala de rayos X*

La Sra. Pérez ha venido hoy al laboratorio porque hace tres días que su médico le ordenó unos análisis.

Un análisis de sangre:

TÉCNICA	—¿Cuánto tiempo hace que comió?
SRA. PÉREZ	—Estoy en ayunas. No he comido nada desde anoche.
TÉCNICA	—Muy bien. Voy a sacarle una muestra de sangre para el análisis de tiroides y para el conteo.
SRA. PÉREZ	—¿Me va a sacar sangre de la vena?
TÉCNICA	—Sí, súbase la manga. Extienda el brazo y abra y cierre la mano. Ahora, déjela cerrada.
SRA. PÉREZ	—¿Así?
TÉCNICA	—Sí, voy a ponerle una ligadura. Va a apretarle un poco.
SRA. PÉREZ	—¿Me va a doler?
TÉCNICA	—No, abra la mano poco a poco. Ya está. Ahora voy a ponerle una curita.

Un análisis de orina:

TÉCNICA	—Necesito una muestra de orina. Vaya al baño y orine en este vasito.
SRA. PÉREZ	—¿Dónde está el baño?
TÉCNICA	—Es el segundo cuarto a la derecha. Límpiese bien los genitales con esto.
SRA. PÉREZ	—¿Necesito toda la orina?
TÉCNICA	—No. Comience a orinar en el inodoro, y después de unos segundos, termine de orinar en el vasito. Luego, tape bien el vasito.
SRA. PÉREZ	—Está bien. ¿Dónde debo dejar la muestra de heces fecales?
TÉCNICA	—Llévela al cuarto que está al final del pasillo, a la izquierda.
SRA. PÉREZ	—¿Cuándo van a estar listos los análisis?
TÉCNICA	—Su doctor le va a avisar.

Una radiografía del pecho:

El Sr. Franco fue a la sala de rayos X porque su doctor le había ordenado una radiografía del pecho.

TÉCNICO	—Quítese la ropa y póngase esta bata.

Pocos minutos después.

TÉCNICO	—Párese aquí y ponga los brazos a los costados.
SR. FRANCO	—¿Así?
TÉCNICO	—No, acérquese un poco más. No se mueva... Respire hondo... aguante la respiración... no respire ahora... respire...
SR. FRANCO	—¿Ya puedo irme?
TÉCNICO	—No, espere un momento.
SR. FRANCO	—Creía que ya habíamos terminado.
TÉCNICO	—Tengo que ver si la radiografía ha salido bien.

Una radiografía del colon:

El Sr. Barrios necesita hacerse una radiografía del colon.

TÉCNICO	—Acuéstese en la mesa. Vamos a insertarle este tubo en el recto.
SR. BARRIOS	—¿Eso me va a doler?
TÉCNICO	—No, no le va a doler. Relájese. No se ponga tenso. Respire por la boca.
SR. BARRIOS	—¿Ésto es como un enema?
TÉCNICO	—Algo similar. Vuélvase sobre el lado derecho... ahora sobre el lado izquierdo. Ya está.

Una fluoroscopia del estómago:

La Sra. Sosa va al laboratorio a hacerse una fluoroscopia del estómago.

TÉCNICO	—Por favor, párese aquí y tome este líquido.
SRA. SOSA	—¿Lo tomo todo ahora?
TÉCNICO	—No, yo le voy a avisar cuándo puede tomarlo.
SRA. SOSA	—Muy bien.
TÉCNICO	—Tome un poco... trague ahora...
SRA. SOSA	—Esto es muy malo. No me gusta...
TÉCNICO	—Tome un poco más, por favor... trague ahora... no trague...
SRA. SOSA	—¿Ya hemos terminado?
TÉCNICO	—Sí, puede irse.

Vocabulario

COGNADOS

el colon colon
el enema[1] enema
la fluoroscopia fluoroscopy
los genitales, las partes privadas genitals, private parts
el recto rectum
similar similar
el tiroides thyroid
el tubo tube

---

[1]Also: *el lavado intestinal.*

NOMBRES

el baño, el excusado, el servicio   bathroom
la bata   robe
el conteo   blood count, count
el costado   side
la curita   adhesive bandage
el inodoro   toilet
la ligadura, el torniquete   tourniquet
la manga   sleeve
la mano   hand
la mesa   table
el pasillo   hallway
el (la) técnico(a)   technician
el vasito   little glass, cup

VERBOS

acercarse   to get close, to approach
acostarse (o:ue)   to lie down, to go to bed
apretar (e:ie)   to be tight
dejar   to leave (behind)
extender (e:ie)   to stretch, to extend
irse   to leave, to go away
moverse (o:ue)   to move
ordenar   to order
pararse   to stand
tapar   to cover
terminar   to finish, to be done
tragar   to swallow
volverse (o:ue), darse vuelta, voltearse *(Méx.)*
   to turn over

Vocabulario adicional

LA ROPA

el abrigo   coat
la blusa   blouse
los calcetines   socks
la camisa   shirt
el camisón   nightgown
la chaqueta   jacket
la falda   skirt
las medias   stockings, hose
los pantalones   pants
las pantimedias   pantyhose
el pijama   pyjamas
la ropa interior   underwear
el vestido   dress
las zapatillas, las babuchas   slippers
los zapatos   shoes

ADJETIVOS

cerrado(a)   closed
derecho(a)   right
listo(a)   ready
segundo(a)   second

OTRAS PALABRAS Y EXPRESIONES

a los costados, a los lados   to (at) the sides
aguantar la respiración   to hold one's breath
al final   at the end of
¿Cúanto tiempo hace... ?   How long ago . . . ?
poco a poco   little by little
quitarse la ropa   to take off one's clothes
salir bien   to turn out okay
subirse la manga, remangarse   to roll up one's
   sleeve
Ya está.   That's it.
¿Ya terminamos?   Are we finished already?

OTROS TIPOS DE PRUEBAS DIAGNÓSTICAS

Voy a hacerle
{
un electrocardiograma   electrocardiogram (EKG)
un electroencefalograma   electroencephalogram (EEG)
una endoscopía   endoscopy
un escanograma   CAT scan
una laparascopía   laparoscopy
un ultrasonido   ultrasound
}

Notas culturales

The following table indicates the percentage of use of certain screening tests by the Hispanic population. With the exception of the Pap smear, the persons surveyed were age 40 and over. In many instances, the percentage of Hispanics who had had the procedure is somewhat lower than that of other ethnic groups.

	NEVER HAD PROCEDURE (%)		HAD PROCEDURE (%)		
Test	Never heard of	Heard of but never had	For health problem	For screening purposes less than 1 year ago	1–3 years ago
Digital rectal exam (males)	29.3	28.5	10.5	8.4	7.2
Digital rectal exam (females)	31.5	28.5	5.3	15.1	6.9
Mammography	31.6	42.2	3.1	12.9	3.1
Clinical breast exam	13.4	14.7	4.0	45.0	11.7
Pap smear (Age 18–39)	13.8	10.4	8.8	50.2	11.8
Pap smear (Age 40 or over)	17.1	8.5	5.3	36.8	14.5

Source: The American Cancer Society

¿Recuerdan ustedes?

Answer the following questions, basing your answers on the dialogue.

1. ¿Cuánto tiempo hace que el doctor le ordenó unos análisis a la Sra. Pérez?

   _____

2. ¿Ha comido hoy algo la Sra. Pérez?

   _____

3. ¿Para qué le van a sacar sangre de la vena?

_____

4. ¿Qué debe hacer la Sra. Pérez antes de orinar en el vasito?

_____

5. ¿Dónde debe dejar la señora la muestra de materia fecal?

_____

6. ¿Qué le había ordenado el doctor al Sr. Franco?

_____

7. ¿Qué le van a hacer al Sr. Barrios para la radiografía del colon?

_____

8. ¿Qué le han hecho a la Sra. Sosa?

_____

Para conversar

Interview a classmate, using the following questions. When you have finished, switch roles.

1. ¿Dónde está el baño?

_____

2. ¿Cuánto tiempo hace que Ud. comió?

_____

3. ¿Le han hecho alguna vez (*ever*) un análisis de tiroides?

_____

4. ¿Le han hecho alguna vez una radiografía del colon?

_____

5. ¿Le han hecho un conteo? ¿Cuándo?

_____

6. Si me van a sacar sangre de la vena, ¿qué debo hacer?

_____

7. ¿Cuándo fue la última vez que le hicieron un análisis de orina?

_____

8. Para hacerme una radiografía del pecho, ¿debo quitarme toda la ropa? ¿Qué me pongo?

_____

9. Para la radiografía del colon, ¿tengo que acostarme?

_____

10. ¿Ya terminamos? ¿Puedo irme?

_____

Vamos a practicar

A. Rewrite the following sentences, first in the present perfect and then in the pluperfect.

1. Tengo problemas de tiroides.

_____

_____

2. Se limpia los genitales.

_____

_____

3. Usan el excusado.

_____

_____

4. ¿Le pones una ligadura en el brazo?

_____

_____

5. El doctor ordena una radiografía.

_____

_____

6. Nosotros no hacemos nada.

_____

_____

B. **Complete the following sentences with the Spanish equivalent of the words in parentheses.**

1. Tiene las manos _____ *(closed)*.

2. La puerta *(door)* del baño estaba _____ *(open)*.

3. Ellos están _____ *(standing)* en el pasillo.

4. El doctor no me dio ninguna orden _____ *(written)*.

5. El análisis está _____ *(done)*.

C. **Write the following dialogues in Spanish.**

1. "How long ago did they do the thyroid test on you?"
   "Nine months ago."

   _____

   _____

2. "Are the tests ready?"
   "They were ready two days ago."

   _____

   _____

Conversaciones breves

Complete the following dialogues, using your imagination and the vocabulary from this lesson.

A. **Un análisis de sangre:**

TÉCNICO —¿Cuánto tiempo hace que comió?

PACIENTE —_____

TÉCNICO —Muy bien. Voy a sacarle sangre de la vena.

PACIENTE —_____

TÉCNICO —Sí, es para el análisis de tiroides.

PACIENTE —_____

TÉCNICO —Sí, súbase la manga, por favor. Extienda el brazo y abra y cierre la mano.

PACIENTE —_____

TÉCNICO —Sí, así está bien.

B. Un análisis de orina:

TÉCNICO   —_____

PACIENTE   —¿Dónde está el baño?

TÉCNICO   —_____

PACIENTE   —¿Orino en este vasito?

TÉCNICO   —_____

PACIENTE   —¿Necesita toda la orina?

TÉCNICO   —_____

PACIENTE   —¿Cuándo va estar listo el análisis?

TÉCNICO   —_____

C. Una fluoroscopia de estómago:

PACIENTE   —¿Tengo que quitarme la ropa?

TÉCNICO   —_____

PACIENTE   —¿Dónde me paro?

TÉCNICO   —_____

PACIENTE   —¿Tengo que tomarlo todo?

TÉCNICO   —_____

PACIENTE   —Muy bien.

TÉCNICO   —_____

PACIENTE   —¡No me gusta este líquido! ¡Es horrible!

TÉCNICO   —_____

PACIENTE   —¿Ya terminamos?

TÉCNICO   —_____

En estas situaciones

What would you say in the following situations? What might the other person say?

1. You are a lab technician. Tell your patient that you are going to draw blood from the vein in order to check the blood count.

2. You are a lab technician. Inform your patient that you are going to take an X-ray of the spinal column (*columna vertebral*). Tell your patient where to stand and then tell the person not to move, to take a deep breath, and to hold it. Then tell the person to wait outside.

3. You are a lab technician, doing an X-ray of the colon. Tell your patient to lie down on the table and then explain that you are going to insert a tube in the rectum. Tell the person not to tense up; the procedure is similar to an enema. Then ask the person to turn over on his/her left side.

Casos

Act out the following scenarios with a partner.

1. A medical technician performs a blood test to check how a patient's thyroid gland is functioning.

2. A medical technician gives a patient a chest X-ray.

3. A nurse asks a patient to take a urine test.

4. A medical technician performs a stomach fluoroscopy on a patient.

Un paso más

A. Review the *Vocabulario adicional* in this lesson. Then complete the following sentences.

1. Van a hacerle una _____ antes

   de la operación.

2. Quítese la _____ y póngase la bata.

3. No van a hacerle un ultrasonido; van a hacerle una

   _____.

B. Write the corresponding word for each numbered item.

1. _____
2. _____
3. _____
4. _____
5. _____
6. _____

7. _____
8. _____
9. _____
10. _____
11. _____
12. _____

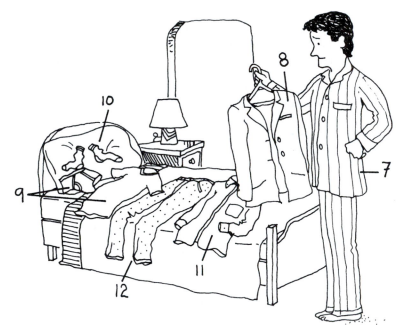

Lección

15

📟 *Enfermedades venéreas*

La Srta. Ramos sospecha que tiene una enfermedad venérea. Por fin hoy va al Departamento de Salud Pública y ahora está hablando con una enfermera.

SRTA. RAMOS	—Me gustaría hablar con un médico porque creo que tengo una enfermedad venérea.
SRA. MÉNDEZ	—¿Qué síntomas tiene? ¿Tiene alguna llaga o lesión?
SRTA. RAMOS	—No, pero cuando orino me arde mucho la vagina, y además me sale un líquido...
SRA. MÉNDEZ	—¿Tiene el líquido un color amarillento o verdoso?
SRTA. RAMOS	—Sí, es verdoso y tiene mal olor.
SRA. MÉNDEZ	—¿Cuándo empezó todo esto?
SRTA. RAMOS	—Empecé a tener mucho ardor hace dos semanas.
SRA. MÉNDEZ	—¿Sabe Ud. si el hombre con quien Ud. ha tenido relaciones sexuales tiene también esos síntomas?
SRTA. RAMOS	—Bueno... no sé... Creo que uno de ellos tiene sífilis o gonorrea... o herpes.
SRA. MÉNDEZ	—Srta. Ramos, Ud. tendrá que ir a la Clínica de Enfermedades Venéreas. Allí le dirán si necesita tratamiento.

Al día siguiente la Srta. Ramos va a la Clínica de Enfermedades Venéreas. Uno de los médicos la revisa y ve que tiene varios síntomas que indican gonorrea. Una prueba confirma el diagnóstico y el médico le da un antibiótico. Momentos después, la Srta. Ramos habla con la Sra. Alba, investigadora de enfermedades venéreas.

SRA. ALBA	—¿Cuánto tiempo hace que tiene estos síntomas, Srta. Ramos?
SRTA. RAMOS	—Unas dos semanas...
SRA. ALBA	—¿Cuándo fue la última vez que tuvo relaciones sexuales?
SRTA. RAMOS	—Hace una semana.
SRA. ALBA	—Necesitamos saber el nombre y la dirección del hombre con quien tuvo relaciones sexuales, Srta. Ramos.
SRTA. RAMOS	—¿Para qué?
SRA. ALBA	—Si él tiene gonorrea, necesita tratamiento, y cuanto antes mejor.
SRTA. RAMOS	—Pues... yo me había acostado con otros hombres antes.
SRA. ALBA	—Necesitamos el nombre y la dirección de todos ellos. Es muy importante. La gonorrea es muy contagiosa.
SRTA. RAMOS	—Bueno, yo creo que podré conseguirlos.
SRA. ALBA	—No tome ninguna bebida alcohólica, ni se acueste con nadie hasta estar completamente curada. Evite los ejercicios físicos.
SRTA. RAMOS	—Bueno. ¿Tendré que volver la semana que viene?
SRA. ALBA	—Sí. ¿Podría venir el lunes a las tres de la tarde?
SRTA. RAMOS	—Sí.

▣ Vocabulario

COGNADOS

completamente completely	**la lesión** lesion
contagioso(a) contagious	**el momento** moment
el departamento department	**público(a)** public
la gonorrea gonorrhea	**la sífilis** syphilis
el herpes herpes	**venéreo(a)** venereal
el (la) investigador(a) investigator	

NOMBRES

el ejercicio exercise
el hombre man
la llaga sore, wound
el olor odor
la salud health

VERBOS

arder to burn
conseguir (e:i) to obtain, to get
empezar (e:ie) to begin, to start
indicar to indicate
sospechar to suspect

ADJETIVOS

amarillento(a) yellowish
curado(a) cured
verdoso(a) greenish

OTRAS PALABRAS Y EXPRESIONES

al día siguiente on the following day
allí there
cuanto antes mejor the sooner, the better
momentos después moments later
nadie no one, nobody
por fin, finalmente finally
salirle un líquido a uno, tener un flujo to have a discharge
tener mal olor, tener peste, apestar to have a bad odor

Vocabulario adicional

EFECTOS DE LA SÍFILIS

La sífilis puede causar
- **daño permanente al corazón** permanent heart damage
- **parálisis** paralysis
- **locura** insanity
- **ceguera** blindness
- **sordera** deafness
- **muerte** death

SÍNTOMAS DE LA SÍFILIS

Primarios (Primary)
- **chancro sifilítico (en los genitales o en la boca)** syphilis chancre
- **secreción** secretion

Secundarios (Secondary)
- **erupciones de la piel** skin rashes
- **lesiones en las mucosas** lesions in the mucous membranes
- **el pelo se cae en mechones** hair falls out in patches
- **malestar general** general malaise
- **dolor de garganta y de cabeza** sore throat and headache
- **fiebre** fever
- **inflamación de los ganglios linfáticos** swelling of the lymph glands

160

**OTRAS ENFERMEDADES TRANSMITIDAS A TRAVÉS DEL CONTACTO
SEXUAL** *(Other sexually transmitted diseases)*

la clamidia   chlamydia
la enfermedad inflamatoria de la pelvis   pelvic
  inflammatory disease
la hepatitis B   hepatitis B
la prostatitis   prostatitis
el SIDA   AIDS
la vaginitis   vaginitis
el virus de immunodeficiencia humana (VIH)
  human immunodeficiency virus (HIV)
el virus de papiloma   papilloma virus

OTROS TÉRMINOS IMPORTANTES

el examen Papanicolau   Papanicolaou test, Pap
  smear
el período de incubación   incubation period

¡OJO! For additional terms related to the reproductive organs, see the diagrams on
        page xiii.

Notas culturales

Hispanics constitute about 10.3% of the population in the U.S. yet they account for 14% of the reported AIDS cases, nearly 21% of AIDS cases among women, and 22% of all pediatric AIDS cases. Hispanics are at greater risk for HIV infection because of factors such as living in high-prevalence areas and exposure to intravenous drug use, not because of their race and culture. AIDS is most prevalent in large urban centers, with three cities (New York, San Francisco, and Los Angeles) accounting for about 60% of all cases. Nearly half of the Hispanics with AIDS are heterosexuals, and most of the Hispanic AIDS cases in the Northeast are among intravenous drug users. Heterosexual transmission of HIV from intravenous drug users to their sexual partners is more prevalent among Hispanics because of cultural attitudes regarding the use of condoms. A recent survey indicates that Hispanics know less about HIV and AIDS than non-Hispanics. The American Medical Association has recommended that AIDS prevention education programs be tailored to subgroups such as Mexican Americans and Puerto Ricans due to cultural and language differences.

¿Recuerdan ustedes?

Answer the following questions, basing your answers on the dialogue.

1. ¿Qué sospecha la Srta. Ramos?

2. ¿Qué síntomas tiene la Srta. Ramos?

3. ¿Cómo es el líquido que le sale de la vagina?

_____

4. ¿Cuánto tiempo hace que comenzaron los síntomas?

_____

5. ¿Qué hace la Srta. Ramos al día siguiente?

_____

6. ¿Qué hace uno de los médicos?

_____

7. ¿Con quién habla después la Srta. Ramos?

_____

8. ¿Cuándo fue la última vez que la Srta. Ramos tuvo relaciones sexuales?

_____

9. ¿Qué dice la Sra. Alba sobre la gonorrea?

_____

10. ¿Es contagiosa la gonorrea?

_____

11. ¿Se había acostado la Srta. Ramos con otros hombres antes?

_____

12. ¿Qué debe evitar la Srta. Ramos hasta estar completamente curada?

_____

13. ¿Cuándo tendrá que volver a la clínica?

_____

Para conversar

Interview a classmate, using the following questions. When you have finished, switch roles.

1. ¿Cuál es la dirección del Departamento de Salud Pública?

_____

2. ¿Le gustaría trabajar en una clínica de enfermedades venéreas? ¿Por qué o por qué no?

_____

3. De las enfermedades venéreas, ¿cuál es la más peligrosa?

   _____

4. ¿Qué síntomas tiene una persona que tiene herpes?

   _____

5. ¿Cómo se puede diagnosticar (*diagnose*) un caso de sífilis?

   _____

6. ¿Qué tratamiento necesita una persona que tiene sífilis?

   _____

7. ¿Por qué debe evitar tener relaciones sexuales una persona que tiene una enfermedad venérea?

   _____

8. ¿Se puede curar (*cure*) el herpes? ¿Y la sífilis?

   _____

Vamos a practicar

A. Rewrite the following sentences, first in the future and then in the conditional.

1. Dice que está curado.

   _____

   _____

2. El médico confirma el diagnóstico.

   _____

   _____

3. Los hombres vienen mañana.

   _____

   _____

4. Hablamos con la investigadora.

   _____

   _____

5. Tú debes evitar los ejercicios físicos.

_____

_____

6. Yo puedo conseguir los nombres.

_____

_____

B.   Complete the following sentences with the prepositions, *a*, *de*, or *en*.

1. La radiografía estará lista _____ la una _____ la tarde.

2. Empezaré _____ hacer el análisis ahora mismo.

3. Dejaré los resultados _____ los análisis _____ la mesa.

4. Este señor tiene llagas _____ el pene; creo que tiene herpes. Él necesita ir _____

   la Clínica de Enfermedades Venéreas.

5. El Dr. Sosa es el mejor urólogo _____ la clínica. ¿ _____ dónde es?

C.   Write the following dialogues in Spanish.

1. "When is the investigator going to begin calling the men?"
   "This afternoon."

_____

_____

_____

2. "What did the doctor say about the sore?"
   "He said that it was a symptom of gonorrhea."

_____

_____

3. "Call the doctor tomorrow, Miss Peña. He will confirm the diagnosis."
   "Will he be at the hospital?"
   "Yes, he arrives at the hospital at seven in the morning."

_____

_____

_____

Conversaciones breves

Complete the following dialogues, using your imagination and the vocabulary from this lesson.

A. En el Departamento de Salud Pública:

ENFERMERA —_____

PACIENTE —Sí, señorita. Tengo una llaga y me arde mucho cuando orino.

ENFERMERA —_____

PACIENTE —Sí, me sale un líquido amarillento.

ENFERMERA —_____

PACIENTE —Sí, tiene mal olor.

ENFERMERA —_____

PACIENTE —No sé si él también tiene estos síntomas. Él no me ha dicho nada.

ENFERMERA —_____

PACIENTE —¿Tiene Ud. la dirección de la clínica?

ENFERMERA —_____

B. En la Clínica de Enfermedades Venéreas:

INVESTIGADOR —_____

PACIENTE —No sé la dirección, pero le puedo dar el nombre. ¿Para qué quiere saberlo?

INVESTIGADOR —_____

PACIENTE —Yo creía que solamente la sífilis era contagiosa. ¿Hasta cuándo debo esperar para tener relaciones sexuales?

INVESTIGADOR —_____

En estas situaciones

What would you say in the following situations? What might the other person say?

1. You are the patient. Tell the nurse that you have a sore on your genitals. Then explain that it burns when you urinate, and you have a discharge— a greenish liquid with a bad odor.

2. You are the doctor. Tell the patient that the symptoms indicate gonorrhea and explain that he/she needs treatment, because gonorrhea is a very contagious disease. Say that you are going to administer treatment and then tell the person to make an appointment for next week.

165

Casos

Act out the following scenarios with a partner.

1. A public health nurse interviews a patient who thinks he/she has a venereal disease.

2. A V.D. investigator gives instructions to a patient who has gonorrhea, regarding what he/she must and must not do.

Un paso más

A. Review the *Vocabulario adicional* in this lesson. Then write the names of the different parts of the body that can be affected by syphilis.

1. _____   5. _____

2. _____   6. _____

3. _____   7. _____

4. _____   8. _____

B. Complete the following sentences.

1. El _____ y la _____ son enfermedades transmitidas a

   través del contacto sexual.

2. Las mujeres deben hacerse un _____ todos los años.

3. ¿Cuál es el período de _____ de la hepatitis B?

4. El _____ sifilítico es un síntoma _____ de la sífilis.

5. La sífilis afecta el cerebro (*brain*) y puede causar la _____ y la muerte.

C. How much do you know about AIDS? Complete the following questionnaire published by the U.S. Department of Health and Human Services. Remember to guess the meaning of all cognates.

¿Sabe usted lo suficiente como para hablar del SIDA? Tome este test.

Es importante para cada uno de nosotros compartir° nuestros conocimientos acerca del° SIDA con los miembros de nuestra familia y con otros seres queridos.°

El conocimiento y la comprensión son las mejores armas que tenemos contra la enfermedad. Señale° su respuesta marcando el cuadro° que corresponde.

1. Usted debe preocuparse por el SIDA, aún° cuando usted no esté dentro del grupo de alto riesgo.°

   ❏ Cierto   ❏ Falso

2. El virus del SIDA no se propaga por

   ❏ A. picaduras° de insecto.
   ❏ B. contacto casual.
   ❏ C. compartir agujas° para inyectarse drogas.
   ❏ D. relaciones sexuales.

3. Los condones son una forma eficaz,° pero no absolutamente segura, para prevenir la transmisión del virus del SIDA.

   ❏ Cierto   ❏ Falso

4. Usted no puede decir a simple vista que alguien tiene el virus del SIDA.

   ❏ Cierto   ❏ Falso

5. Si usted piensa que ha estado expuesto al virus del SIDA, usted debería hacerse una prueba de SIDA.

   ❏ Cierto   ❏ Falso

6. La gente° que proporciona° ayuda a alguien que tiene SIDA no se está arriesgando° a contraer la enfermedad.

   ❏ Cierto   ❏ Falso

Glosses (right margin):
- *to share / knowledge about*
- *loved ones*
- *Indicate*
- *box*
- *even*
- *risk*
- *bites*
- *needles*
- *effective*
- *people / provide*
- *risking*

With a partner, discuss your answers and then write two questions you think should be included on the questionnaire on page 167.

_____

_____

_____

_____

Lectura 3

📼 *El SIDA*

(Adapted from TEL MED, tape #571)

La enfermedad llamada° *AIDS* en inglés, se conoce en español con el nombre de SIDA (Síndrome de Inmunodeficiencia Adquirida). Las primeras personas que padecieron de esta enfermedad en los Estados Unidos fueron homosexuales masculinos y drogadictos. Hoy se sabe que es un virus el que transmite la enfermedad. — *called*

El contacto físico íntimo (el contacto sexual vaginal, anal y también oral), las transfusiones de sangre, las agujas y jeringas° que usan los drogadictos para inyectarse las drogas y probablemente la leche de los senos de la madre, son las formas en que el virus puede propagarse. Este virus destruye° las defensas del cuerpo y cuando esto sucede° se desarrollan° infecciones y cánceres que de otra forma serían destruidos. — *needles and syringes / destroys / happens / develop*

La lista de personas que pueden ser infectadas por el SIDA ha aumentado.° Este aumento incluye a los hemofílicos que requieren frecuentes transfusiones de sangre, a las prostitutas, a las compañeras sexuales° (femeninas) de los homosexuales o bisexuales masculinos y a los bebés de madres infectadas. También ahora el SIDA se ha extendido a los heterosexuales; definitivamente la enfermedad ya no es "un problema de los homosexuales". — *increased / sexual partners*

La mayoría de la gente° infectada con el virus tendrá una reacción positiva al análisis de sangre para VIH a los tres o seis meses de exponerse,° pero los síntomas del SIDA no se manifesterán° por muchos años. Los síntomas de esta enfermedad al principio° son muy similares a los de la influenza común, y entre ellos están la fiebre, la inflamación de los ganglios linfáticos, la pérdida° de peso sin explicación, diarrea, pérdida del apetito, cansancio° por más de un par° de días y tos crónica. — *people / exposing themselves / will not manifest / at the beginning / loss / fatigue / couple*

En este momento no existe ninguna vacuna o tratamiento y la mejor manera de evitar la enfermedad es la prevención o no exponerse al virus. Evite tener múltiples compañeros sexuales y no use drogas por vía intravenosa. El uso de condones hechos de "latex" con un lubricante es altamente recomendado.

📼 Conversaciones

—¿Cómo puede transmitirse el SIDA?
—Por contacto sexual o por transfusiones de sangre.
—¿Quiénes fueron las primeras personas que padecieron de esta enfermedad?
—Los homosexuales y los drogadictos.

—¿Es el SIDA una enfermedad exclusiva de los homosexuales?
—No, se ha extendido a los hemofílicos y a los heterosexuales.

—¿Cuáles son algunos de los síntomas del SIDA?
—La pérdida de peso, diarrea y cansancio prolongado.
—¿Existe alguna vacuna contra el SIDA?
—No, la mejor forma de evitar la enfermedad es la prevención.

¿Recuerdan ustedes?

Answer the following questions, basing your answers on the reading and the conversations.

1. ¿Cómo se llama en español el *AIDS*?

    _____

2. ¿Quiénes fueron las primeras personas que tuvieron el SIDA?

    _____

3. ¿Cómo se transmite la enfermedad?

    _____

4. ¿Cuáles son tres formas en las que se puede propagar?

    _____

5. ¿Qué sucede cuando el virus del SIDA destruye las defensas del cuerpo?

    _____

6. Además de los homosexuales, ¿qué otras personas pueden ser infectadas por el SIDA?

    _____

7. ¿Cuándo tendrá una persona una reacción positiva a una prueba de VIH?

    _____

8. ¿Cuáles son algunos de los síntomas del SIDA?

    _____

9. ¿Existe cura para el SIDA?

    _____

10. ¿De qué forma puede evitarse el SIDA?

    _____

Repaso

LECCIONES 11–15

PRÁCTICA DE VOCABULARIO

A. Circle the expression that best completes each sentence.

1. No veo las letras claramente. Están (cansadas, borrosas, verdosas).

2. Hoy no. Vamos a hacerle los análisis (anoche, aquí mismo, la próxima vez).

3. Usé una loción para el acné, pero no me (miró, dio resultado, dio de alta).

4. Un doctor que opera es un (cirujano, hombre, calmante).

5. El paciente se ve (muy bien, peligroso, siguiente).

6. Tome una (llaga, luz, cucharada) de jarabe para la tos.

7. Si necesita algo, apriete este (botón, moretón, reloj).

8. Cuando me estaba examinando los senos, encontré (un enema, una bolita, una curita). Estoy muy preocupada.

9. Mire el punto que está en (la pared, el pasillo, el vasito).

10. Tengo una (vez, barbilla, verruga) en el cuello.

11. Voy a darle un baño de (biberón, esponja, tratamiento).

12. ¿Puede ayudarme a (cambiarme, avisarme, indicarme) de ropa?

13. Tiene acné, pero la dieta (es muy importante, no tiene importancia, es difícil) en este caso.

14. No puede irse todavía. Tengo que ver si la radiografía (está enferma, salió bien, es verdosa).

15. Por fin hoy ella fue al (herpes, urólogo, acné).

16. El baño está (en la pared, en la esponja, al final del pasillo).

17. Debe (dejar, terminar, extender) el brazo.

18. Aguante (la vasectomía, la respiración, el momento).

19. Esto es (amarillento, tenso, similar) a un enema.

20. Cuando orino, me arde mucho (el recto, el colon, la vagina).

B. Circle the word or phrase that does not belong in each group.

1. biopsia, mamografía, vasectomía

2. mayor, menor, siguiente

3. grasa, quiste, chocolate

4. caca, vena, heces fecales

5. moverse, darse vuelta, tragar

6. a los hombres, a los costados, a los lados

7. muy bueno, muy amable, muy cómodo

8. subir, bajar, ayudar

9. cómo no, no, sí

10. amarillento, cerrado, verdoso

11. obrar, hacer caca, lastimarse

12. ponerse tenso, calmarse, relajarse

13. tableta, pastilla, líquido

14. desayuno, glaucoma, almuerzo

15. vasectomía, fluoroscopia, radiografía

16. dar el pecho, dar la medicina, dar de mamar

C. Complete the following sentences with the appropriate word or phrase in column B.

A	B
1. Me sale un _____	a. físicos.
2. Volvió momentos _____	b. de la vena?
3. Ésta es la última _____	c. tiene sífilis.
4. Venga dentro de _____	d. debajo de la lengua.
5. Ellos no están _____	e. tratamiento.
6. El doctor confirma _____	f. en el pene.
7. Evite los ejercicios _____	g. una fricción.
8. No tiene gonorrea, _____	h. investigadora.
9. Tiene una lesión _____	i. líquido verdoso.
10. Todo esto indica _____	j. unos día.
11. Ya estoy completamente _____	k. en la vena.
12. Ella es la _____	l. vez.
13. Necesita _____	m. una enfermedad venérea.
14. Le ponen una inyección _____	n. el diagnóstico.
15. Le voy a dar _____	o. después.
16. ¿Hay un botón al lado _____	p. el suero?
17. ¿Cuáles son las horas _____	q. curada.
18. ¿Tiene moretones alrededor _____	r. de visita?
19. Póngase el termómetro _____	s. allí.
20. ¿Cuándo me van a quitar _____	t. de la cama?

D. ¿Verdadero o falso? Read each statement and decide if it is true (V) or false (F).

_____ 1. Primero sale el bebé y después la placenta.

_____ 2. Cuando la mujer es estrecha, a veces el doctor tiene que sacar al bebé con fórceps.

_____ 3. Cuando una mujer tiene los dolores de parto y las contracciones vienen cada cinco minutos, debe ir al hospital.

_____ 4. Para tomarle el pulso, necesito un termómetro.

_____ 5. Si una persona tiene una hemorragia, puede necesitar una transfusión de sangre.

_____ 6. Le van a poner una inyección de penicilina.

_____ 7. Una operación cesárea es un parto normal.

_____ 8. Me van a poner una inyección en la nalga. Tengo que subirme la manga.

_____ 9. Debo limpiarme los genitales antes de orinar en el vasito.

_____ 10. Voy a llevar a mi hijo al médico porque tiene problemas de salud.

_____ 11. Tiene cinco años. Nació ayer.

_____ 12. Necesito la cuña porque quiero defecar.

E. Crucigrama

HORIZONTAL

2. La _____ de los tumores son benignos.
3. *greenish*, en español
7. El doctor la examinó. Ya se le rompió la _____ de agua.
9. Es un bebé recién _____ .
12. *chocolate*, en español
15. cirugía
16. *pimple*, en español
18. parte del cuarto de baño
20. No se va. Tiene que _____ .
24. No quiere más hijos. Se va a hacer una _____ .
25. No es una mujer. Es un _____ .
26. Para hacerle la radiografía voy a insertarle este _____ en el recto.
29. *exercise*, en español
31. Relájese. No se ponga _____ .
32. Es enfermera del Departamento de Salud _____ .
33. *cured*, en español
35. Para el acné, puede usar _____ medicinal.
36. *line*, en español
37. los genitales o las _____ privadas
40. *mouth*, en español
42. Quítese la ropa y póngase esta _____ .
43. No es a la derecha; es a la _____ .
44. costado
46. *the next day:* al día _____
47. Voy a tomarle el _____ y la temperatura.
48. Ayer el médico _____ varios análisis y radiografías.
49. *ready*, en español

VERTICAL

1. Su _____ está en la caja de seguridad.
4. Tomó veneno. Necesita un lavado de _____ .
5. Va a tener un bebé. Está en la sala de _____ .
6. enfermedad venérea
7. mamila
8. El cáncer es un tumor _____ .
10. No está cerca. Está _____ .
11. Tengo una _____ en el seno izquierdo.
13. barriga
14. niño
17. *It is better:* Es _____
19. *rectum*, en español
21. *to stretch*, en español
22. No le voy a dar biberón. Le voy a dar de _____ .
23. *he suspects*, en español
27. opuesto de "primero"
28. *blackhead*, en español
30. *odor*, en español
32. *wall*, en español
34. *to get close*, en español
35. Tiene sólo diez y siete años. Es muy _____ .
37. *hallway*, en español
38. *thyroid*, en español
39. Necesito una muestra de sangre para el _____ .
40. excusado
41. excremento
45. *that way*, en español
47. Va a sentirse mejor poco a _____ .

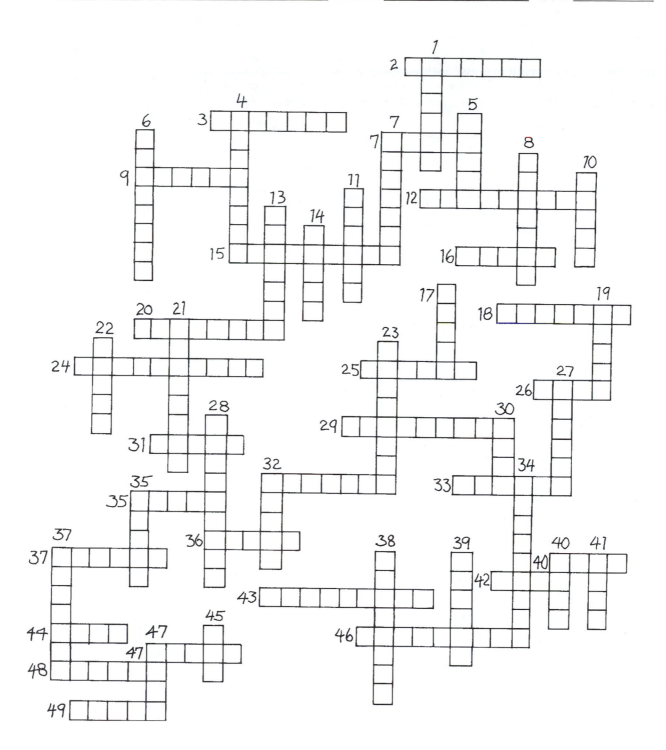

■□■ PRÁCTICA ORAL

Listen to the following exercise on the audio program. The speaker will ask you some questions. Answer each question, using the cue provided. The speaker will verify your response. Repeat the correct answer.

1. ¿Lo operaron recientemente? (sí)

2. ¿Tuvo Ud. que quedarse en el hospital? (sí, por cinco días)

3. Cuando estuvo en el hospital, ¿le dieron baños en la cama? (sí, de esponja)

4. ¿Tiene Ud. dolores en el vientre? (sí, a veces)

5. ¿Movió Ud. el vientre hoy? (sí, por la tarde)

6. ¿Le han hecho una radiografía del colon? (no, nunca)

7. ¿Cuándo fue la última vez que le hicieron un conteo? (el año pasado)

8. ¿Le hicieron un análisis de orina recientemente? (sí, la semana pasada)

9. ¿Tuvo Ud. una hemorragia alguna vez? (no, nunca)

10. ¿Le hicieron una transfusión alguna vez? (sí, una vez)

11. ¿Tuvo moretones alrededor de la vena? (sí)

12. ¿Qué se puso? (compresas frías)

13. ¿Tiene Ud. problemas de tiroides? (no)

14. ¿Tuvo Ud. acné cuando era joven? (sí)

15. ¿Qué usó para el acné? (un jabón medicinal)

16. ¿Usó Ud. alguna loción para los granos? (sí)

17. ¿Tiene Ud. alguna verruga? (sí, en el cuello)

18. ¿Fue Ud. al oculista? (sí, la semana pasada)

19. ¿Le hicieron la prueba del glaucoma? (sí)

20. ¿Ve Ud. bien las letras pequeñas? (sí)

21. ¿Trabaja Ud. en la sala de parto? (no, de bebés)

22. ¿Le gustaría trabajar en una clínica de enfermedades venéreas? (no)

23. ¿Son malignos todos los tumores del seno? (no)

24. ¿Qué cree Ud. que es mejor para el bebé, darle biberón o darle de mamar?
(darle de mamar)

25. ¿Tiene Ud. hijos? (sí, dos varones)

16

Problemas de la hipertensión

El Sr. Castro está en el consultorio del Dr. Rivas. La enfermera le toma la presión y ve que es altísima. Tiene 210 sobre 98.

DR. RIVAS	—Sr. Castro, Ud. tiene la presión muy alta.
SR. CASTRO	—Yo sólo tengo treinta años, doctor. ¿No es ése un problema de los viejos?
DR. RIVAS	—No, puede ocurrir a cualquier edad.
SR. CASTRO	—Mi padre tiene la presión alta también.
DR. RIVAS	—Sí, a veces el problema es hereditario.
SR. CASTRO	—Pero yo me siento bien. No estoy nervioso. No tengo palpitaciones...
DR. RIVAS	—Bueno, porque el problema está apenas comenzando... Pero es importantísimo tratarlo ahora. Si espera, esto le afectará el corazón.
SR. CASTRO	—¿Podría causarme otros problemas?
DR. RIVAS	—Sí, podría causarle un derrame.
SR. CASTRO	—¡Pero eso me puede dejar paralítico!
DR. RIVAS	—Sí, un derrame puede causar parálisis total o parcial.
SR. CASTRO	—Mi padre ha tenido muchos problemas con los riñones.
DR. RIVAS	—Pues Ud. podrá evitar todo esto si sigue un tratamiento para controlar la presión.
SR. CASTRO	—Eso es lo que me gustaría hacer, por supuesto.
DR. RIVAS	—Le aconsejo que elimine o por lo menos disminuya la cantidad de sal que Ud. usa en la comida.
SR. CASTRO	—Será difícil, pero trataré de hacerlo. ¿Qué más me sugiere que haga?
DR. RIVAS	—Quiero que evite el alcohol y el tabaco. También es necesario dormir bien.
SR. CASTRO	—¿Me va a recetar alguna medicina?
DR. RIVAS	—Sí, le voy a dar unas pastillas. Si se siente peor después de tomarlas, disminuya la dosis; tome media pastilla.
SR. CASTRO	—¿Por cuánto tiempo quiere que tome la medicina?
DR. RIVAS	—Probablemente tendrá que tomarla por el resto de su vida.

🎞 Vocabulario

COGNADOS

el alcohol   alcohol
la dosis   dosage
   hereditario(a)   hereditary
la hipertensión   hypertension, high
   blood pressure
la palpitación   palpitation

la parálisis   paralysis
   parcial   partial
   probablemente   probably
el resto   rest, remainder
el tabaco   tobacco
   total   total

NOMBRES

la comida   food
el corazón   heart
el derrame, la hemorragia cerebral   stroke
la edad   age
el riñón   kidney
la vida   life
el (la) viejo(a)   elderly man, elderly woman

VERBOS

aconsejar   to advise
afectar   to affect
disminuir   to cut down, to diminish
eliminar   to eliminate
ocurrir   to happen, to occur
sugerir (e:ie)   to suggest
tratar   to treat, to try

ADJETIVOS

cualquier(a)   any
medio(a)   half
nervioso(a)   nervous
paralítico(a)   paralyzed
peor   worse, worst

OTRAS PALABRAS Y EXPRESIONES

apenas   barely
por el resto de su vida   for the rest of your life
por supuesto, claro   of course
¿Qué más?   What else?
tomar la presión, tomar la tensión   to take the
   blood pressure

Vocabulario adicional

Ud. debe evitar
{
la cafeína   caffeine
las medicinas que contienen...   medicines that contain . . .
los ejercicios violentos   strenuous exercises
el estrés   stress
}

Ud. debe
{
aumentar la dosis   increase the dosage
mantener la misma dosis   maintain the same dosage
}

Notas culturales

- In general, there is a high incidence of hypertension among the Hispanic population. Also, Hispanics who are economically disadvantaged exhibit a higher risk for unrecognized and untreated hypertension. Data from the Hispanic Health and Nutrition Examination Survey indicate that almost half of the Puerto Ricans surveyed with hypertension did not know they had it.
- Diet and nutrition may have a negative impact on hypertension. The following table illustrates the median intake frequency for selected foods by Hispanics in the U.S. An asterisk (*) indicates a higher level of consumption than that of other ethnic groups.

MEDIAN INTAKE FREQUENCY PER WEEK FOR SELECTED FOODS

Food	Male	Female
High-fiber bread or cereal	1.0	1.0
All fruit	3.4	4.2
Fruit and juice*	9.1	10.2
Dried legumes, chili*	2.0	1.0
Garden vegetables*	6.2	7.0
Potatoes	3.2	3.0
Salad	2.0	3.0
Hamburger, beef, pork*	4.0	3.2
Chicken and fish	2.3	2.0
Bacon, sausage, hot dogs, lunch meats	3.4	2.2
Beer, wine, liquors	2.6	0.1

Source: The American Cancer Society

¿Recuerdan ustedes?

Answer the following questions, basing your answers on the dialogue.

1. ¿Qué problema tiene el Sr. Castro?

   _____

2. ¿Por qué cree el Sr. Castro que él no debería tener la presión alta?

   _____

3. ¿A qué edad dice el médico que puede ocurrir ese problema?

   _____

4. ¿Qué dice el Dr. Rivas que es importantísimo hacer?

   _____

5. ¿Qué problemas puede causar la presión alta?

   _____

6. ¿Cómo podrá evitar el Sr. Castro estos problemas?

   _____

7. ¿Qué quiere el Dr. Rivas que elimine o disminuya el paciente?

   _____

8. ¿Qué más le sugiere que haga?

   _____

9. ¿Qué debe hacer el Sr. Castro si se siente peor después de tomar las pastillas?

   _____

10. ¿Por cuánto tiempo tendrá que tomar el Sr. Castro la medicina?

   _____

Para conversar

Interview a classmate, using the following questions. When you have finished, switch roles.

1. ¿Usa Ud. mucha sal en la comida?

   _____

2. ¿Tiene Ud. palpitaciones?

   _____

3. ¿Ha tenido Ud. problemas con los riñones? ¿Cuándo?

   _____

4. ¿Tiene Ud. la presión alta, baja o normal?

   _____

5. ¿Les toma Ud. la presión a sus pacientes?

   _____

6. ¿Puede la presión alta afectar el corazón?

   _____

7. ¿Podría la presión alta causar un derrame?

   _____

8. ¿Podría un derrame causar parálisis total o parcial?

   _____

9. ¿Es hereditaria la hipertensión? ¿Y la diabetes?

_____

10. Yo tengo la presión altísima, ¿qué me aconseja Ud. que haga?

_____

Vamos a practicar

A. Complete the following sentences, using the infinitive or the present subjunctive of the verbs in parentheses.

1. Yo deseo _____ (hablar) sobre los problemas que trae el alcohol.

2. Nosotros no queremos que nuestros hijos _____ (fumar).

3. Les aconsejo que _____ (ir) al hospital en seguida.

4. Ud. necesita _____ (disminuir) la cantidad de sal que usa en las comidas.

5. Quiero que la enfermera me _____ (tomar) la presión.

6. Es importante _____ (seguir) una dieta baja en colesterol.

7. Te sugiero que _____ (hacer) ejercicio todos los días.

8. Es necesario _____ (evitar) el alcohol y el tabaco.

9. El médico quiere que yo le _____ (dar) esta medicina a mi padre por el resto de su vida.

10. Es necesario que Uds. _____ (estar) en el hospital a las ocho de la mañana.

B. Write the following dialogues in Spanish.

1. "What does the doctor want you to do, Mr. Vega?"
   "He wants me to come back tomorrow, but I prefer to come this afternoon."

_____

_____

2. "I advise you to eliminate salt from your diet, Mrs. Vargas."
   "It's not going to be easy . . ."
   "It's extremely important that you do it."

_____

_____

_____

Conversaciones breves

Complete the following dialogue, using your imagination and the vocabulary from this lesson.

Un paciente y una doctora:

DOCTORA   —_____

PACIENTE   —¿Tengo la presión alta? ¡Pero yo me siento bien... !

DOCTORA   —_____

PACIENTE   —Sí, debe estar apenas comenzando, porque yo no tengo ningún síntoma.

DOCTORA   —_____

PACIENTE   —Además de afectar el corazón, ¿qué otros problemas podría causar la presión alta?

DOCTORA   —_____

PACIENTE   —¡Un derrame! ¿A mi edad?

DOCTORA   —_____

PACIENTE   —Pues yo ya he tenido problemas con los riñones.

DOCTORA   —_____

PACIENTE   —Sí, uso mucha sal.

DOCTORA   —_____

PACIENTE   —Puedo disminuir la cantidad, pero no puedo eliminarla completamente de mi dieta.

DOCTORA   —_____

PACIENTE   —Pues yo no tomo ni fumo. ¿Me va a recetar algo?

DOCTORA   —_____

PACIENTE   —¿Por cuánto tiempo tendré que tomar la medicina?

DOCTORA   —_____

En estas situaciones

What would you say in the following situations? What might the other person say?

1. You are a nurse. Tell your patient that you're going to take his/her blood pressure.

2. You are a patient. Tell your doctor that you are very nervous, that you have palpitations, and that you don't sleep very well.

184

3. You are the doctor. Tell your patient that high blood pressure can happen at any age and that it is important to treat it now. If he/she waits, it can affect his/her heart and a stroke could leave a person paralyzed.

4. You are the doctor, and your patient says he/she is feeling worse after taking his/her medication for high blood pressure. Tell your patient to diminish the dosage and to take only half a pill.

Casos

Act out the following scenarios with a partner.

1. A doctor explains to a patient the problems high blood pressure can cause.

2. A doctor and a patient discuss how the patient can control high blood pressure.

Un paso más

A. **Review the *Vocabulario adicional* in this lesson and then give advice to the following people.**

1. Olga tiene palpitaciones y está muy nerviosa.

   _____

2. Rafael está tomando una pastilla al día y tiene que tomar tres.

   _____

3. Oscar tiene la presión arterial muy alta.

   _____

4. Teresa es alérgica a la codeína *(codeine)*.

   _____

5. Graciela tiene problemas con el corazón.

   _____

6. Cuando Roberto toma café, se pone *(becomes)* muy nervioso.

   _____

7. Magaly tiene que seguir tomando cuatro pastillas al día.

   _____

B. Read the following announcement and answer the questions. Remember to guess the meaning of all cognates.

Receta para una larga vida

- Mantenga un peso apropiado.
- Use una dieta variada en su alimentación.
- Incluya una variedad de legumbres° y frutas en su dieta diaria. *vegetables*
- Coma una mayor cantidad de alimentos con alto contenido de fibra.
- Reduzca el consumo total de grasas (30% o menos de las calorías totales).
- Tome bebidas alcohólicas con moderación.
- Coma menos cantidad de alimentos curados con sal o ahumados°, o preservados con nitritos. *smoked*

Para mayor información:
ÁREA METROPOLITANA
764-2295

SOCIEDAD AMERICANA DEL CANCER®

1. ¿A quiénes está dirigido (*directed*) este anuncio?

_____

2. ¿Qué organización publicó (*published*) esta información?

_____

3. Según el anuncio, ¿qué tipo de alimentos debemos incluir en la dieta diaria?

_____

4. ¿Qué por ciento (*percent*) de las calorías que consumimos debe ser de grasas?

_____

5. ¿Qué sugiere el anuncio con respecto a las bebidas alcohólicas?

_____

6. De los consejos *(advice)* que dan en el anuncio, ¿cuáles sigue Ud.?

_____

7. ¿Qué otras sugerencias *(suggestions)* le gustaría a Ud. incluir en esta lista?

_____

_____

17

📼 *En el consultorio del Dr. Gómez, clínico*

El Dr. Gómez habla con tres de sus pacientes.

Con el Sr. Nova, que tiene diabetes:

SR. NOVA —He estado sintiendo mucho cansancio y debilidad últimamente, doctor, y me he desmayado dos o tres veces.

DR. GÓMEZ —Por los análisis veo que tiene muy alta el azúcar.

SR. NOVA —¿Entonces tengo diabetes, doctor?

DR. GÓMEZ —Sí, y es importante que Ud. siga fielmente las instrucciones
que voy a darle.

SR. NOVA —¿Voy a tener que seguir una dieta especial?

DR. GÓMEZ —Sí, y quiero que pierda peso. Además, tiene que inyectarse
insulina diariamente.

Con la Sra. Ordaz, que tiene una úlcera:

SRA. ORDAZ —Yo creo que tengo una úlcera, doctor. Tengo mucha acidez,
y generalmente, cuando tengo el estómago vacío, me duele.
Se me alivia cuando como.

DR. GÓMEZ —¿Toma algún antiácido o leche?

SRA. ORDAZ —Sí, tomo un vaso de leche y el dolor se me pasa. A veces
vomito.

DR. GÓMEZ —¿Ha notado alguna vez sangre en el vómito o la materia fecal
negra?

SRA. ORDAZ —No, nunca.

DR. GÓMEZ —Vamos a hacerle una radiografía porque temo que tenga una
úlcera.

SRA. ORDAZ —¿Puedo comer cualquier cosa?

DR. GÓMEZ —No, le recomiendo que evite los alimentos muy condimenta-
dos y las bebidas con cafeína. No tome bebidas alcohólicas
y no fume.

SRA. ORDAZ —¿Va a recetarme alguna medicina?

DR. GÓMEZ —Sí, voy a recetarle una medicina que cura las úlceras.

SRA. ORDAZ —Un amigo mío toma *Tagamet.* ¿Es bueno?

DR. GÓMEZ —Sí, ése es el nombre comercial de *Cimetidine,* que es una de
las medicinas usadas para el tratamiento de las úlceras. Voy
a recetársela.

Con el Sr. Rosas, anciano de ochenta y dos años:

SR. ROSAS —Doctor, tengo muchos problemas con las hemorroides. Estoy muy estreñido. ¿Debo tomar un laxante o un purgante?

DR. GÓMEZ —Puede tomar un laxante de vez en cuando, pero no regularmente.

SR. ROSAS —También me duele mucho el estómago.

DR. GÓMEZ —Vamos a hacerle un ultrasonido para ver si tiene piedras en la vesícula biliar, pero antes voy a examinarlo. Abra la boca y saque la lengua. Diga "Ah".

SR. ROSAS —Doctor, no lo oigo bien. Creo que me estoy quedando sordo.

DR. GÓMEZ —Ud. necesita usar un audífono.

SR. ROSAS —Está bien. Ojalá que mi hijo me compre uno. Ah, doctor, me duelen mucho las piernas. ¿No podría recetarme algo para las várices?

DR. GÓMEZ —Compre un par de medias elásticas y eso lo va a ayudar.

Vocabulario

COGNADOS

el antiácido antacid (medicine)	**la instrucción** instruction
la cafeína caffeine	**la insulina** insulin
comercial commercial	**el laxante** laxative
elástico(a) elastic	**regularmente** regularly
generalmente generally	**la úlcera** ulcer
la hemorroide, la almorrana hemorrhoid	**el ultrasonido** ultrasound

NOMBRES

la acidez acidity, heartburn

el (la) anciano(a) elderly man, elderly woman

el audífono hearing aid

el azúcar sugar

la bebida drink, beverage

el cansancio tiredness, exhaustion

el clínico, el (la) internista general practitioner, internist

la debilidad weakness

las medias stockings, hose

  las medias elásticas support stockings

el par pair

la piedra, el cálculo stone

el purgante purgative, cathartic

las várices, las venas varicosas varicose veins

el vaso glass

la vesícula biliar gallbladder

VERBOS

aliviarse to feel better, to diminish (a pain)

curar to cure

inyectar(se) to inject (oneself)

notar to notice

oir[1] to hear

pasársele a uno to pass

recomendar (e:ie) to recommend

temer to be afraid, to fear

ADJETIVOS

condimentado(a) spiced, spicy

negro(a) black

sordo(a) deaf

---

[1]Irregular verb: *oigo, oyes, oye, oímos, oís, oyen.*

190

OTRAS PALABRAS Y EXPRESIONES

alguna vez   ever
de vez en cuando   from time to time
diariamente   daily
el dolor se me pasa   the pain goes away
fielmente   faithfully
ojalá   I hope, if only . . .
quedarse sordo(a)   to go deaf
sacar la lengua   to stick out one's tongue
últimamente   lately

Vocabulario adicional

¿Ud. ha tenido alguna vez {

trastornos nerviosos?   nervous disorders
ronquera?   hoarseness
problemas de los riñones?   kidney problems
las piernas inflamadas?   swollen legs
retención de líquido?   liquid retention
insomnio?   insomnia
convulsiones?   convulsions
una embolia?   embolism, clot
entumecimiento en los brazos (las piernas)?   numbness in your arms (legs)
una infección de hongo vaginal?   vaginal infection

Notas culturales

- Gastrointestinal problems are very common among Hispanics as a result of their diet and their lifestyle. The high incidence rate of gallstones is a health issue of major concern for the Hispanic population.
- Some Spanish-speaking patients with little or no formal education may describe their illnesses according to their cultural understanding. For example, they may confuse neurological problems with nervous problems and use the term *problemas de los nervios (nervous problems)* to refer to mental health. Other mental illnesses and conditions may be described as a *susto (fright)* or *mal de ojo (evil eye)*. Some Mexican Americans use the term *ataques (attacks)* to refer to seizures or epilepsy. Often these cases have biological bases and need careful and sensitive exploration by the attending physician in order to diagnose the illness accurately.

¿Recuerdan ustedes?

Answer the following questions, basing your answers on the dialogues.

1. ¿Qué problemas ha tenido últimamente el Sr. Nova?

   _____

2. ¿Qué debe seguir fielmente el Sr. Nova?

   _____

3. ¿Qué debe inyectarse diariamente el Sr. Nova y por qué?

   _____

4. ¿Por qué cree la Sra. Ordaz que tiene una úlcera?

   _____

5. ¿Cuándo se le pasa el dolor a la Sra. Ordaz?

   _____

6. ¿Qué teme el doctor que tenga la Sra. Ordaz?

   _____

7. ¿Qué es necesario que evite comer la señora?

   _____

8. ¿Debe el Sr. Rosas tomar un laxante regularmente?

   _____

9. ¿Por qué quiere el doctor hacerle un ultrasonido al Sr. Rosas?

   _____

10. ¿Qué debe usar él para poder oír mejor?

   _____

11. ¿Qué le recomienda el doctor que use para las várices?

   _____

Para conversar

Interview a classmate, using the following questions. When you have finished, switch roles.

1. ¿Se ha desmayado Ud. alguna vez?

   _____

2. ¿Le han hecho un ultrasonido alguna vez? ¿Por qué?

   _____

3. ¿Tiene Ud. azúcar en la sangre? ¿En la orina?

   _____

4. ¿Ha sentido Ud. mucho cansancio o debilidad últimamente?

   _____

5. ¿Tiene Ud. acidez?

   _____

6. ¿Consume Ud. (*Do you consume*) mucha cafeína? ¿Cuántas tazas (*cups*) de café toma al día?

   _____

7. ¿Cuáles son algunos de los alimentos que Ud. no debe comer?

_____

8. ¿Sigue Ud. fielmente las instrucciones de su doctor?

_____

9. Si Ud. tiene dolor de cabeza, ¿se le pasa el dolor cuando toma aspirinas?

_____

10. Tengo mucha acidez. ¿Qué debo tomar?

_____

11. ¿Es malo que yo tome purgante regularmente?

_____

12. Una amiga mía tiene várices. ¿Qué le recomienda Ud. que haga?

_____

Vamos a practicar

A. Complete the following sentences with the subjunctive, the indicative, or the infinitive of the verbs in parentheses.

1. Temo que ella _____ (tener) diabetes.

2. Es mejor que Ud. _____ (seguir) una dieta especial.

3. Ellas no _____ (poder) comprarme un audífono.

4. Es necesario _____ (inyectarse) insulina diariamente.

5. Ojalá que ellos no _____ (desmayarse).

6. Es importante que nosotros no _____ (comer) nada condimentado.

7. El doctor teme que yo _____ (tener) cálculos en la vesícula biliar.

8. Es difícil _____ (evitar) eso.

9. No es necesario que Ud. _____ (tomar) purgante diariamente.

10. Es seguro que ellos _____ (necesitar) medias elásticas.

11. Es importante que tú _____ (seguir) un tratamiento.

12. Es verdad que ella _____ (tener) úlceras.

13. Ojalá que se le _____ (pasar) el dolor.

B. Change the following adjectives to adverbs.

1. fácil _____

2. necesario _____

3. general _____

4. especial _____

5. frecuente _____

6. total _____

7. regular _____

8. completo _____

9. normal _____

10. directo _____

C. Use the adverbs you wrote in Exercise B to complete the following sentences.

1. Ella puede hacer eso _____ .

2. _____ tomo la medicina después de las comidas.

3. A veces me duele el estómago, _____ cuando tengo hambre.

4. El señor es _____ sordo.

5. Tiene que hablar _____ con el médico. No hable con la recepcionista.

6. Ella habla con el especialista _____ . Habla dos o tres veces por semana.

7. El cuarto está _____ vacío.

8. Tienes que ir al hospital, pero no _____ los lunes.

Conversaciones breves

Complete the following dialogues, using your imagination and the vocabulary from this lesson.

A. Una doctora y un paciente que tiene diabetes:

DOCTORA —_____

PACIENTE —Sí, últimamente he sentido mucho cansancio.

DOCTORA —_____

PACIENTE —¿Una dieta especial? ¿Es para perder peso?

DOCTORA —_____

B. Un médico y una paciente que cree tener úlceras:

DOCTOR —_____

PACIENTE —Sí, tengo mucha acidez y dolor de estómago.

DOCTOR — _____

PACIENTE —Tomo un antiácido o un vaso de leche, y el dolor se me pasa.

DOCTOR — _____

PACIENTE —No, nunca vomito.

DOCTOR — _____

PACIENTE —Sí, ayer noté un poco de sangre en las heces fecales.

En estas situaciones

What would you say in the following situations? What might the other person say?

1. You are the doctor. Tell your patient to stick out his/her tongue and say "ah."

2. You are a patient. Tell your doctor your left side hurts sometimes. Ask the doctor if the pain could be caused by gallstones because your mother had them.

3. You are the doctor. Tell your patient that you think he/she has a gallbladder problem and you're going to do an ultrasound. Explain to the person that he/she should avoid spicy food and that it is better not to drink alcoholic beverages.

4. You are a patient. Tell your doctor that you don't hear people well when they speak. Ask him/her if you are going deaf.

Casos

Act out the following scenarios with a partner.

1. A doctor examines a patient who might be diabetic.

2. A doctor examines and prescribes treatment for a patient who has an ulcer.

Un paso más

A. Review the *Vocabulario adicional* in this lesson and then write what medical conditions the following people have.

1. Rosa no puede dormir por la noche.

   _____

2. El niño tiene epilepsia *(epilepsy)*.

   _____

3. A Celita le recetaron calmantes.

   _____

4. Carmen tiene que sentarse con las piernas en alto *(up)*.

_____

5. A Luis le duele la garganta *(throat)* y tiene dificultad para hablar.

_____

6. El médico le recetó un diurético *(diuretic)* a Gloria.

_____

7. Guillermo tiene problemas cuando orina.

_____

8. A Carlos muchas veces se le duermen los pies.

_____

9. El médico le recetó *Monistat* a Marta.

_____

B. Read these descriptions of services offered at the Hospital Edgardo Rebagliati Martins and answer the questions on page 198. Remember to guess the meaning of all cognates.

Unidad de hemorragia digestiva

Es una unidad operativa de cuidados inter-medios para aquellos pacientes que ingresan al hospital con hemorragias digestivas provocadas por úlcera duodenal, gastritis hemo-rrágica y úlcera gástrica. En esta unidad, con capacidad para seis pacientes, se atienden° 600 casos de hemorragia digestiva al año. La unidad cuenta con una sala especial para llevar a cabo° laparoscopía diagnóstica y tera-péutica. Asimismo,° cuenta con un ambiente° altamente técnico para realizar endoscopía digestiva diagnóstica (por ejemplo: biopsias) y terapéutica (por ejemplo: extracción de pe-queños tumores en el estómago). El equipo° de endoscopía computarizado es uno de los más modernos del país.°

are attended

to carry out
Also / atmosphere

equipment

country

Servicio de sonografía

Este servicio médico cuenta con seis ecó-grafos de tiempo real: equipos muy sofis-ticados y entre los más completos del medio. El ecógrafo se emplea° para diagnosticar diversas patologías mediante la técnica del ultrasonido. Permite descubrir° tumores, lesiones inflamatorias y detectar a tiempo° un cáncer del ovario o de la próstata. También tiene aplicación en el área ginecológica y obstétrica, y sirve como guía° para realizar biopsias de tumores y drenajes° de abscesos. El servicio está considerado entre los más modernos de América Latina y atiende a cien pacientes diarios.

is employed

to discover
on time

guide
drainage

1. ¿Qué problemas médicos pueden causar una hemorragia digestiva?

    _____

2. ¿Qué tipo de cirugía pueden hacer en la sala especial?

    _____

3. ¿Para qué usan el equipo de endoscopía?

    _____

4. ¿Cuántos ecógrafos tiene este hospital? ¿Y cuántos tiene su hospital?

    _____

5. ¿Qué problemas se pueden detectar con el ultrasonido?

    _____

6. ¿Se usa mucho el servicio de sonografía? ¿Cómo lo sabe?

    _____

18

📼 *En la clínica de drogadictos*

La Srta. Muñoz, coordinadora del Programa Antidrogas, está hablando con Mario Acosta, un muchachito de quince años.

SRTA. MUÑOZ	—Dime, ¿cuánto tiempo hace que tomas drogas, Mario?
MARIO	—No sé... unos dos años.
SRTA. MUÑOZ	—¿Alguna vez tuviste hepatitis o alguna otra enfermedad del hígado?
MARIO	—No sé...
SRTA. MUÑOZ	—¿Cuándo fue la última vez que fuiste al médico?
MARIO	—Hace como cuatro o cinco años.
SRTA. MUÑOZ	—¿Tomas bebidas alcohólicas?
MARIO	—Sí, cerveza o vino... a veces, pero no creo que eso me haga daño...
SRTA. MUÑOZ	—¿Tomas anfetaminas?
MARIO	—Sí.
SRTA. MUÑOZ	—¿Cuándo empezaste a tomar drogas diariamente?
MARIO	—Cuando tenía trece años.
SRTA. MUÑOZ	—¿Cuántas veces por día?
MARIO	—Tres veces.
SRTA. MUÑOZ	—¿Cuál es la dosis? ¿Cuántos globos compras?
MARIO	—Seis... a veces ocho o nueve...
SRTA. MUÑOZ	—Dime, ¿te inyectas la droga en la vena o la fumas?
MARIO	—La fumo... a veces también me la inyecto.
SRTA. MUÑOZ	—Te han hecho la prueba del SIDA?
MARIO	—No.
SRTA. MUÑOZ	—¿Cuándo fue la última vez que trataste de dejar las drogas?
MARIO	—La semana pasada.
SRTA. MUÑOZ	—¿Y cuánto tiempo pudiste estar sin tomar drogas?
MARIO	—Un día y medio... Dudo que pueda aguantar más tiempo. ¿Hay algo que me puedan dar para ayudarme?
SRTA. MUÑOZ	—Estoy segura de que aquí podremos ayudarte. Ven conmigo.
MARIO	—No hay nadie que pueda hacer nada por mí.
SRTA. MUÑOZ	—No digas eso. Llena esta planilla y el médico te verá en seguida.

PLANILLA

Favor de contestar las siguientes preguntas:

1. ¿Está siguiendo tratamiento médico?..

    ....

2. ¿Tiene Ud. algunas limitaciones o incapacidades físicas?..

    ....

3. ¿Está recibiendo actualmente algún tratamiento por problemas mentales?.....................

    ....

4. ¿Estuvo Ud. alguna vez en algún hospital para enfermos mentales o bajo tratamiento psiquiátrico por

    otros problemas?..

    ....

5. PARA MUJERES: Fecha de su última visita al ginecólogo. ....

HISTORIA CLÍNICA

	SÍ	NO	Fecha y lugar del tratamiento
Hepatitis			
Ataques al corazón			
Epilepsia			
Tuberculosis			
Diabetes			
Úlcera			
Abortos			
Aborto natural			
Problemas alcohólicos			
Abscesos			
Enfermedades venéreas			
Problemas dentales			
Alergias			

Resumen: ....

....

....

....

....

▣ Vocabulario

COGNADOS

la alergia allergy	**el (la) drogadicto(a)** drug addict
la anfetamina amphetamine	**la epilepsia** epilepsy
antidroga antidrug	**la hepatitis** hepatitis
el (la) coordinador(a) coordinator	**la limitación** limitation
dental dental	**mental** mental
la droga drug	**el programa** program

NOMBRES

el ataque al corazón, el infarto heart attack
la cerveza beer
el (la) enfermo(a) sick person
la fecha date
el globo balloon (drug dosage)
la incapacidad disability
el lugar place
el (la) muchacho(a) boy, young man; girl, young woman
el resumen summary
el SIDA[1] AIDS
el vino wine

VERBOS

aguantar to stand, to tolerate, to bear
decidir to decide
dudar to doubt
recibir to receive

OTRAS PALABRAS Y EXPRESIONES

actualmente currently, at the present time
bajo tratamiento psiquiátrico under psychiatric treatment
favor de please
hace como... about . . .
hacer daño to hurt
por mí for me, on my behalf
¿Te (Le) han hecho la prueba de... ? Have you been tested for . . . ?

Vocabulario adicional

TIPOS DE DROGAS

el ácido LSD
la cocaína, la coca[2] cocaine
el crac[3] crack
el hachich, el hachís hashish
la heroína[4] heroin
el leño, la cucaracha, el porro joint
la mariguana, la marijuana[5] marijuana
la metadona methadone
la morfina morphine
el opio opium

adicto(a) addicted
las alucinaciones hallucinations
el delírium tremens DT's
la desintoxicación detoxification
endrogarse[6] to take drugs, to become addicted to drugs
la jeringuilla, la jeringa hipodérmica hypodermic syringe
pullar to shoot up *(Caribe)*
la sobredosis overdose

---

[1]*Síndrome de Inmunodeficiencia Adquirida*
[2]Colloquialisms: *el perico, el polvo*
[3]Colloquialisms: *la piedra, la roca, la coca cocinada*
[4]Colloquialism: *la manteca (Caribe)*
[5]Colloquialisms: *la yerba, el pito, el pasto*
[6]Colloquialism: *dar un viaje*

Notas culturales

- Alcoholism and cirrhosis are important health issues that affect the Hispanic population; the incidence rate is particularly high among Mexican Americans and Puerto Ricans. In addition, Hispanics have a disproportionate number of deaths due to narcotic addictions. In the Hispanic Health and Nutrition Survey, 21.5% of Puerto Ricans reported having used cocaine, while the figure was 11.1% for Mexican Americans and 9.2% for Cuban Americans.
- In Spanish, the word *droga* does not mean "medicine" as in English. Hispanics use this term to refer to narcotics and other illegal drugs. Similarly, a *droguero(a)* is a person who uses or sells illicit drugs.

¿Recuerdan ustedes?

Answer the following questions, basing your answers on the dialogue.

1. ¿Cuánto tiempo hace que Mario toma drogas?

   _____

2. ¿Ha tenido Mario hepatitis o alguna otra enfermedad del hígado?

   _____

3. ¿Qué bebidas alcohólicas toma Mario?

   _____

4. ¿Cuándo empezó Mario a tomar drogas diariamente?

   _____

5. ¿Cuántos globos compra Mario?

   _____

6. ¿Mario se inyecta la droga en la vena o la fuma?

   _____

7. ¿Cuándo fue la última vez que Mario trató de dejar las drogas?

   _____

8. ¿Cuánto tiempo pudo estar sin tomar drogas?

   _____

9. ¿Hay alguien en la clínica que pueda ayudar a Mario?

   _____

10. ¿Qué debe llenar Mario?

    _____

Para conversar

Interview a classmate, using the following questions. When you have
finished, switch roles.

1. ¿Toma Ud. bebidas alcohólicas? ¿Cuáles?

    _____

2. ¿Ha tenido Ud. alguna vez una enfermedad del hígado? ¿Cuál?

    _____

3. ¿Conoce Ud. a alguien que use drogas?

    _____

4. ¿Es peligroso tomar bebidas alcohólicas y drogas al mismo tiempo? ¿Por
    qué?

    _____

5. ¿Qué drogas hacen más daño, las que se fuman o las que se inyectan?

    _____

6. ¿Cuál cree Ud. que es la droga más peligrosa? ¿Por qué?

    _____

7. ¿Cree Ud. que es fácil dejar de usar drogas? ¿Por qué?

    _____

8. ¿Conoce Ud. algún programa especial para ayudar a los drogadictos?
    ¿Cómo se llama?

    _____

Vamos a practicar

A. Complete the following sentences, using the present subjunctive or
    the present indicative of the verbs in parentheses.

1. Yo creo que él _____ (tomar) anfetaminas, pero dudo que _____

    (ser) drogadicto.

2. Estoy seguro de que ella _____ (estar) bajo tratamiento psiquiátrico.

3. El médico duda que estas medicinas te _____ (hacer) daño.

4. Es verdad que ella _____ (ser) la coordinadora del programa, pero no es verdad que

    _____ (venir) a la clínica todos los días.

5. No creo que Ud. _____ (tener) hepatitis.

6. Yo no dudo que él _____ (comprar) ocho o nueve globos.

7. ¿Hay alguien que _____ (poder) ayudar a ese muchachito?

8. Conozco a alguien que _____ (saber) tratar las incapacidades físicas.

9. Aquí hay muchas personas que _____ (beber) cerveza, pero no hay nadie

   que _____ (beber) vino.

10. No hay ninguna enfermera que _____ (querer) trabajar con ese médico.

B. Write the following dialogues in Spanish.

1. "Is there anyone in your family who has epilepsy?"
   "I don't know, but I doubt it . . ."

   _____

   _____

2. "I need the girl's address and phone number."
   "The receptionist has her phone number, but there's nobody who knows
   her address."

   _____

   _____

   _____

3. "Have they been tested for AIDS?"
   "I don't think they have AIDS."

   _____

   _____

4. "It's true that I drink a little, but it isn't true that I can't live without
   alcohol."
   "It's better not to drink."

   _____

   _____

   _____

Conversaciones breves

Complete the following dialogue, using your imagination and the vocabulary from this lesson.

Una drogadicta y la coordinadora del programa:

COORDINADORA — _____

PACIENTE —Hace unos tres años que tomo drogas.

COORDINADORA — _____

PACIENTE —Sí, tuve hepatitis.

COORDINADORA — _____

PACIENTE —La última vez que fui al médico fue hace dos años.

COORDINADORA — _____

PACIENTE —Empecé a tomar drogas cuando tenía catorce años.

COORDINADORA — _____

PACIENTE —No, nunca traté de dejar las drogas.

COORDINADORA — _____

PACIENTE —No creo que nadie pueda ayudarme.

En estas situaciones

What would you say in the following situations? What might the other person say?

1. You work in a drug abuse clinic. Ask your patient how long he/she has been on drugs and what drugs he/she is taking. Then find out if the person has tried to quit taking drugs.

2. You are interpreting for a drug addict. Tell the doctor that the patient takes amphetamines daily and drinks beer often.

3. You are a doctor. Ask your patient if he/she has been tested for AIDS and if he/she has ever had hepatitis.

Casos

Act out the following scenarios with a partner.

1. A coordinator in a drug abuse clinic interviews a drug addict about his/her addiction.

2. A coordinator takes the clinical history of a drug addict. Use the form on page 206 as a basis for your conversation.

PLANILLA

Favor de contestar las siguientes preguntas:

1. ¿Está siguiendo tratamiento médico?...
....

2. ¿Tiene Ud. algunas limitaciones o incapacidades físicas?..
....

3. ¿Está recibiendo actualmente algún tratamiento por problemas mentales?...........................
....

4. ¿Estuvo Ud. alguna vez en algún hospital para enfermos mentales o bajo tratamiento psiquiátrico por
   otros problemas?..
....

5. PARA MUJERES: Fecha de su última visita al ginecólogo. ....

HISTORIA CLÍNICA

	SÍ	NO	Fecha y lugar del tratamiento
Hepatitis			
Ataques al corazón			
Epilepsia			
Tuberculosis			
Diabetes			
Úlcera			
Abortos			
Aborto natural			
Problemas alcohólicos			
Abscesos			
Enfermedades venéreas			
Problemas dentales			
Alergias			

Resumen: ....
....
....
....
....

Un paso más

A. Review the *Vocabulario adicional* in this lesson and then complete the sentences.

1. La _____ y el _____ son drogas que se fuman.

2. El médico me inyectó _____ para el dolor.

3. Tiene alucinaciones porque usó _____ .

4. Murió (*He died*) de una _____ de heroína.

5. Carmen es _____ a la cocaína.

6. El _____ es una droga barata (*cheap*).

7. Para inyectarme necesito una _____ .

8. Está en un programa de _____ . Le están dando metadona.

B. Read the following information about drugs published by the Department of Health and Human Services and then answer the questions. Remember to guess the meaning of all cognates.

¿Cuáles son los peligros físicos de las drogas que contienen opio?

Los peligros físicos dependen del tipo de droga que se consuma, de su fuente°, de la dosis y de la forma en que se consuma. La mayoría de los peligros son ocasionados por consumir una cantidad excesiva de una droga, por utilizar agujas no esterilizadas, por contaminación de la propia° droga o por combinar la droga con otras substancias. A la larga,° las personas que consumen estas drogas pueden contraer infecciones de los tejidos° que revisten el corazón y las válvulas, abscesos de la piel y congestión pulmonar. Las infecciones ocasionadas por soluciones, jeringas y agujas no esterilizadas pueden producir enfermedades tales como el tétano, la hepatitis serosa y el SIDA.

source

itself

In the long run

tissues

1. Cuando se consumen drogas que contienen opio, ¿de qué dependen los peligros físicos?

_____

2. ¿Es peligroso combinar las drogas con otras substancias?

_____

3. ¿Cómo afectan estas drogas el corazón?

_____

4. ¿Qué pueden producir en los pulmones *(lungs)*?

_____

5. ¿Qué enfermedad del hígado pueden causar?

_____

6. ¿Qué producen en la piel?

_____

19

▣ *Consejos útiles*

Una madre joven habla con el pediatra de su bebé.

MADRE	—Quería hacerle algunas preguntas, doctor.
PEDIATRA	—Muy bien.
MADRE	—Todavía tengo miedo de dejar al bebé solo en la cuna...
PEDIATRA	—En la cuna está seguro, si no hay en ella objetos peligrosos como alfileres, monedas, botones, bolsas de plástico, etcétera.
MADRE	—¿Puede usar su almohadita?
PEDIATRA	—No use almohadas; pueden sofocar al niño.
MADRE	—El otro día, tomando el biberón, el bebé se atragantó; y no sé por qué... Me asusté mucho.
PEDIATRA	—Quizás el agujero del biberón es demasiado grande.
MADRE	—Voy a revisarlo, pero no creo que haya sido eso... Cuando empiece a gatear y a pararse voy a tener más problemas.
PEDIATRA	—En cuanto empiece a andar por la casa, tiene que tener mucho más cuidado porque el bebé puede envenenarse con muchas de las cosas que hay en la casa, como lejía, tintes, insecticidas, pinturas, detergentes, maquillajes, etcétera. En este folleto encontrará Ud. otras instrucciones útiles.

Instrucciones

1. El niño no debe estar cerca del horno, de la estufa, de la plancha, de los fósforos, de los líquidos calientes ni de los objetos eléctricos.
2. Si el niño se quema, trate la quemadura con agua, no con hielo. Nunca ponga yodo ni mantequilla en la quemadura. Si ésta es grave, lleve al niño al médico.
3. Ponga enchufes de seguridad sobre los tomacorrientes que no use y tape con muebles los que están en uso.
4. En caso de cortaduras y rasguños, limpie la herida con agua y jabón y cúbrala con un vendaje. Si la herida es profunda, llame al médico. Si sangra mucho, aplique presión sobre la herida y llévelo al médico.
5. No deje al niño al sol por mucho tiempo, y póngale un gorro. Para un niño pequeño, dos minutos por día es suficiente.
6. No deje al niño solo en la casa, ni en la bañadera ni en la piscina, ni en el coche.
7. Haga vacunar a sus niños antes de que empiecen a ir a la escuela.
8. En su casa y en el carro tenga siempre un botiquín o un estuche de primeros auxilios con lo siguiente:

cinta adhesiva	agua oxigenada
curitas	crema antibacteriana
gasa	antihistamínico (líquido de *Benadryl*)
pinzas	ungüento para quemaduras menores
tijeras	ipecacuana
termómetro	*Tylenol*
alcohol	

Tenga también los números de teléfono del centro de envenenamiento, de los paramédicos, del hospital y de su médico.

📼 Vocabulario

COGNADOS

el antihistamínico   antihistamine
el detergente   detergent
el insecticida   insecticide
el objeto   object
el (la) paramédico(a)   paramedic
el plástico   plastic

NOMBRES

el agua oxigenada   hydrogen peroxide
el agujero, el hueco   hole
el alfiler   pin
la bañadera, la bañera   bathtub
el botiquín   medicine chest, medicine cabinet
la casa   house
el centro de envenenamiento   poison center
la cinta adhesiva   adhesive tape
el consejo   advice
la cortadura   cut
la cuna   crib, cradle
el enchufe de seguridad   electrical plug cover
la escuela   school
el estuche (de primeros auxilios), el botiquín de primeros auxilios   first-aid kit
la estufa, la cocina   stove
el fósforo, la cerilla   match
el gorro   bonnet, cap
el horno   oven
la ipecacuana   ipecac
la lejía   bleach
el maquillaje   makeup
la moneda   coin
el mueble   piece of furniture
la pintura   paint
las pinzas   tweezers
la piscina, la alberca *(Méx.)*   swimming pool
la plancha   iron
la pregunta   question
los primeros auxilios   first aid
el rasguño   scratch
el sol   sun
el teléfono   telephone
las tijeras   scissors
el tinte   dye
el tomacorrientes   electrical outlet, socket
el vendaje, la venda   bandage
el yodo   iodine

VERBOS

andar   to walk
aplicar   to apply
asustarse   to be scared, to be frightened
atragantarse   to choke
envenenar(se)   to poison (oneself)
gatear, andar a gatas   to crawl
sofocar(se)   to suffocate (oneself)

ADJETIVOS

profundo(a), hondo(a)   deep
seguro(a)   safe
solo(a)   alone
útil   useful

OTRAS PALABRAS Y EXPRESIONES

en cuanto, tan pronto como   as soon as
demasiado   too much
hacer preguntas   to ask questions
tener miedo   to be afraid

Vocabulario adicional

EL CUIDADO DE LOS BEBÉS

el babero   bib
cambiar el pañal   to change the diaper
el cochecito   baby carriage
la comidita de bebé   baby food
la loción para bebé   baby lotion

el pañal   diaper
   el pañal desechable   disposable diaper
los pañuelos de papel   tissues
la toallita   washcloth

ponerse
- **rojo(a)**   to turn red
- **azul**   to turn blue
- **blanco(a)**   to turn white
- **pálido(a)**   to turn pale

Notas culturales

- Hispanic cultural traditions stress the importance of family as a social unit. Within this unit, Hispanic families exhibit interdependence, affiliation, and cooperation. For example, grandmothers are often involved in the daily care and raising of their grandchildren.
- When communicating with a Hispanic patient, health care providers should remember that they are often, either directly or indirectly, speaking with the patient's family. Frequently, important decisions are made by entire families, not individuals, and Hispanic patients may discuss a physician's diagnosis and recommendations for treatment with their families before deciding to follow them. In many Hispanic families, it is the mother, and sometimes the grandmother, who makes the decisions regarding health and illness.

¿Recuerdan ustedes?

Answer the following questions, basing your answers on the dialogue.

1. ¿Por qué quiere hablar la madre con el pediatra de su bebé?

   _____

2. ¿De qué tiene miedo la madre todavía?

   _____

3. ¿Qué objetos no debe ella dejar en la cuna del bebé?

   _____

4. ¿Por qué no debe usar almohada el bebé?

   _____

5. ¿Por qué debe tener más cuidado la madre cuando el bebé comience a andar?

   _____

6. ¿Con qué cosas de la casa puede envenenarse el bebé?

   _____

7. ¿Qué le da el pediatra a la madre?

   _____

8. ¿Qué dice el folleto que es necesario hacer cuando una herida sangra mucho?

   _____

9. ¿Qué debe ponerse sobre los tomacorrientes que no se están usando?

   _____

10. ¿Qué deben hacer los padres antes de que sus hijos empiecen a ir a la escuela?

   _____

Para conversar

Interview a classmate, using the following questions. When you have finished, switch roles.

1. ¿Se atragantó Ud. alguna vez? ¿Con qué?

   _____

2. ¿Tiene Ud. un botiquín de primeros auxilios en su casa? ¿Qué cosas tiene en él?

   _____

3. ¿Qué cosas tiene Ud. en su casa que deben estar fuera del alcance (*out of reach*) de los niños?

   _____

4. Mi bebé tiene tres meses. ¿Cuánto tiempo puedo dejarlo al sol?

   _____

5. Mi hijo se quemó la mano. ¿Qué debo hacer?

   _____

6. ¿Cómo debe ser el agujero del biberón para darle leche a mi bebé?

   _____

7. Tengo un rasguño en el brazo. ¿Qué debo hacer?

   _____

8. ¿Por qué son peligrosas las bolsas de plástico para los niños pequeños?

   _____

9. ¿Con qué pueden quemarse los niños?

_____

10. ¿Qué cosas que hay en la casa son generalmente peligrosas para un niño?

_____

Vamos a practicar

A. **Complete the following sentences, using the present perfect subjunctive or the present perfect indicative of the verbs in parentheses.**

1. Creo que el niño _____ (envenenarse).

2. Temo que ellos _____ (dejar) al bebé en el sol.

3. Dudan que nosotros _____ (aplicar) presión sobre la herida.

4. No es verdad que tú _____ (poner) yodo en la quemadura.

5. Ojalá que el bebé no _____ (sofocarse).

6. No creen que yo _____ (tapar) todos los tomacorrientes.

B. **You are needed as an interpreter. Write the following sentences in Spanish.**

1. When the child starts to crawl, I will have to be more careful.

_____

2. When the baby started choking, I called the paramedics immediately.

_____

3. The nurse is going to tell me as soon as they know something.

_____

4. I will have to treat the burn before we can take her to the hospital.

_____

5. As soon as I wash the wound, I will put a bandage on it.

_____

6. You will have to wait until the doctor finishes his examination, Mrs. Vega.

_____

Conversaciones breves

Complete the following dialogue, using your imagination and the vocabulary from this lesson.

La pediatra y una madre:

MADRE —Buenos días, doctora.

PEDIATRA —_____

MADRE —Sí, tengo varias preguntas. La primera es, ¿necesita el bebé una almohadita?

PEDIATRA —_____

MADRE —¿Es peligroso dejar al bebé solo en la cuna?

PEDIATRA —_____

MADRE —A veces el bebé se atraganta cuando toma el biberón. ¿Por qué es eso?

PEDIATRA —_____

MADRE —Voy a revisar bien el biberón. ¡Ah! El otro día mi hijo Antonio se quemó la mano y no sabía qué ponerle. ¿Qué es bueno para una quemadura?

PEDIATRA —_____

MADRE —Creo que el bebé necesita estar en el sol... ¿Cuánto tiempo puedo dejarlo al sol?

PEDIATRA —_____

MADRE —Bueno... no tengo más preguntas hoy. Gracias por todo.

En estas situaciones

What would you say in the following situations? What might the other person say?

1. You are a nurse. Advise a parent to keep his/her child away from the oven, stove, iron, matches, hot liquids, and electrical appliances (objects) so that the child doesn't burn himself/herself.

2. You are a parent. Tell the babysitter not to leave your daughter alone in the house or the bathtub. Remind him/her to feed the child at 6:00.

3. You are a nurse. Ask a parent if his/her children have been vaccinated. Then tell him/her they should be immunized before they start school.

4. You are a nurse. Explain to a parent with small children what items he/she should keep in the medicine cabinet.

Casos

Act out the following scenarios with a partner.

1. A nurse and a young mother/father with a toddler discuss common household dangers.

2. A pediatrician and a mother/father discuss child care.

Un paso más

A. Review the *Vocabulario adicional* in this lesson and then write what you would do in the following situations.

1. Después de bañar al bebé:

   _____

2. Cuando el bebé tiene hambre:

   _____

3. Cuando el bebé orina:

   _____

4. Cuando el bebé tiene la piel seca *(dry)*:

   _____

5. Para limpiarle las manos y la cara al bebé:

   _____

6. Para limpiarle la nariz *(nose)* al bebé:

   _____

B. Complete the following sentences.

1. El bebé no podía respirar y se puso _____ .

2. El bebé lloró *(cried)* mucho y se puso _____ .

3. El bebé orinó y le tuve que _____ el pañal.

4. No me gustan los pañales de tela *(cloth)*; prefiero los pañales _____ .

5. El bebé se asustó y se puso _____ .

20

📼 *En el consultorio del cardiólogo*

Con el Sr. Calles:

El Sr. Calles tiene algunos problemas que podrían indicar que sufre del corazón, y su médico le dijo que viera al cardiólogo.

DOCTOR	—¿Le ha dicho su médico que Ud. tiene problemas con el corazón?
SR. CALLES	—No, pero tengo algunos síntomas que podrían indicar un problema, y mi médico me dijo que viniera a verlo a Ud.
DOCTOR	—¿Ha tenido alguna vez fiebre reumática o temblores en las extremidades?
SR. CALLES	—No, nunca.
DOCTOR	—¿Le duele el pecho o siente alguna opresión cuando hace ejercicio?
SR. CALLES	—Sí, a veces tengo dolor y me falta el aire... cuando subo una escalera, por ejemplo...
DOCTOR	—¿Es un dolor sordo o agudo?
SR. CALLES	—Es un dolor agudo.
DOCTOR	—¿Le late el corazón muy rápidamente a veces?
SR. CALLES	—Sí, cuando corro.
DOCTOR	—¿Tiene a veces sudor frío después de un ejercicio violento?
SR. CALLES	—No.
DOCTOR	—¿Algún pariente cercano suyo ha tenido alguna vez un ataque al corazón antes de los sesenta años?
SR. CALLES	—Bueno, un tío, el hermano de mi mamá, murió de un ataque al corazón a los cincuenta años.
DOCTOR	—Ajá... ¿Tiene calambres en las piernas cuando camina varias cuadras?
SR. CALLES	—Bueno, si yo caminara, tal vez tendría calambres, pero casi nunca camino.
DOCTOR	—¿Le han encontrado el ácido úrico elevado en la sangre alguna vez?
SR. CALLES	—No.
DOCTOR	—Bueno, antes de comenzar ningún tratamiento, vamos a hacerle un electrocardiograma.

Con el Sr. Luna:

El cardiólogo habla con el Sr. Luna sobre el marcapasos que el paciente necesita.

DOCTOR	—Le voy a colocar en el pecho, debajo de la piel, una caja pequeña que contiene baterías.
SR. LUNA	—¿Eso me va a mejorar?
DOCTOR	—Sí, con el marcapasos, su corazón va a latir mejor.
SR. LUNA	—¿Voy a estar despierto cuando me lo haga?

DOCTOR	—No, va a estar dormido.
SR. LUNA	—El otro médico me dijo que le preguntara si tendría ciertas limitaciones.
DOCTOR	—Bueno, llámeme si le dicen que Ud. necesita una radiografía. Tiene que avisarles que Ud. tiene un marcapasos.
SR. LUNA	—¿Qué otras precauciones debo tomar?
DOCTOR	—Si va al dentista, dígale que tiene un marcapasos.
SR. LUNA	—¿Cuánto tiempo me van a durar las baterías del marcapasos?
DOCTOR	—Le van a durar entre diez y quince años.

🔊 Vocabulario

COGNADOS

la **batería**   battery
el (la) **cardiólogo(a)**   cardiologist
el **electrocardiograma**   electrocardiogram
elevado(a)   elevated
rápidamente   rapidly
úrico(a)   uric
violento(a)   violent

NOMBRES

la **caja**   box
el **calambre**   cramp
la **cuadra**   block
las **extremidades**   limbs
la **fiebre reumática**   rheumatic fever
el (la) **hermano(a)**   brother, sister
el **marcapasos**   pacemaker
la **opresión**   tightness
el (la) **pariente**   relative
  el (la) **pariente cercano(a)**   close relative
el **sudor**   sweat
el **temblor**   tremor, shaking
el (la) **tío(a)**   uncle, aunt

VERBOS

contener[1]   to contain
durar   to last
latir   to beat
mejorar   to make better, to improve
morir (o:ue)   to die

ADJETIVOS

agudo(a), punzante   sharp
cercano(a)   near
cierto(a)   certain
despierto(a)   awake
dormido(a)   asleep
sordo(a)   dull (pain)

OTRAS PALABRAS Y EXPRESIONES

casi nunca   hardly ever
entre   between
faltarle algo a uno   to be lacking something
faltarle el aire a uno   to have shortness of breath
por ejemplo   for example
sufrir del corazón, padecer[2] **del corazón**   to have heart trouble
tal vez   perhaps

---

[1]*Contener* is conjugated like *tener*.
[2]Irregular first person: *padezco*.

Vocabulario adicional

El paciente

- **tiene la urea alta (uremia)** has uremia
- **tiene las arterias obstruidas** has clogged arteries
- **necesita una operación de corazón abierto** needs open-heart surgery
- **necesita un anticoagulante** needs an anticoagulant
- **necesita un angioplasma** needs an angioplasty
- **necesita un transplante de corazón** needs a heart transplant
- **necesita un puente coronario** needs a bypass

LOS PARIENTES[1]

abuela (grandmother)
suegra (mother-in-law)

abuelo (grandfather)
suegro (father-in-law)

padres (parents)

cuñado (brother-in-law)
yerno (son-in-law)

tía (aunt)
hermana
madre (mother)
mamá (mom)

padre (father)
papá (dad)
hermano
tío (uncle)

cuñada (sister-in-law)
nuera (daughter-in-law)

sobrina (niece)

sobrino (nephew)
nieto (grandson)

prima

primo

nieta (granddaughter)

---

[1]The words in the family tree are not recorded on the audio program.

el (la) hermanastro(a)   stepbrother, stepsister
el (la) hijastro(a)   stepchild
la madrastra   stepmother
el padrastro   stepfather

Notas culturales

Cigarette smoking among Hispanics contributes to their risk of cardiovascular disease. One study by the American Cancer Society shows that Hispanic males smoke more cigarettes than Hispanic females, while another indicates that Hispanic women in the U.S. smoke less than women in other ethnic groups. Of particular concern for health care professionals are the statistics revealing an increase in the smoking rates of Hispanic teenagers since the mid 1970s.

CURRENT SMOKERS 18 YEARS OF AGE OR OLDER

CIGARETTES PER DAY

Race/Sex	0–14	15–24	25+	Any
All Races	9.1	11.8	7.6	28.8
Males	8.6	12.2	10.2	31.2
Females	9.6	11.5	5.2	26.5
Hispanics	13.3	7.3	2.8	23.6
Males	16.4	8.9	4.3	30.0
Females	10.6	5.8	1.5	18.0

PREVALENCE OF TOBACCO USE AMONG HIGH SCHOOL STUDENTS, 1990

Race/Sex	Cigarette Use*	Frequent Cigarette Use[†]	Smokeless Tobacco Use
Hispanic	30.8	7.4	5.7
Male	34.7	9.6	10.9
Female	27.2	5.5	1.0

*Smoked at any time during the 30 days preceding the survey.
[†]Smoked on more than 25 of the 30 days preceding the survey.
Source: Youth Risk Behavior Survey, Centers for Disease Control.

¿Recuerdan ustedes?

Answer the following questions, basing your answers on the dialogues.

1. ¿Por qué le dijo el médico al Sr. Calles que viera al cardiólogo?

   _____

2. ¿Qué problemas tiene el Sr. Calles cuando sube la escalera?

   _____

3. ¿El Sr. Calles siente un dolor agudo o un dolor sordo?

_____

4. ¿El señor tiene a veces sudor frío después de un ejercicio violento?

_____

5. ¿De qué murió un tío del Sr. Calles?

_____

6. ¿Por qué dice el Sr. Calles que no tiene calambres cuando camina?

_____

7. ¿Qué va a hacer el doctor antes de comenzar ningún tratamiento?

_____

8. ¿Qué le van a colocar al Sr. Luna en el pecho?

_____

9. ¿Cómo va a ayudar el marcapasos al Sr. Luna?

_____

10. ¿Qué le dijo el otro médico que le preguntara al cardiólogo?

_____

11. ¿Qué otras precauciones debe tomar?

_____

12. ¿Cuánto tiempo le van a durar las baterías?

_____

Para conversar

Interview a classmate, using the following questions. When you have finished, switch roles.

1. ¿Le dijo a Ud. su médico que consultara a un especialista?

_____

2. Si Ud. sufriera del corazón, ¿a qué especialista iría?

_____

3. ¿Ha tenido alguna vez fiebre reumática?

_____

4. ¿Tiene Ud. temblores en las extremidades? ¿Cuándo?

_____

5. ¿Le duele el pecho o siente alguna opresión cuando hace ejercicios?

   _____

6. ¿Le falta el aire cuando sube una escalera?

   _____

7. ¿Le late el corazón muy rápidamente a veces? ¿Cuándo?

   _____

8. ¿Algún pariente cercano suyo murió de un ataque al corazón? ¿Quién?

   _____

9. ¿Tiene calambres en las piernas cuando camina mucho?

   _____

10. ¿Le han encontrado el ácido úrico elevado en la sangre alguna vez? ¿Cuándo?

   _____

11. ¿Le han hecho alguna vez un electrocardiograma? ¿Cuándo?

   _____

12. ¿Qué es un marcapasos? ¿Para qué sirve? ¿Cuánto tiempo duran las baterías generalmente?

   _____

Vamos a practicar

A. Change the following sentences from direct to indirect speech.

MODELO: El médico dijo: —**Vaya** al laboratorio.
*El médico dijo **que fuera** al laboratorio.*

1. La médica me dijo: —Consulte al cardiólogo.

   _____

2. El cardiólogo dijo: —Respire hondo.

   _____

3. Él me dijo: —Dígame si el dolor es sordo o agudo.

   _____

4. Él me aconsejó: —Hágase un electrocardiograma.

   _____

5. El técnico me dijo: —Póngase esta bata.

   _____

6. La enfermera me aconsejó: —Tome precauciones.

   _____

7. Mi hermano me dijo: —No fumes tanto.

   _____

8. Ellos me aconsejaron: —No corra todas las mañanas.

   _____

B. **Complete the following sentences, using the Spanish equivalent of the words in parentheses.**

1. Si _____ (you go) al dentista, dígale que Ud. tiene un marcapasos.

2. Si su mamá _____ (has) calambres, déle esta medicina.

3. Ella no podría hacer eso si _____ (had) fiebre reumática.

4. Si tú _____ (feel) una opresión en el pecho, llama a tu médico.

5. Si _____ (you ran) como yo, el corazón te latiría muy rápido también.

6. Si mi tío no _____ (suffered) del corazón, podría ir a Miami conmigo.

7. Si ella _____ (is sleeping), no la despierte.

8. Si _____ (you took) la medicina, Ud. mejoraría en seguida, Sr. Rojas.

Conversaciones breves

Complete the following dialogue, using your imagination and the vocabulary from this lesson.

El cardiólogo y un paciente:

PACIENTE   —¿Qué me va a colocar en el pecho?

DOCTOR   —_____

PACIENTE   —¿Cómo me va a ayudar el marcapasos?

DOCTOR   —_____

PACIENTE   —¿Voy a estar despierto o dormido cuando me coloquen el marcapasos?

DOCTOR   —_____

PACIENTE   —¿Qué precauciones debo tomar?

DOCTOR   —_____

PACIENTE —¿El marcapasos me va a durar por el resto de mi vida?

DOCTOR —_____

En estas situaciones

What would you say in the following situations? What might the other person say?

1. You are a patient. Tell your doctor that you have a sharp pain in your chest and shortness of breath when you exercise. Then tell him/her that you have tightness in your chest when you climb stairs rapidly.

2. You are the doctor. Ask your patient if he/she has ever had elevated uric acid in his/her blood. Then find out if he/she has leg cramps when running or walking several blocks.

3. You are the doctor. Explain to your patient that his/her electrocardiogram is not normal and that he/she needs treatment.

Casos

Act out the following scenarios with a partner.

1. A doctor examines a patient who might have a cardiac condition.

2. A cardiologist explains the insertion and use of a pacemaker to a patient.

Un paso más

A. Review the *Vocabulario adicional* in this lesson and then complete the following sentences.

1. El paciente tiene las _____ obstruidas. Vamos a hacerle un _____ .

2. La paciente tiene la _____ muy alta.

3. El médico me dijo que mi esposo necesitaba una operación de _____ abierto.

4. Le van a hacer un _____ de corazón. Están buscando un donante *(donor)*.

5. El paciente necesita un _____ coronario.

B. Write the Spanish term that describes each of the following relationships.

1. La hija de mi tía es mi _____ .

2. El hijo de mi hermano es mi _____ .

3. La mamá de mi esposo(a) es mi _____ .

4. El hermano de mi esposo(a) es mi _____ .

5. El papá de mi primo es mi _____ .

6. El esposo de mi hija es mi _____ .

7. La esposa de mi hijo es mi _____ .

8. La hija de mi hijo es mi _____ .

9. La hija de mi hermana es mi _____ .

10. La mamá de mi padre es mi _____ .

C. **Read the following lists of the top ten causes of death in Puerto Rico. Note that they are ranked in order of importance. Remember to guess the meaning of the cognates.**

CAUSAS DE MUERTE EN PUERTO RICO	
1991	1990
corazón	corazón
cáncer	cáncer
diabetes	diabetes
SIDA	cerebrovasculares
cerebrovasculares	neumonía/influenza
accidentes	accidentes
neumonías	SIDA
enfermedades hipertensivas	enfermedades hipertensivas
enfermedades pulmonares	enfermedades pulmonares
enfermedad del hígado/cirrosis	enfermedad del hígado/cirrosis

With a partner, discuss what conclusions you can draw from the information and write them in Spanish below.

_____

_____

_____

_____

_____

_____

Lectura 4

📼 *Síntomas de un ataque al corazón*

(Adapted from TEL MED, tape #63)

Un dolor en el pecho, especialmente si baja al brazo izquierdo, puede ser una señal° de un ataque al corazón; el paciente que sufre fuertes° dolores en el pecho deberá ver a su médico inmediatamente. | *sign / strong*

El dolor típico causado por problemas relacionados con un ataque al corazón se concentra en el medio° del pecho. Se siente una gran opresión, dolor y una punzada.° El dolor puede durar desde unos pocos minutos hasta horas y puede aliviarse y volver después. Frecuentemente estos primeros síntomas de un ataque al corazón van acompañados de debilidad, fatiga, sudor, dificultad para respirar, náuseas o indigestión; aunque a veces sólo se presenta el dolor. | *in the middle* | *a sharp pain*

Las personas que tienen mayor probabilidad de sufrir un ataque al corazón son las personas que:

1. tienen familiares que han sufrido ataques al corazón antes de los sesenta años.
2. fuman un paquete de cigarrillos o más al día.
3. tienen exceso de peso.° | *are overweight*
4. tienen el colesterol alto.
5. tienen la presión alta.
6. tienen diabetes.
7. no hacen ejercicios o tienen demasiada tensión emocional.

La mitad de las personas que sufren ataques al corazón no han tenido antes ningún síntoma, pero si una persona siente alguno de los síntomas señalados°, debe ver a su médico inmediatamente o llamar a la sala de emergencia del hospital más cercano a su casa y debe seguir exactamente las instrucciones que le den. | *indicated*

Si una persona cree que tiene un ataque al corazón debe mantenerse quieto.° Si le falta la respiración° se sentirá más cómodo sentado.° Tampoco debe comer ni beber nada excepto líquido tomado con algún medicamento. | *keep still* | *if he/she can't breathe / sitting*

📼 Conversaciones

—Carlos, tengo un fuerte dolor en el pecho.
—Eso puede indicar un ataque al corazón.
—¿Qué debo hacer?
—Debes ver a tu médico en seguida.

—Doctor, mi padre murió de un ataque al corazón.
—Entonces Ud. tiene más probabilidad de sufrir un ataque al corazón.
—¿Qué puedo hacer para evitarlo?
—No fume, haga ejercicio y no aumente de peso.

—Mi esposo fuma más de dos paquetes de cigarrillos al día.
—Esto aumenta la probabilidad de tener cáncer o problemas del corazón.

—Doctor, ¿quiénes tienen más probabilidad de tener problemas del corazón, las personas delgadas o las personas gordas?
—Las personas que tienen exceso de peso tienen más probabilidad.

¿Recuerdan ustedes?

Answer the following questions, basing your answers on the reading and the conversations.

1. ¿Qué puede indicar un dolor en el pecho que baja por el brazo?

   _____

2. ¿Qué debe hacer una persona que sufre fuertes dolores en el pecho?

   _____

3. ¿Dónde se concentra el dolor causado por un ataque al corazón?

   _____

4. ¿Cuáles son otros de los síntomas de un ataque al corazón?

   _____

5. ¿Cuánto puede durar el dolor?

   _____

6. ¿De qué van acompañados muchas veces los primeros síntomas de un ataque al corazón?

   _____

7. Si Ud. fuma un paquete de cigarrillos o más al día y si tiene exceso de peso, ¿tiene más o menos probabilidad de sufrir un ataque al corazón?

   _____

8. ¿Qué otras cosas pueden hacer más probable un ataque al corazón?

   _____

9. ¿Qué debe hacer una persona que siente uno de los síntomas de un ataque al corazón?

   _____

10. ¿Cómo debe mantenerse la persona?

    _____

11. ¿Cómo se sentirá más cómodo el paciente si tiene dificultad para respirar?

    _____

12. ¿Qué cosas debe evitar?

    _____

Repaso

PRÁCTICA DE VOCABULARIO

A. Circle the word or phrase that best completes each sentence.

1. Ud. tiene la presión muy (media, alta, nerviosa).

2. Eso puede ocurrir a (apenas, peor, cualquier) edad.

3. Si sufre del corazón, debe consultar al (dermatólogo, urólogo, cardiólogo).

4. Un (derrame, riñón, viejo) puede causar parálisis total o parcial.

5. Le (aconsejo, disminuyo, afecto) que vaya a un especialista.

6. Debe (tratar, ocurrir, sugerir) de hacerlo.

7. Tiene temblores en las (extremidades, cerillas, cuadras).

8. Es el hermano de mi padre. Es un pariente (agudo, sordo, cercano).

9. Me preguntó si era un dolor sordo o (despierto, dormido, agudo).

10. Debe seguir (generalmente, fielmente, lentamente) las instrucciones del médico.

11. ¿Está (bajo, entre, sobre) tratamiento psiquiátrico?

12. La enfermera le hace (estufas, monedas, preguntas) al Sr. Vera.

13. Mi mamá sacó el pan del (tomacorrientes, horno, enchufe de seguridad).

14. Ponga al bebé en la (lejía, plancha, cuna).

15. Aquí le dejo estos (folletos, maquillajes, muebles) que puede leer.

16. La hepatitis afecta (la cabeza, el corazón, el hígado).

17. Cuando como, se me alivia el (agujero, dolor, sudor).

18. No recuerdo (la edad, la dosis, la comida) de Ana. ¿Cuántos años tiene?

19. Tiene que tomar la medicina por el resto de su (moneda, cerilla, vida).

20. No oigo bien. Necesito (un audífono, una media, un purgante).

21. Es (una anciana, una debilidad, un cálculo). Tiene noventa años.

22. Yo hablo con ellos de vez en (cuando, donde, como).

23. Un ataque al corazón es (una cerveza, un lugar, un infarto).

24. No puedo (aguantar, decidir, dudar) el dolor.

25. Ellos no tienen (cortaduras, piscina, rasguños) en su casa.

B. Circle the word or phrase that does not belong in each group.

1. en caso de, si, por suerte

2. primeros auxilios, botiquín, resumen

3. problemas del hígado, hepatitis, cortaduras

4. tapar, notar, cubrir

5. laxante, purgante, cuna

6. tres veces por semana, regularmente, casi nunca

7. curita, vendaje, plancha

8. en cuanto, más tarde, tan pronto como

9. tener miedo, asustarse, dudar

10. sugerir, aconsejar, ocurrir

11. claro, apenas, por supuesto

12. hemorroide, audífono, almorrana

13. debilidad, cansancio, media

14. cálculo, piedra, horno

15. sentirse mejor, oír, aliviarse

16. abrir la boca, notar, sacar la lengua

17. cerveza, vino, fecha

18. duele, recibe, hace daño

19. hueco, alfiler, agujero

20. fósforo, cerilla, mueble

C. **Complete the following questions with the appropriate word or phrase in column B.**

A		*B.*	
1.	¿Cuánto tiempo hace _____	a.	conmigo?
2.	¿Cuántos globos _____	b.	natural?
3.	¿Puedes aguantar un mes _____	c.	problema físico?
4.	¿Quieres venir _____	d.	esa muchacha?
5.	¿Tiene limitaciones o _____	e.	coordinador?
6.	¿Tiene algún _____	f.	sin tomar anfetaminas?
7.	¿Fue un aborto _____	g.	actualmente?
8.	¿Cuándo fue la _____	h.	de epilepsia?
9.	¿Conoce Ud. a _____	i.	horno?
10.	¿Tuvo otro ataque _____	j.	que tomas drogas?
11.	¿Habló Ud. con el _____	k.	desmayó?
12.	¿Podrán hacer algo _____	l.	última vez?
13.	¿Está tomando drogas _____	m.	incapacidades físicas?
14.	¿El pan está en el _____	n.	por mí?
15.	¿Se _____	o.	compras?
16.	¿Siente _____	p.	presión?
17.	¿Debo aplicar _____	q.	debilidad?
18.	¿Qué _____	r.	más?
19.	¿Murió de un _____	s.	daño?
20.	¿Eso puede hacerme _____	t.	derrame?

D. Crucigrama.

HORIZONTAL

1. opuesto de *dormido*
3. bañera
5. lo que hace el corazón
6. estufa
7. recomienda
11. piedra
12. que pasa de un padre a un hijo
19. vino, por ejemplo
20. *summary*, en español
21. andar a gatas
22. Lo usamos para oír mejor.
23. alberca
24. *cramp*, en español

VERTICAL

1. todos los días
2. sufrir
4. hondo
8. órgano principal
9. muy viejo
10. opuesto de *mejor*
13. clínico
14. tener miedo
15. Las usamos para cortar.
16. fósforo
17. No oye; es _____.
18. venda
23. agudo
25. *to die*, en español

▣ PRÁCTICA ORAL

Listen to the following exercise on the audio program. The speaker will ask you some questions. Answer each question, using the cue provided. The speaker will verify your response. Repeat the correct answer.

1. ¿Qué edad tiene Ud.? (treinta años)

2. ¿Tiene Ud. la presión alta, baja o normal? (normal)

3. ¿Tiene Ud. alguna enfermedad hereditaria? (no, ninguna)

4. ¿Ha tenido Ud. un derrame alguna vez? (no, nunca)

5. ¿Ha disminuido Ud. la cantidad de sal que usa en la comida? (no)

6. ¿Ha estado sintiendo Ud. cansancio últimamente? (sí, mucho)

7. ¿Tiene Ud. acidez a veces? (sí, a veces)

8. ¿Ha notado Ud. alguna vez la materia fecal negra? (no, nunca)

9. ¿Qué le dijo su médico que debía evitar? (la cafeína)

10. ¿Le han hecho a Ud. un ultrasonido últimamente? (no)

11. ¿Ha tenido Ud. alguna enfermedad del hígado? (no)

12. ¿Cuándo fue la última vez que Ud. fue al médico? (el mes pasado)

13. ¿Es verdad que Ud. ha tomado anfetaminas? (no)

14. ¿Se atragantó Ud. alguna vez cuando comía? (sí, muchas veces)

15. ¿Se quemó Ud. alguna vez? (sí, muchas veces)

16. ¿Pone Ud. yodo o mantequilla en una quemadura? (no)

17. ¿Tiene Ud. un botiquín de primeros auxilios en su carro? (sí)

18. ¿A quién consultaría Ud. si sufriera del corazón? (a un cardiólogo)

19. ¿Es verdad que Ud. ha tenido fiebre reumática? (no)

20. ¿Le falta el aire a veces cuando hace ejercicio? (sí, a veces)

21. ¿Le late el corazón muy rápidamente a veces? (sí, cuando corro)

22. ¿Le han encontrado el ácido úrico elevado en la sangre alguna vez? (no, nunca)

23. ¿Tiene Ud. calambres a veces? (sí, en las piernas)

24. ¿Tiene Ud. algún pariente cercano que haya muerto del corazón? (no)

25. ¿Siente Ud. a veces opresión en el pecho? (no, nunca)

234

Introduction to Spanish Sounds and the Alphabet

Sections marked with a cassette icon are recorded on the *Introduction to Spanish Sounds* section of the Cassette Program. Repeat each Spanish word after the speaker, imitating as closely as you can.

The Vowels

1. The Spanish **a** has a sound similar to the English *a* in the word *father*. Repeat:

   Ana   casa   banana   mala   dama   mata

2. The Spanish **e** is pronounced like the English *e* in the word *eight*. Repeat:

   este   René   teme   deme   entre   bebe

3. The Spanish **i** is pronounced like the English *ee* in the word *see*. Repeat:

   sí   difícil   Mimí   ir   dividir   Fifí

4. The Spanish **o** is similar to the English *o* in the word *no*, but without the glide. Repeat:

   solo   poco   como   toco   con   monólogo

5. The Spanish **u** is similar to the English *ue* sound in the word *Sue*. Repeat:

   Lulú   un   su   universo   murciélago

The Consonants

1. The Spanish **p** is pronounced like the English *p* in the word *spot*. Repeat:

   pan   papá   Pepe   pila   poco   pude

2. The Spanish **c** in front of **a, o, u, l,** or **r** sounds similar to the English *k*. Repeat:

   casa   como   cuna   clima   crimen   cromo

3. The Spanish **q** is only used in the combinations **que** and **qui** in which the **u** is silent, and also has a sound similar to the English *k*. Repeat:

   que   queso   Quique   quinto   quema   quiso

4. The Spanish **t** is pronounced like the English *t* in the word *stop*. Repeat:

   toma   mata   tela   tipo   atún   Tito

5. The Spanish **d** at the beginning of an utterance or after **n** or **l** sounds somewhat similar to the English *d* in the word *David*. Repeat:

   día   dedo   duelo   anda   Aldo

   In all other positions, the **d** has a sound similar to the English *th* in the word *they*. Repeat:

   medida   todo   nada   Ana dice   Eva duda

6. The Spanish **g** also has two sounds. At the beginning of an utterance and in all other positions, except before **e** or **i,** the Spanish **g** sounds similar to the English *g* in the word *sugar.* Repeat:

   goma   gato   tengo   lago   algo   aguja

   In the combinations **gue** and **gui,** the **u** is silent. Repeat:

   Águeda   guineo   guiso   ligue   la guía

7. The Spanish **j,** and **g** before **e** or **i,** sounds similar to the English *h* in the word *home.* Repeat:

   jamás   juego   jota   Julio   gente   Genaro   gime

8. The Spanish **b** and the **v** have no difference in sound. Both are pronounced alike. At the beginning of the utterance or after **m** or **n,** they sound similar to the English *b* in the word *obey.* Repeat:

   Beto   vaga   bote   vela   también   un vaso

   Between vowels, they are pronounced with the lips barely closed. Repeat:

   sábado   yo voy   sabe   Ávalos   Eso vale

9. In most Spanish-speaking countries, the **y** and the **ll** are similar to the English *y* in the word *yet.* Repeat:

   yo   llama   yema   lleno   ya   lluvia   llega

10. The Spanish **r (ere)** is pronounced like the English *tt* in the word *gutter.* Repeat:

    cara   pero   arena   carie   Laredo   Aruba

    The Spanish **r** in an initial position and after **l, n,** or **s,** and **rr (erre)** in the middle of a word are pronounced with a strong trill. Repeat:

    Rita   Rosa   torre   ruina   Enrique   Israel
    perro   parra   rubio   alrededor   derrama

11. The Spanish **s** sound is represented in most of the Spanish-speaking world by the letters **s, z,** and **c** before **e** or **i.** The sound is very similar to the English sibilant *s* in the word *sink.* Repeat:

    sale   sitio   solo   seda   suelo
    zapato   cerveza   ciudad   cena

    In most of Spain, the **z,** and **c** before **e** or **i,** is pronounced like the English *th* in the word *think.* Repeat:

    zarzuela   cielo   docena

12. The letter **h** is silent in Spanish. Repeat:

    hilo   Hugo   ahora   Hilda   almohada   hermano

13. The Spanish **ch** is pronounced like the English *ch* in the word *chief.* Repeat:

    muchacho   chico   coche   chueco   chaparro

14. The Spanish **f** is identical in sound to the English *f.* Repeat:

    famoso   feo   difícil   fuego   foto

15. The Spanish **l** is pronounced like the English *l* in the word *lean*. Repeat:

    dolor   ángel   fácil   sueldo   salgo   chaval

16. The Spanish **m** is pronounced like the English *m* in the word *mother*. Repeat:

    mamá   moda   multa   médico   mima

17. In most cases, the Spanish **n** has a sound similar to the English *n*. Repeat:

    nada   norte   nunca   entra   nene

The sound of the Spanish **n** is often affected by the sounds that occur around it. When it appears before **b, v,** or **p,** it is pronounced like the English *m*. Repeat:

    invierno   tan bueno   un vaso   un bebé   un perro

18. The Spanish **ñ (eñe)** has a sound similar to the English *ny* in the word *canyon*. Repeat:

    muñeca   leña   año   señorita   piña   señor

19. The Spanish **x** has two pronunciations, depending on its position. Between vowels, the sound is similar to the English *ks*. Repeat:

    examen   boxeo   éxito   exigente

Before a consonant, the Spanish **x** sounds like the English *s*. Repeat:

    expreso   excusa   extraño   exquisito

Linking

In spoken Spanish, the various words in a phrase or sentence are not pronounced as isolated elements, but are combined. This is called *linking*.

1. The final consonant of a word is pronounced together with the initial vowel of the following word. Repeat:

    Carlos anda   un ángel   el otoño   unos estudiantes

2. The final vowel of a word is pronounced together with the initial vowel of the following word. Repeat:

    su esposo   la hermana   ardua empresa   la invita

3. When the final vowel of a word and the initial vowel of the following word are identical, they are pronounced slightly longer than one vowel. Repeat:

    Ana alcanza   me espera   mi hijo   lo olvida

The same rule applies when two identical vowels appear within a word. Repeat:

    cooperación   crees   leemos   coordinación

4. When the final consonant of a word and the initial consonant of the following word are the same, they are pronounced as one consonant with slightly longer-than-normal duration. Repeat:

    el lado   un novio   Carlos salta   tienes sed   al leer

Rhythm

Rhythm is the variation of sound intensity that we usually associate with music. Spanish and English each regulate these variations in speech differently, because they have different patterns of syllable length. In Spanish the length of the stressed and unstressed syllables remains almost the same, while in English stressed syllables are considerably longer than unstressed ones. Pronounce the following Spanish words, enunciating each syllable clearly.

es-tu-dian-te	bue-no	Úr-su-la
com-po-si-ción	di-fí-cil	ki-ló-me-tro
po-li-cí-a	Pa-ra-guay	

Because the length of the Spanish syllables remains constant, the greater the number of syllables in a given word or phrase, the longer the phrase will be.

Intonation

Intonation is the rise and fall of pitch in the delivery of a phrase or a sentence. In general, Spanish pitch tends to change less than English, giving the impression that the language is less emphatic.

As a rule, the intonation for normal statements in Spanish starts in a low tone, raises to a higher one on the first stressed syllable, maintains that tone until the last stressed syllable, and then goes back to the initial low tone, with still another drop at the very end.

Tu amigo viene mañana.	José come pan.
Ada está en casa.	Carlos toma café.

Syllable Formation in Spanish

General rules for dividing words into syllables are as follows.

Vowels

1. A vowel or a vowel combination can constitute a syllable.

   a-lum-no   a-bue-la   Eu-ro-pa

2. Diphthongs and triphthongs are considered single vowels and cannot be divided.

   bai-le   puen-te   Dia-na   es-tu-diáis   an-ti-guo

3. Two strong vowels (**a, e, o**) do not form a diphthong and are separated into two syllables.

   em-ple-ar   vol-te-ar   lo-a

4. A written accent on a weak vowel (**i** or **u**) breaks the diphthong, thus the vowels are separated into two syllables.

   trí-o   dú-o   Ma-rí-a

Consonants

1. A single consonant forms a syllable with the vowel that follows it.

   po-der   ma-no   mi-nu-to

   NOTE: **ch, ll,** and **rr** are considered single consonants: **co-che, a-ma-ri-llo, pe-rro.**

2. When two consonants appear between two vowels, they are separated into two syllables.

    al-fa-be-to   cam-pe-ón   me-ter-se   mo-les-tia

EXCEPTION: When a consonant cluster composed of **b, c, d, f, g, p,** or **t** with **l** or **r** appears between two vowels, the cluster joins the following vowel: **so-bre, o-tros, ca-ble, te-lé-gra-fo.**

3. When three consonants appear between two vowels, only the last one goes with the following vowel.

    ins-pec-tor   trans-por-te   trans-for-mar

EXCEPTION: When there is a cluster of three consonants in the combinations described in rule 2, the first consonant joins the preceding vowel and the cluster joins the following vowel: **es-cri-bir, ex-tran-je-ro, im-plo-rar, es-tre-cho.**

Accentuation

In Spanish, all words are stressed according to specific rules. Words that do not follow the rules must have a written accent to indicate the change of stress. The basic rules for accentuation are as follows.

1. Words ending in a vowel, **n,** or **s** are stressed on the next-to-the-last syllable.

    hi-jo   **ca**-lle   **me**-sa   fa-**mo**-sos
    flo-**re**-cen   **pla**-ya   **ve**-ces

2. Words ending in a consonant, except **n** or **s,** are stressed on the last syllable.

    ma-**yor**   a-**mor**   tro-pi-**cal**   na-**riz**   re-**loj**   co-rre-**dor**

3. All words that do not follow these rules must have the written accent.

    ca-**fé**   **lá**-piz   **mú**-si-ca   sa-**lón**
    án-gel   **lí**-qui-do   fran-**cés**   **Víc**-tor
    sim-**pá**-ti-co   rin-**cón**   a-**zú**-car   **dár**-se-lo
    sa-**lió**   **dé**-bil   e-**xá**-me-nes   **dí**-me-lo

4. Pronouns and adverbs of interrogation and exclamation have a written accent to distinguish them from relative pronouns.

    —¿**Qué** comes?   *"What are you eating?"*
    —La pera que él no comió.   *"The pear that he did not eat."*

    —¿**Quién** está ahí?   *"Who is there?"*
    —El hombre a quien tú llamaste. *"The man whom you called."*

    —¿**Dónde** está?   *"Where is he?"*
    —En el lugar donde trabaja.   *"At the place where he works."*

5. Words that have the same spelling but different meanings take a written accent to differentiate one from the other.

el	*the*	él	*he, him*	te	*you*	té	*tea*
mi	*my*	mí	*me*	si	*if*	sí	*yes*
tu	*your*	tú	*you*	mas	*but*	más	*more*

The Alphabet

Letter	Name	Letter	Name	Letter	Name	Letter	Name
a	a	h	hache	ñ	eñe	t	te
b	be	i	i	o	o	u	u
c	ce	j	jota	p	pe	v	ve
ch	che	k	ka	q	cu	w	doble ve
d	de	l	ele	r	ere	x	equis
e	e	ll	elle	rr	erre	y	y griega
f	efe	m	eme	s	ese	z	zeta
g	ge	n	ene				

Appendix B

English Translations of Dialogues

Lección preliminar

Brief Conversations

A. "Good morning, Miss Vega. How are you?"
   "Very well, thank you, Mr. Pérez. And you?"
   "Fine, thank you."

B. "Good afternoon, Doctor Ramírez."
   "Good afternoon, Mrs. Soto. Come in and have a seat, please."
   "Thank you."

C. "Good evening, Mr. Rojas. How are you feeling?"
   "Not very well, doctor."
   "I'm sorry . . ."

D. "Thank you very much, ma'am."
   "You're welcome, miss. See you tomorrow."
   "Good-bye."

E. "Name and surname?"
   "José Luis Torres Fuentes."
   "Address?"
   "Number 10 Palma Street."
   "Telephone number?"
   "821-0612."

Lección 1

At the Doctor's Office

The patient enters and speaks with the receptionist.

RECEPTIONIST:	Good morning, sir.
PATIENT:	Good morning, miss. I need to speak with the doctor, please.
RECEPTIONIST:	Very well. Name and surname?
PATIENT:	Jorge Vera Ruiz.
RECEPTIONIST:	Who is paying the bill, Mr. Vera? You or the insurance (company)?
PATIENT:	The insurance (company).
RECEPTIONIST:	The medical insurance card, please.
PATIENT:	Here it is.
RECEPTIONIST:	Thank you. Now you need to fill out the form.
PATIENT:	Very well. (*The patient fills out the form.*)

Dr. Gómez speaks with the patient. The doctor fills out the form.

DR. GÓMEZ:	Let's see . . . You weigh 170 pounds. How tall are you?
PATIENT:	5 feet, 9 inches.
DR. GÓMEZ:	(*She looks at the medical history.*) Aha . . . headache . . . stomachache . . . and nausea . . .

241

PATIENT:	Yes, doctor. I vomit often. Always after meals.
DR. GÓMEZ:	Do you throw up blood?
PATIENT:	No, I don't throw up blood.
DR. GÓMEZ:	Well, we need X-rays and a blood test.
PATIENT:	Very well, doctor.

With the receptionist.

| PATIENT: | When do I need to return? |
| RECEPTIONIST: | You need to return tomorrow at 8:30. |

Lección 2

At the Hospital

The dietician speaks with Miss López.

DIETICIAN:	Are you Miss López?
MISS LÓPEZ:	Yes, I am.
DIETICIAN:	What do you want to eat today, miss?
MISS LÓPEZ:	I want soup, chicken, and for dessert, fruit.
DIETICIAN:	What do you want to drink?
MISS LÓPEZ:	Cold milk and water, please.
DIETICIAN:	And tomorrow, for breakfast?
MISS LÓPEZ:	Orange juice, cereal, toast with butter, and coffee or hot chocolate.

The nurse speaks with the patient in the ward.

With Mr. Ramos:

NURSE:	Are you still coughing a lot, Mr. Ramos?
MR. RAMOS:	Yes, I need a cough syrup.
NURSE:	You smoke a lot. You shouldn't smoke so much.
MR. RAMOS:	Miss, I only smoke one pack a day.
NURSE:	Aha . . . Well, we need (a) urine sample and (a) stool specimen for testing.

With Mrs. Díaz:

NURSE:	Mrs. Díaz, do you wear dentures, glasses, or contact lenses?
MRS. DÍAZ:	I wear glasses to read.
NURSE:	Do you need anything?
MRS. DÍAZ:	Yes, I need another pillow and a blanket, and also a pill for the pain.
NURSE:	Very well. Do you want to urinate now?
MRS. DÍAZ:	Yes, please.
NURSE:	Fine, here's the bedpan.

Lección 3

In the Pediatrician's Office (I)

Mrs. Leyva takes her son to Dr. Méndez's office. She gives her name and takes a number, and the two (of them) go to the waiting room. A while later, the nurse calls Miguel Leyva. Mrs. Leyva and her son go to a room and wait for the doctor.

With the nurse:

NURSE:	What is your son's problem, Mrs. Leyva?
MRS. LEYVA:	He has a cold, and since he is asthmatic, he suffers a great deal, the poor little thing.
NURSE:	Let's see . . . His temperature is high . . . 103 degrees . . . How is his appetite?
MRS. LEYVA:	He eats very little and he is always tired.
NURSE:	He is (looks) very pale . . . Ah! Here's the doctor.

With Dr. Méndez:

DR. MÉNDEZ:	Miguel is very thin. He weighs only forty pounds. Very little for a seven-year-old boy.
MRS. LEYVA:	My son eats very little, doctor. And he's always constipated and bloated.
DR. MÉNDEZ:	Perhaps he's anemic. We need (to do) a blood test.
MRS. LEYVA:	Do you think it's something serious?
DR. MÉNDEZ:	No . . . but the boy needs vitamins, iron, and protein.
MRS. LEYVA:	And for the cold and the fever? Does he need penicillin? He is allergic to penicillin.
DR. MÉNDEZ:	No, your son doesn't need penicillin.
MRS. LEYVA:	Does he need some medicine?
DR. MÉNDEZ:	Yes, some capsules. He must take one after each meal and one before sleeping.
MRS. LEYVA:	Fine.
DR. MÉNDEZ:	The boy must drink a lot of liquid, madam. Here is the prescription.
MRS. LEYVA:	Very well. We are going to a pharmacy right now to buy the medicine. Should he take aspirins for the fever?
DR. MÉNDEZ:	No, he should take Tylenol for Children. If the fever is over 101 degrees, he must take two teaspoonfuls every four hours. If the fever doesn't go down, you should return tomorrow.
MRS. LEYVA:	Thank you very much, doctor.

Lección 4

At the Gynecologist's

Mrs. Mora hasn't had a period since January and she goes to Dr. Aranda's office. Dr. Aranda is a gynecologist.

With Dr. Aranda:

MRS. MORA:	I think I'm pregnant, doctor; I haven't had a period since January.
DR. ARANDA:	Let's see. Do your breasts hurt? Are they hard or swollen?
MRS. MORA:	Yes, doctor, and they are bigger. Also my ankles are very swollen.
DR. ARANDA:	Do you feel dizzy (have dizziness), nauseated (nausea)?
MRS. MORA:	Yes, every morning.
DR. ARANDA:	Are you tired?
MRS. MORA:	Yes, and I'm very weak. I'm always tired, and I have a backache.
DR. ARANDA:	Perhaps you have anemia. Do you feel (have) pain during sexual intercourse?
MRS. MORA:	Yes, I feel (have) a lot of pain.
DR. ARANDA:	Do you urinate frequently?
MRS. MORA:	Yes, very frequently.
DR. ARANDA:	Any miscarriage or abortion?
MRS. MORA:	No, not a one.

The doctor examines Mrs. Mora.

DR. ARANDA:	You have all the symptoms of being pregnant, but we need some tests to be sure. In the meantime you have to eat well, rest, and avoid heavy work. You should not drink alcoholic beverages.
MRS. MORA:	I don't drink, but I smoke a lot.
DR. ARANDA:	You have to stop smoking.
MRS. MORA:	Why?
DR. ARANDA:	Because it's bad for the baby and for you, too.
MRS. MORA:	You're right, doctor. I should stop smoking.

Lección 5

At the Pediatrician's Office (II)

Mrs. Gómez takes her child to the clinic. The child has diarrhea, a 103 degree temperature, and very irritated buttocks.

With the nurse:

NURSE:	Is the child vaccinated against diphtheria, whooping cough, and tetanus?
MRS. GÓMEZ:	No . . . Is all that necessary?
NURSE:	Yes, madam, it is very important. And against polio?
MRS. GÓMEZ:	No, no . . .
NURSE:	Well, next week we're going to vaccinate your daughter against diphtheria, whooping cough, and tetanus.

244

MRS. GÓMEZ:	All together?
NURSE:	Yes, it is a vaccination against the three diseases. Later on we will vaccinate the child against mumps, measles, and rubella.
MRS. GÓMEZ:	Okay.
NURSE:	We are also going to do a tuberculin test.
MRS. GÓMEZ:	What's that for?
NURSE:	To see if there is tuberculosis. It is only a precaution.
MRS. GÓMEZ:	Very well . . . Oh! The child has (a) rash on her buttocks. Is Vaseline good for that?
NURSE:	If there is diarrhea, the best thing is to clean the child right away and cover the skin with a special ointment.
MRS. GÓMEZ:	She also has a scab on her head.
NURSE:	For that you should use mineral oil. Ah! Here is the doctor.

With Dr. Vivar:

MRS. GÓMEZ:	My daughter has a bad case of (much) diarrhea, doctor, and she isn't hungry.
DR. VIVAR:	Is there (any) pus or blood in her stool?
MRS. GÓMEZ:	I don't think so . . . But she has a high (much) fever.
DR. VIVAR:	(*He checks the child.*) She has an ear infection. I'm going to prescribe some drops for her (the) ear, an antibiotic for the infection, and Kaopectate for the diarrhea.
MRS. GÓMEZ:	Very well.
DR. VIVAR:	If there's still (a) fever, I want to see the child tomorrow afternoon. If not, next week.
MRS. GÓMEZ:	Yes, doctor. Thank you very much.

With the receptionist:

MRS. GÓMEZ:	I want to make an appointment for next week, please.
RECEPTIONIST:	Let's see . . . Is Wednesday, May first at ten-twenty okay?
MRS. GÓMEZ:	I prefer to come in the afternoon, if it's possible. What time do you close?
RECEPTIONIST:	At five. Do you want to come at three-thirty?
MRS. GÓMEZ:	Yes. Thank you very much.

Lección 6

With the Dietician

Mrs. Rivas is talking with the dietician about her son Ramón's problems.

DIETICIAN:	Mrs. Rivas, your son Ramón needs to lose weight.
MRS. RIVAS:	I know (it), but he eats constantly, especially sweets. Besides, he drinks a lot of soft drinks and he never drinks milk.
DIETICIAN:	If he doesn't want to drink milk, he can eat cheese or yogurt. In addition, you can use skim milk in the meals that you prepare for him.
MRS. RIVAS:	I'm very worried because Ramón is very fat. He weighs 150 pounds and he is only ten years old.

DIETICIAN:	He has to lose weight because obesity is dangerous. He needs to go on a strict diet.
MRS. RIVAS:	It's going to be very difficult.
DIETICIAN:	He must do everything possible because later he can have problems with his heart.
MRS. RIVAS:	I'm always afraid because my father has heart problems, and my mother is a diabetic.
DIETICIAN:	That's why he has to be very careful. I have here a list of foods that your son should eat. It is important to have variety. Many of the foods on the list have few calories.
MRS. RIVAS:	Let's see if he can lose weight now . . .
DIETICIAN:	He must eat at least one thing from each group, but in small quantities.
MRS. RIVAS:	Do I have to count calories?
DIETICIAN:	No, but Ramón has to exercise and eat only half of what he eats now, and above all, he should avoid fats.
MRS. RIVAS:	When do we come back?
DIETICIAN:	In two weeks; and here is the list of foods.

Group 1

skim milk
cheese
yogurt
margarine (a little)

Group 2

fish
chicken
liver
eggs
beans
peanut butter (a little)

Group 3

oranges
grapefruit
green and red peppers
strawberries
melon
cabbage
broccoli
tomatoes

Group 4

tortillas
cereal
bread
macaroni
spaghetti
rice

Lección 7

At the Family Planning Center

Mrs. Reyes is at the Family Planning Center. She's a newlywed and, since she's very young, she doesn't want to have children yet. Dr. Fabio speaks with her about the different methods used for birth control.

MRS. REYES:	Dr. Fabio, I know that I can take birth control pills, but many say they cause cancer.
DR. FABIO:	If you don't want to use the pill, there are different methods that you can try to avoid pregnancy.
MRS. REYES:	But, are they effective too?
DR. FABIO:	Of all the methods, the pill is the best, but many women prefer not to take it.

MRS. REYES:	I know a lady who uses an IUD. She says she doesn't have any problems, but aren't IUD's dangerous?
DR. FABIO:	Not necessarily. The doctor inserts it in the uterus . . . but sometimes they can cause problems . . .
MRS. REYES:	Is there any other method?
DR. FABIO:	Yes, you can use a diaphragm, which serves to cover the opening of the uterus and part of the vagina.
MRS. REYES:	Must the doctor insert it?
DR. FABIO:	No. The doctor measures the vagina to determine the correct size, but you insert it.
MRS. REYES:	When must I insert it?
DR. FABIO:	Before having sexual intercourse.
MRS. REYES:	I see that it isn't very easy, either.
DR. FABIO:	No . . . Besides, you must cover the diaphragm with jelly or cream on the inside and on the outside.
MRS. REYES:	And the condom? Is it effective?
DR. FABIO:	Yes, if you use it correctly.
MRS. REYES:	And what do you think of the implants that can be placed in the woman's arm?
DR. FABIO:	I have some brochures here that have information about that method. You can read them.
MRS. REYES:	And if I follow the rhythm method, doctor?
DR. FABIO:	Well, in that case, you must know what your fertile period is.
MRS. REYES:	The fertile period . . . ?
DR. FABIO:	Yes, a few days before, during, and after ovulation.
MRS. REYES:	Well, I'm going to think about it, doctor. Thanks for everything.
DR. FABIO:	You're welcome. Good luck.
MRS. REYES:	Can I make an appointment for next week?
DR. FABIO:	Yes, I can see you next week.

Lección 8

A Physical Examination

Carlos is in Dr. Díaz's office. The doctor is giving him a general checkup. The nurse brings the patient's medical history and gives it to the doctor. Carlos's blood pressure is normal, and he seems very healthy.

DR. DÍAZ:	Do you often have headaches?
CARLOS:	Yes, sometimes, when I read a lot.
DR. DÍAZ:	Can you bend your head forward until you touch your chest with your chin?
CARLOS:	Like this?
DR. DÍAZ:	Yes. Now backwards. Does it hurt (you) when you do that?
CARLOS:	No, it doesn't hurt.
DR. DÍAZ:	Do you have any ringing in your ears sometimes?
CARLOS:	Yes, in this ear, at times.
DR. DÍAZ:	Do you have a cough or are you hoarse without having a cold?
CARLOS:	No, never.
DR. DÍAZ:	Can you breathe through your mouth, please? Take a deep breath . . . slowly. Do you have difficulty breathing sometimes?
CARLOS:	Only after running a lot.
DR. DÍAZ:	Do you feel any pain in your chest?

247

CARLOS:	No.
DR. DÍAZ:	Is your blood pressure sometimes high or low?
CARLOS:	It is always normal when they take it for me.
DR. DÍAZ:	Does your stomach hurt sometimes after eating?
CARLOS:	When I eat a lot and in a hurry.
DR. DÍAZ:	Does it hurt (you) when I press your stomach like this?
CARLOS:	It hurts (me) a little . . .
DR. DÍAZ:	Does your penis hurt when you urinate?
CARLOS:	No.
DR. DÍAZ:	Can you bend your knees . . . ? Again, separating them . . . Do you feel any pain in your bones?
CARLOS:	No, doctor.
DR. DÍAZ:	Do you feel itching or burning sometimes?
CARLOS:	No, nothing out of the ordinary . . .
DR. DÍAZ:	Do you sleep well?
CARLOS:	Sometimes I have insomnia.
DR. DÍAZ:	Do you gain and lose weight frequently?
CARLOS:	No, I always weigh more or less the same.
DR. DÍAZ:	Good. We are going to do a blood test to see if there is diabetes or if you have high cholesterol. You must go to the lab with an empty stomach and give this order to the nurse.
CARLOS:	Very well, doctor. When do I come back?
DR. DÍAZ:	If the test result is negative, in six months. If it is positive, I'll call you.
CARLOS:	Thank you.

Lección 9

At the Dentist

Anita goes to the dentist because her tooth hurts. After entering the dentist's office, she sits down and the assistant takes some X-rays. Now the dentist comes to examine her teeth.

DENTIST:	Open your mouth, please. Which one is the tooth that hurts? Touch it.
ANITA:	This one. I can't bite anything, and if I eat something very cold or very hot, the pain is unbearable.
DENTIST:	Let's see. (*He looks at the X-ray.*) I need to extract the tooth. I'm not going to be able to save it because you have an abscess. Another day we are going to extract your wisdom teeth because they don't have enough space.
ANITA:	Very well. Doctor, to pull out my tooth, are you going to give me local or general anesthesia?
DENTIST:	It's a simple extraction. I'm going to give you novocaine.
ANITA:	Do I have any decayed teeth?
DENTIST:	Yes, you have two cavities and you have a molar that needs a crown.
ANITA:	All that?
DENTIST:	Yes, I'm sorry.
ANITA:	Doctor, my gums bleed a lot when I brush my teeth . . .
DENTIST:	Yes, I see that they are very swollen and you have a lot of tartar. That can cause pyorrhea and bad breath.
ANITA:	Then, should I ask for an appointment with the hygienist?

DENTIST:	Yes, ask for an appointment in three or four weeks with the hygienist and also to have your teeth filled.
ANITA:	And for the problem with my gums, what do I do?
DENTIST:	Brush your teeth after every meal with a good (tooth)brush and a tartar control toothpaste. Oh, and don't forget to use dental floss every day.

The dentist extracts the tooth.

DENTIST:	Rinse (out) your mouth and spit here. (*He puts gauze on the wound.*) During the (next) hour, change the gauze you have on the wound every ten or fifteen minutes and don't rinse your mouth today. Tomorrow rinse it out with lukewarm salt water.
ANITA:	If it hurts, can I take aspirin?
DENTIST:	No, take Advil or Motrin or another painkiller without aspirin. If you have swelling in your face, put an ice pack on it.
ANITA:	Anything else?
DENTIST:	If it bleeds a little, use two pillows for sleeping. If it bleeds a lot, call me.

Upon leaving the doctor's office, the assistant calls her.

ASSISTANT:	Miss, is this purse yours?
ANITA:	Yes, it's mine. Thank you.

Lección 10

At the Emergency Room

An accident:

An ambulance arrives at the hospital. . . . They are bringing in an injured man. They take the stretcher to the emergency room.

DOCTOR:	What happened?
PATIENT:	Oh . . . ! My car ran into a tree, I hit my head, and I cut my forehead. It was terrible.
DOCTOR:	Did you lose consciousness?
PATIENT:	I think so, but it was only for a few seconds.
DOCTOR:	How do you feel now?
PATIENT:	My head hurts a lot.
DOCTOR:	Well, I am going to clean and disinfect the wound for you. Then I am going to give you stitches and bandage your head.
PATIENT:	Are you going to give me a shot first?
DOCTOR:	Yes. Afterwards we are going to take some X-rays to see if there is a fracture. The nurse is going to take you to the X-ray room.

A case of poisoning:

A mother brings her son to the emergency room. The child took poison.

DOCTOR:	How much poison did the child take, madam?
MOTHER:	I don't know . . . here is the bottle . . . it is almost empty . . .
DOCTOR:	Did he vomit or did you give him any liquid?

| MOTHER: | No, he didn't vomit and he didn't drink anything. |
| DOCTOR: | We are going to pump his stomach. Don't worry. He'll soon be well. Wait outside, please. |

A fracture:

Mrs. García fell down the stairs, and her husband brings her to the emergency room.

DOCTOR:	Where does it hurt, madam?
MRS. GARCÍA:	My ankle hurts a lot; I think I twisted it.
DOCTOR:	Let's see . . . No, I think it's a fracture.

The nurses take Mrs. García to the X-ray room on a stretcher. After seeing the X-rays, the doctor confirms his diagnosis and explains to Mrs. García what he's going to do.

DOCTOR:	Well yes, Mrs. García, you fractured your ankle. We're going to have to put it in a cast.
MRS. GARCÍA:	For how long does it have to be in a cast?
DOCTOR:	For six weeks.
MRS. GARCÍA:	Am I going to have to use crutches to walk?
DOCTOR:	Yes, madam.

A burn:

A child burned herself, and her father brings her to the emergency room.

DOCTOR:	Did the child burn herself with something electric or some acid?
THE FATHER:	No, she burned herself with boiling water.
DOCTOR:	The child has a third-degree burn. We are going to have to admit her.

Lección 11

A Baby is Born

Mr. Guerra phones the doctor because his wife has started having labor pains.

DR. PEÑA:	How long has she been having the pains?
MR. GUERRA:	It's been about two hours. It was four o'clock when the pains started.
DR. PEÑA:	How often do they come?
MR. GUERRA:	Every five minutes.
DR. PEÑA:	Does she feel the pains in her back first and then in her abdomen?
MR. GUERRA:	Yes.
DR. PEÑA:	Bring her to the hospital right away.

Twenty minutes later, Mrs. Guerra is in the hospital. Her husband brought her, and Mrs. Guerra's mother came with them. Her water bag has already broken.

DR. PEÑA:	Open your legs and bend your knees. Relax. Don't tense up. (*After examining her.*) Well, you have to stay in the hospital. What time did you have a bowel movement?
MRS. GUERRA:	This afternoon, after eating.
DR. PEÑA:	We're going to take you to the delivery room right now.

In the delivery room, Mr. Guerra is with his wife.

DR. PEÑA: Don't push if you don't feel the pains. Calm down. Breathe normally.

MRS. GUERRA: Give me something to get rid of (calm) the pain . . . please. . . . Am I going to need a cesarean operation?

DR. PEÑA: No, you are a little narrow, but everything is going well. We're going to give you a shot, and you are not going to feel the pain. (*They gave her a shot.*) Now you are having a contraction. Push. Very good. I'm going to have to use forceps to get the baby out. (*To the nurse.*) Give me the forceps.

MRS. GUERRA: Are you going to use forceps? That can hurt the baby!

DR. PEÑA: No, don't worry. Push . . . It's already coming out . . . It's a boy!

MR. GUERRA: We have a son!

MRS. GUERRA: I had a boy . . . ?

DR. PEÑA: Yes, and everything turned out fine. Now the placenta has to come. Push again. Like that . . . that's it . . .

Later on:

DR. PEÑA: Are you going to nurse the baby or are you planning on giving him a bottle?

MRS. GUERRA: I plan to give him a bottle.

DR. PEÑA: In that case, in order to not have milk you should put ice packs on your breasts and take Tylenol when you feel pain.

Mrs. Guerra talks with her husband in the room.

MRS. GUERRA: (*To her husband.*) Go (to) see the child in the nursery. He's very cute, right? Do me a favor, tell the nurse that we want to have the baby with us for a while.

Lección 12

At the Medical Center

One morning in the offices of some specialists.

In the ophthalmologist's office:

OPHTHALMOLOGIST: I'm going to do an examination of your vision. Look at the wall. Can you read the smallest letters?

PATIENT: I don't see them clearly.

OPHTHALMOLOGIST: And the following line?

PATIENT: It's also blurry.

OPHTHALMOLOGIST: The next (one)?

PATIENT: That (one) I can read! (*She reads the letters.*)

OPHTHALMOLOGIST: Now, look directly at the light in this apparatus. Tell me now how many lights you see. Are they near or far away?

PATIENT: I see two . . . they are close . . .

OPHTHALMOLOGIST:	Follow the red dot . . . Now read the letters with these glasses. Which letters do you see better? The letters on the red side or the letters on the green side?
PATIENT:	The letters that are on the green side.
OPHTHALMOLOGIST:	Now I'm going to do a glaucoma test. Place your chin here and look directly at the light.

In the urologist's office:

MR. PAZ:	Doctor, my wife had another baby, and we didn't want (any) more children . . . Can she tie her tubes or can I have a vasectomy?
DOCTOR:	The decision is yours . . .
MR. PAZ:	If I have a vasectomy, how long do I have to be in the hospital?
DOCTOR:	I can operate on you right here, and you only have to be off work for two days. It's not major surgery.
MR. PAZ:	Oh, it's minor surgery. I didn't know that it was so easy. I'm going to think about it.

In the surgeon's office:

DOCTOR:	When was the last time you had a mammogram?
MRS. MENA:	Last year, but the other day, when I was checking my breasts, I found a little lump in my left breast.
DOCTOR:	Let's see.

After examining her.

DOCTOR:	Yes, I found something hard in your breast.
MRS. MENA:	It may be cancer, right?
DOCTOR:	It may be a cyst or a tumor, but the majority of tumors are benign. To make sure that it is not malignant, we are going to do a biopsy.

In the dermatologist's office:

PATIENT:	Doctor, I have a lot of acne. I used a cream, but it didn't work for me.
DOCTOR:	Yes, you have many pimples and blackheads. It is a frequent problem in young people.
PATIENT:	I eat a lot of fats and a lot of chocolate . . .
DOCTOR:	You need treatment, but diet doesn't matter in this case.
PATIENT:	What do I have to do?
DOCTOR:	I'm going to take out the blackheads and the pus from the pimples. Besides, you must use a medicated soap and a lotion.
PATIENT:	Very well. Oh! I have a wart on my neck. I tried to cut it off, and it bled a lot.
DOCTOR:	That is dangerous. I can remove it next time.

Lección 13

At the Hospital

Mrs. Peña had a hemorrhage last night. They brought her to the hospital and gave her a blood transfusion. Her doctor has just visited her and now she is talking with the nurse.

NURSE:	Good morning, madam. You look much better today. How did you sleep last night?
MRS. PEÑA:	I slept better with the tablets that the doctor gave me.
NURSE:	Yes, they were painkillers. Does your arm hurt where they gave you the blood (transfusion)?
MRS. PEÑA:	Yes. When are they going to take out the serum (I.V.)? I have some bruises around the vein.
NURSE:	I'm going to take it out right now. But first I'm going to take your pulse and temperature. Put the thermometer under your tongue.

A while later:

MRS. PEÑA:	I need the bedpan, please.
NURSE:	Here it is. Lift your buttocks so I can place the bedpan for you. Afterwards I'm going to give you a sponge bath here in bed.
MRS. PEÑA:	My arm still hurts.
NURSE:	I am going to put some cold water compresses on it.

The nurse bathes the patient, helps her change clothes, and gives her a back rub.

MRS. PEÑA:	Now I feel much better. Can you raise the bed a little for me?
NURSE:	Of course! Are you comfortable like this? I'll bring you your lunch right away. But first, I'm going to give you a spoonful of this liquid.
MRS. PEÑA:	Oh! I don't like that medicine. Oh! . . . I was worried . . . I had a watch and two rings when I came . . .
NURSE:	Don't worry. They're put away in the hospital safe. If you need anything else, let me know. Press this button that's at the side of the bed.
MRS. PEÑA:	That's very kind (of you). Thank you. Oh! What are the visiting hours?
NURSE:	From two to three and from seven to nine.
MRS. PEÑA:	When do you think I am going to be released?
NURSE:	I don't know. You have to ask your doctor. We need a written order from him.

Lección 14

In the Lab and the X-ray Room

Mrs. Perez has come to the lab today because three days ago her doctor ordered some tests for her.

A blood test:

TECHNICIAN:	How long ago did you eat?
MRS. PÉREZ:	I'm fasting. I haven't eaten anything since last night.
TECHNICIAN:	Very well. I'm going to take a blood sample (from you) for the thyroid test and for the (blood) count.
MRS. PÉREZ:	Are you going to take blood from the vein?
TECHNICIAN:	Yes, roll up your sleeve. Stretch your arm out and open and close your hand. Now leave it closed.
MRS. PÉREZ:	Like this?
TECHNICIAN:	Yes, I'm going to put a tourniquet around your arm. It's going to be a little tight.
MRS. PÉREZ:	Is it going to hurt me?
TECHNICIAN:	No, open your hand little by little. That's it. Now I'm going to put an adhesive bandage on you.

A urine test:

TECHNICIAN:	I need a urine sample. Go to the bathroom and urinate in this little glass (cup).
MRS. PÉREZ:	Where is the bathroom?
TECHNICIAN:	It's the second room on the right. Clean your genitals well with this.
MRS. PÉREZ:	Do you need all the urine?
TECHNICIAN:	No. Start to urinate in the toilet, and after a few seconds, finish urinating in the little cup. Then cover the cup tightly.
MRS. PÉREZ:	Okay. Where should I leave the stool sample?
TECHNICIAN:	Take it to the room that is at the end of the hallway, on the left.
MRS. PÉREZ:	When will the tests be ready?
TECHNICIAN:	Your doctor will let you know.

A chest X-ray:

Mr. Franco went to the X-ray room because his doctor had ordered a chest X-ray for him.

TECHNICIAN:	Take off your clothes and put on this robe.

A few minutes later.

TECHNICIAN:	Stand here and put your arms at your sides.
MR. FRANCO:	Like this?
TECHNICIAN:	No, get a little closer. Don't move . . . Take a deep breath . . . hold your breath . . . don't breathe now . . . breathe . . .
MR. FRANCO	May I go now?
TECHNICIAN:	No, wait a moment.
MR. FRANCO:	I thought we had finished already.
TECHNICIAN:	I have to see if the X-ray has turned out okay.

An X-ray of the colon:

Mr. Barrios needs to have an X-ray of the colon.

TECHNICIAN: Lie down on the table. We're going to insert this tube into your rectum.

MR. BARRIOS: Is that going to hurt (me)?

TECHNICIAN: No, it's not going to hurt (you). Relax. Don't tense up. Breathe through your mouth.

MR. BARRIOS: Is this like an enema?

TECHNICIAN: Something similar. Turn on your right side . . . now on your left side. That's it.

A fluoroscopy of the stomach:

Mrs. Sosa goes to the lab to have a fluoroscopy of the stomach.

TECHNICIAN: Please stand here and drink this liquid.

MRS. SOSA: Shall I drink it all now?

TECHNICIAN: No, I'll tell you (let you know) when you can drink it.

MRS. SOSA: Very well.

TECHNICIAN: Drink a little . . . swallow now . . .

MRS. SOSA: This is very bad. I don't like it . . .

TECHNICIAN: Drink a little more, please . . . swallow now . . . don't swallow . . .

MRS. SOSA: Have we already finished?

TECHNICIAN: Yes, you may go.

Lección 15

Venereal Diseases

Miss Ramos suspects she has a venereal disease. Finally today she goes to the Department of Public Health and is now talking with a nurse.

MISS RAMOS: I would like to speak with a doctor because I think I have a venereal disease.

MRS. MÉNDEZ: What are your symptoms? Do you have a sore or lesion?

MISS RAMOS: No, but when I urinate, my vagina burns a lot, and besides, I have a discharge (a liquid comes out of me) . . .

MRS. MÉNDEZ: Does the liquid have a yellowish or greenish color?

MISS RAMOS: Yes, it is greenish and it has (a) bad odor.

MRS. MÉNDEZ: When did all this begin?

MISS RAMOS: I started having a lot of burning two weeks ago.

MRS. MÉNDEZ: Do you know if the man with whom you have had sexual relations also has those symptoms?

MISS RAMOS: Well . . . I don't know . . . I think one of them has syphilis or gonorrhea . . or herpes.

MRS. MÉNDEZ: Miss Ramos, you will have to go to the Venereal Disease Clinic. There they will tell you if you need treatment.

The following day, Miss Ramos goes to the Venereal Disease Clinic. One of the doctors examines her and sees that she has several symptoms that indicate gonorrhea. A test confirms the diagnosis and the doctor gives her an antibiotic. Moments later, Miss Ramos speaks with Mrs. Alba, (a) V.D. investigator.

MRS. ALBA:	How long have you had these symptoms, Miss Ramos?
MISS RAMOS:	About two weeks. . .
MRS. ALBA:	When was the last time you had sex?
MISS RAMOS:	A week ago.
MRS. ALBA:	We need to know the name and address of the man with whom you had sex, Miss Ramos.
MISS RAMOS:	What for?
MRS. ALBA:	If he has gonorrhea, he needs treatment, and the sooner, the better.
MISS RAMOS:	Well . . . I had gone to bed with other men before.
MRS. ALBA:	We need the names and addresses of all of them. It's very important. Gonorrhea is very contagious.
MISS RAMOS:	Well, I think I'll be able to get them.
MRS. ALBA:	Don't drink any alcoholic beverages or go to bed with anybody until you are completely cured. Avoid physical exercises.
MISS RAMOS:	Okay. Will I have to come back next week?
MRS. ALBA:	Yes. Could you come Monday at three o'clock in the afternoon?
MISS RAMOS:	Yes.

Lección 16

Hypertension Problems

Mr. Castro is in Dr. Rivas's office. The nurse takes his blood pressure and sees that it is extremely high. It is 210 over 98.

DR. RIVAS:	Mr. Castro, your blood pressure is very high.
MR. CASTRO:	I'm only thirty years old, doctor. Isn't that a problem for elderly people?
DR. RIVAS:	No, it can happen at any age.
MR. CASTRO:	My father has high blood pressure also.
DR. RIVAS:	Yes, sometimes the problem is hereditary.
MR. CASTRO:	But I feel fine. I'm not nervous. I don't have palpitations . . .
DR. RIVAS:	Well, because the problem is barely beginning . . . But it is extremely important to treat it now. If you wait, this will affect your heart.
MR. CASTRO:	Could it cause me any other problems?
DR. RIVAS:	Yes, it could cause (you) a stroke.
MR. CASTRO:	But that can leave me paralyzed!
DR. RIVAS:	Yes, a stroke can cause total or partial paralysis.
MR. CASTRO:	My father has had many problems with his kidneys.
DR. RIVAS:	Well, you will be able to avoid all this if you follow a treatment to control your blood pressure.
MR. CASTRO:	That's what I would like to do, of course.
DR. RIVAS:	I advise you to eliminate or at least reduce the amount of salt you use in your food.

MR. CASTRO:	It will be difficult, but I'll try to do it. What else do you suggest I do?
DR. RIVAS:	I want you to avoid alcohol and tobacco. Also, it is necessary to sleep well.
MR. CASTRO:	Are you going to prescribe any medicine for me?
DR. RIVAS:	Yes, I'm going to give you some pills. If you feel worse after taking them, cut down the dosage; take half a pill.
MR. CASTRO:	How long do you want me to take the medicine?
DR. RIVAS:	You will probably have to take it for the rest of your life.

Lección 17

At the Office of Doctor Gómez, General Practitioner

Dr. Gómez talks with three of his patients.

With Mr. Nova, who has diabetes:

MR. NOVA:	I've been feeling a great deal of tiredness and weakness lately, doctor, and I have fainted two or three times.
DR. GÓMEZ:	From the tests, I see that your sugar (count) is very high.
MR. NOVA:	Then I have diabetes, doctor?
DR. GÓMEZ:	Yes, and it is important that you follow faithfully the instructions I'm going to give you.
MR. NOVA:	Am I going to have to follow a special diet?
DR. GÓMEZ:	Yes, and I want you to lose weight. In addition, you have to inject yourself with insulin daily.

With Mrs. Ordaz, who has an ulcer:

MRS. ORDAZ:	I think I have an ulcer, doctor. I have a lot of acidity, and generally when I have an empty stomach, it hurts. I feel better when I eat.
DR. GÓMEZ:	Do you take any antacid (medicine) or milk?
MRS. ORDAZ:	Yes, I drink a glass of milk and the pain goes away. Sometimes I throw up.
DR. GÓMEZ:	Have you ever noticed blood in your vomit or black stool?
MRS. ORDAZ:	No, never.
DR. GÓMEZ:	We are going to take an X-ray because I'm afraid that you may have an ulcer.
MRS. ORDAZ:	Can I eat anything?
DR. GÓMEZ:	No, I recommend that you avoid very spicy foods and drinks with caffeine. Don't drink alcoholic beverages and don't smoke.
MRS. ORDAZ:	Are you going to prescribe any medicine for me?
DR. GÓMEZ:	Yes, I'm going to prescribe a medicine (for you) that cures ulcers.
MRS. ORDAZ:	A friend of mine is taking *Tagamet*. Is it good?
DR. GÓMEZ:	Yes, that is the commercial name of *Cimetidine*, which is one of the medications used for the treatment of ulcers. I'm going to prescribe it for you.

With Mr. Rosas, an elderly man, eighty-two years old:

MR. ROSAS:	Doctor, I have a lot of problems with hemorrhoids. I'm very constipated. Should I take a laxative or a cathartic?
DR. GÓMEZ:	You can take a laxative once in a while, but not regularly.
MR. ROSAS:	Also my stomach hurts a lot.
DR. GÓMEZ:	We're going to do an ultrasound to see if you have stones in your gallbladder, but first I'm going to examine you. Open your mouth and stick out your tongue. Say "ah."
MR. ROSAS:	Doctor, I can't hear you well. I think I'm going deaf.
DR. GÓMEZ:	You need a hearing aid.
MR. ROSAS:	Okay. I hope my son buys me one. Oh, doctor, my legs hurt a great deal. Couldn't you prescribe something for varicose veins?
DR. GÓMEZ:	Buy a pair of support (elastic) stockings, and that will help you.

Lección 18

At the Drug Abuse Clinic

Miss Muñoz, coordinator of the Antidrug Program, is talking with Mario Acosta, a small fifteen-year-old boy.

MISS MUÑOZ:	Tell me, how long have you been taking drugs, Mario?
MARIO:	I don't know . . . about two years.
MISS MUÑOZ:	Did you ever have hepatitis or any other liver disease?
MARIO:	I don't know . . .
MISS MUÑOZ:	When was the last time you went to the doctor?
MARIO:	About four or five years ago.
MISS MUÑOZ:	Do you drink alcoholic beverages?
MARIO:	Yes, beer or wine . . . sometimes, but I don't think that hurts me . . .
MISS MUÑOZ:	Do you take amphetamines?
MARIO:	Yes.
MISS MUÑOZ:	When did you start taking drugs daily?
MARIO:	When I was thirteen years old.
MISS MUÑOZ:	How many times a day?
MARIO:	Three times a day.
MISS MUÑOZ:	What dosage? How many "balloons" do you buy?
MARIO:	Six . . . sometimes eight or nine.
MISS MUÑOZ:	Tell me, do you inject the drug in the vein or do you smoke it?
MARIO:	I smoke it . . . sometimes I also inject it.
MISS MUÑOZ:	Have you been tested for AIDS?
MARIO:	No.
MISS MUÑOZ:	When was the last time you tried to stop (using) drugs?
MARIO:	Last week.
MISS MUÑOZ:	And how long were you able to go without taking drugs?
MARIO:	A day and a half . . . I doubt that I can stand it any longer. Is there anything you can give me to help me?
MISS MUÑOZ:	I'm sure we'll be able to help you here. Come with me.
MARIO:	There is no one who can do anything for me.
MISS MUÑOZ:	Don't say that. Fill out this form, and the doctor will see you right away.

Lección 19

Useful Advice

A young mother speaks with her baby's pediatrician.

MOTHER:	I would like to ask you some questions, doctor.
PEDIATRICIAN:	Very well.
MOTHER:	I'm still afraid to leave the baby alone in the crib . . .
PEDIATRICIAN:	He's safe in his crib if there aren't (any) dangerous objects in it like pins, coins, buttons, plastic bags, etc.
MOTHER:	Can he use his little pillow?
PEDIATRICIAN:	Don't use pillows; they can suffocate the child.
MOTHER:	The other day, (while) drinking his bottle, the baby choked; and I don't know why . . . I was very scared.
PEDIATRICIAN:	Perhaps the hole in the bottle is too big.
MOTHER:	I'm going to check it, but I don't believe it was that. When he starts crawling and standing up, I'm going to have more problems.
PEDIATRICIAN:	As soon as he starts walking around the house, you have to be much more careful because the baby can poison himself with many things around the house, like bleach, dyes, insecticides, paints, detergents, makeup, etc. In this pamphlet you'll find other useful instructions.

Instructions

1. The child should not be near the oven, the stove, the iron, matches, hot liquids, or electrical appliances.

2. If the child burns himself, treat the burn with water, not with ice. Never put iodine or butter on a burn. If the burn is serious, take the child to the doctor.

3. Put covers on the electrical outlets that are not in use and cover the ones that are in use with pieces of furniture.

4. In case of cuts or scratches, clean the wound with water and soap, and cover it with a bandage. If the wound is deep, call the doctor. If it bleeds a lot, apply pressure on the wound and take him (the child) to the doctor.

5. Don't leave the child in the sun for a long time and put a bonnet on him. For a small child, two minutes a day is enough.

6. Don't leave the child alone in the house or in the bathtub or in the pool or in the car.

7. Have your children vaccinated before they start school.

8. At home and in your car, always have a medicine chest or a first-aid kit with the following:

adhesive tape	hydrogen peroxide
bandages	antibacterial cream
gauze	antihistamine (*Benadryl* liquid)
tweezers	ointment for minor burns
scissors	ipecac
thermometer	Tylenol
alcohol	

Also have the telephone numbers of the poison center, the paramedics, the hospital, and your doctor.

Lección 20

At the Cardiologist's Office

With Mr. Calles:

Mr. Calles has some problems that could indicate that he has heart trouble, and his doctor told him to see the cardiologist.

DOCTOR:	Has your doctor told you that you have problems with your heart?
MR CALLES:	No, but I have some symptoms that could indicate a problem, and my doctor told me to come to see you.
DOCTOR:	Have you ever had rheumatic fever or twitching in your extremities?
MR. CALLES:	No, never.
DOCTOR:	Does your chest hurt or do you feel any tightness when you exercise?
MR. CALLES:	Yes, sometimes I have pain and shortness of breath . . . when I go up the stairs, for example . . .
DOCTOR:	Is it a dull pain or a sharp (one)?
MR. CALLES:	It's a sharp pain.
DOCTOR:	Does your heart beat very fast sometimes?
MR. CALLES:	Yes, when I run.
DOCTOR:	Do you sometimes have (break out in a) cold sweat after strenuous exercise?
MR. CALLES:	No.
DOCTOR:	Has any blood relative of yours ever had a heart attack before (he was) sixty?
MR. CALLES:	Well, an uncle, the brother of my mother, died of a heart attack at fifty.
DOCTOR:	Aha . . . Do you get cramps in your legs when you walk several blocks?
MR. CALLES:	Well, if I walked, perhaps I would have cramps, but I hardly ever walk.
DOCTOR:	Have they ever found elevated uric acid in your blood?
MR. CALLES:	No.
DOCTOR:	Okay, before starting any treatment, we are going to do an electrocardiogram (on you).

With Mr. Luna:

The cardiologist talks with Mr. Luna about the pacemaker that the patient needs.

DOCTOR:	I'm going to place in your chest, under the skin, a small box that contains batteries.
MR. LUNA:	Is that going to make me better?
DOCTOR:	Yes, with the pacemaker, your heart is going to beat better.
MR. LUNA:	Am I going to be awake when you do it (to me)?
DOCTOR:	No, you're going to be asleep.
MR. LUNA:	The other doctor told me to ask you whether I would have certain limitations.
DOCTOR:	Well, call me if they tell you that you need an X-ray. You have to let them know you have a pacemaker.

MR. LUNA:	What other precautions must I take?
DOCTOR:	If you go to the dentist, tell him that you have a pacemaker.
MR. LUNA:	How long are the batteries in the pacemaker going to last me?
DOCTOR:	They are going to last you between ten and fifteen years.

Appendix C

Metric System

Weights and Measures

Length

la pulgada = inch
el pie = foot
la yarda = yard
la milla = mile
1 pulgada = 2.54 centímetros
1 pie = 30.48 centímetros
1 yarda = 0.9144 metro
1 milla = 1.609 kilómetros
1 centímetro (cm) = .3937 pulgadas (less than $\frac{1}{2}$ inch)
1 metro (m) = 39.37 pulgadas (1 yard, 3 inches)
1 kilómetro (km) (1.000 metros) = .6214 millas ($\frac{5}{8}$ mile)

Weight

la onza = ounce
la libra = pound
la tonelada = ton
1 onza = 28.35 gramos
1 libra = 0.454 kilogramo
1 tonelada = 0.907 tonelada métrica
1 gramo (g) = .03527 onzas
100 gramos = 3.527 onzas (less than $\frac{1}{4}$ pound)
1 kilogramo (kg) (1.000 gramos) = 2.2 libras

Liquid Measure

la pinta = pint
el cuarto (de galón) = quart
el galón = gallon
1 pinta = 0.473 litro
1 cuarto = 0.946 litro
1 galón = 3.785 litros
1 litro (l) = 1.0567 cuartos (de galón) (slightly more than a quart)

Surface

el acre = acre
1 hectárea = 2.471 acres

Temperature

°C = Celsius or Centigrade; °F = Fahrenheit
0° C = 32° F (freezing point of water)
37° C = 98.6° F (normal body temperature)
100° C = 212° F (boiling point of water)
Conversión de grados Fahrenheit a grados Centígrados
　　°C = $\frac{5}{9}$ (°F −32)
Conversión de grados Centígrados a grados Fahrenheit
　　°F = $\frac{9}{5}$ (°C) + 32

262

Appendix D

Answer Key to the *Crucigramas*

Lecciones 1–5

Horizontal: 6. viene 8. siempre 9. fecal 11. delgado 12. tos 15. costra 16. catarro 21. postre 24. pediatras 26. aspirina 28. mañanas 30. consultorio 32. regresa 33. náusea 35. reconocer 38. asmático 41. toma 43. radiografía 44. leche 45. hora 46. nalgas 48. malparto 49. libras *Vertical:* 1. bebidas 2. piel 3. bebé 4. naranja 5. farmacia 7. doctor 10. esposo 13. sopa 14. dentadura 17. tuberculosis 18. también 19. muestra 20. tostada 22. sarpullido 23. necesario 25. estómago 27. arrojar 29. contacto 31. inflamado 34. enfermedad 36. resfriado 37. pobrecita 39. aceite 40. contra 42. fruta 47. limpia

Lecciones 6–10

Horizontal: 3. insomnio 5. escupir 6. dieta 8. adelgazar 9. difícil 13. picado 17. diabético 18. negativo 20. papá 23. pronto 24. anticonceptiva 25. casados 27. repollo 30. solamente 31. huevo 33. madre 34. dental 36. dientes 39. siente 43. envenenamiento 44. lista 46. equis 47. inyección 48. enyesar *Vertical:* 1. gordo 2. muela 4. mitad 7. resultado 8. alimentos 10. correcto 11. planificación 12. dentista 14. constantemente 15. novocaína 16. mamá 19. grupo 20. peso 21. fuera 22. pasar 23. prepara 25. caliente 26. tomate 28. suficiente 29. carie 32. pan 35. llegan 37. desinfecta 38. muletas 40. puntos 41. frasco 42. distinto 45. aliento

Lecciones 11–15

Horizontal: 2. mayoría 3. verdoso 7. bolsa 9. nacido 12. chocolate 15. operación 16. grano 18. inodoro 20. quedarse 24. vasectomía 25. hombre 26. tubo 29. ejercicio 31. tenso 32. Pública 33. curado 35. jabón 36. línea 37. partes 40. boca 42. bata 43. izquierda 44. lado 46. siguiente 47. pulso 48. ordenó 49. listo *Vertical:* 1. anillo 4. estómago 5. parto 6. gonorrea 7. biberón 8. maligno 10. lejos 11. bolita 13. vientre 14. varón 17. mejor 19. recto 21. extender 22. mamar 23. sospecha 27. último 28. espinilla 30. olor 32. pared 34. acercarse 35. joven 37. pasillo 38. tiroides 39. conteo 40. baño 41. caca 45. así 47. poco

Lecciones 16–20

Horizontal: 1. despierto 3. bañadera 5. latir 6. cocina 7. aconseja 11. cálculo 12. hereditaria 19. bebida 20. resumen 21. gatear 22. audífono 23. piscina 24. calambre *Vertical:* 1. diariamente 2. padecer 4. profundo 8. corazón 9. anciano 10. peor 13. internista 14. asustarse 15. tijeras 16. cerilla 17. sordo 18. vendaje 23. punzante 25. morir

Spanish-English Vocabulary

The Spanish-English and English-Spanish vocabularies contain all active and passive vocabulary that appear in the manual. Active vocabulary includes words and expressions appearing in the *Vocabulario* lists. These items are followed by a number indicating the lesson in which each word is introduced in the dialogues. Passive vocabulary consists of words and expressions included in the *Vocabulario adicional* lists, the diagrams of the human body, and those that are given an English gloss in the readings, exercises, activities, and authentic documents.

The following abbreviations are used in the vocabularies:

adj.	adjective	*form.*	formal
adv.	adverb	*L. A.*	Latin America
col.	colloquialism	*m.*	masculine noun
f.	feminine noun		

A

a to
— **la(s)** (+ *time*) at (+ time), 1
— **la derecha** to the right
— **la izquierda** to the left
— **la larga** in the long run
— **los costados (lados)** to, at the sides, 14
— **menudo** often, 1
— **qué hora** at what time
— **veces** sometimes, 8
— **ver...** let's see . . . , 1
abdomen (*m.*) abdomen
aborto (*m.*) abortion, 4
— **espontáneo** natural miscarriage, 4
abrigo (*m.*) coat
abrir to open, 9
absceso (*m.*) abscess, 9
abstinencia (*f.*) abstinence
abuelo (a) (*m., f.*) grandfather; grandmother
abultamiento (*m.*) lump
acatarrado(a): estar— to have a cold, 3
accidente (*m.*) accident, 10
aceite (*m.*) oil, 5
acerca de about
acercarse to get close, 14
acidez (*f.*) acidity, 17; heartburn, 17
ácido (*m.*) acid, 10; LSD
acné (*m.*) acne, 12
aconsejar to advise, 16
acostar(se) (*o:ue*) to lie down, 14; to go to bed, 14
al— at bedtime
— **con** to have sex with, 4
actualmente currently, 18; at the present time, 18
adelante: más— later on, 5

adelanto (*m.*) advance
adelgazar to lose weight, 6
además besides, 6; in addition, 6
adicional additional
adicto(a) addicted
adiós good-bye, P
adjetivo (*m.*) adjective
admisión (*f.*) admission
afear to disfigure
afectar to affect, 16
afeitar(se) to shave
afuera outside, 10
agua (*f.*) water, 2
— **oxigenada** hydrogen peroxide, 19
aguantar to hold, 14; to stand, 18; to tolerate, 18; to bear, 18
— **la respiración** to hold one's breath, 14
agudo(a) sharp, 20
aguja (*f.*) needle
agujero (*m.*) hole, 19
ahora now, 1
ahora mismo right now, 3
ahumado(a) smoked
aire (*m.*) air
faltarle el—a uno to have shortness of breath, 20
ajá aha, 1
al to the
— **día** a day, 2; per day, 2
— **día siguiente** on the following day, 15
— **final** at the end of, 14
— **lado de** at the side of, 13
— **principio** at the beginning
— **rato** a while later, 3
alberca (*f.*) swimming pool (México), 19
alcohol (*m.*) alcohol, 16
alergia (*f.*) allergy, 18

alérgico(a) allergic, 3
alfiler (*m.*) pin, 19
algo anything, 2; something, 2
alguien (*m., f.*) someone
algunas veces sometimes, 8
alguno(a) any, 3; some, 3
—**vez** ever, 17
algunos(as) some
aliento (*m.*) breath, 9
alimentación (*f.*) food, 12
alimento (*m.*) food, 6
aliviarse to feel better, 17; to diminish (a pain), 17
almohada (*f.*) pillow, 2
almorrana (*f.*) hemorrhoid, 17
almuerzo (*m.*) lunch, 13
alrededor de around, 13
alto(a) high, 3; tall
alucinación (*f.*) hallucination
alumbramiento (*m.*) delivery, 11
allí there, 15
amable kind, 13
amarillento(a) yellowish, 15
amarrar to tie
ambiente (*m.*) atmosphere
  la temperatura del— room temperature
ambulancia (*f.*) ambulance, 10
ameno(a) pleasant, agreeable
amígdalas (*f.*) tonsils
amigdalitis (*f.*) tonsilitis
ampolla (*f.*) blister
amputar to amputate
análisis (*m.*) test, 1; analysis, 1
—**de sangre** blood test, 1
anciano(a) (*m., f.*) elderly man, 17; elderly woman, 17
andar to walk, 19
—**a gatas** to crawl, 19
anemia (*f.*) anemia, 4
anémico(a) anemic, 3
anestesia (*f.*) anesthesia, 9
anestesiología (*f.*) anesthesiology
anestesiólogo(a) (*m., f.*) anesthesiologist
anfetamina (*f.*) amphetamine, 18
angina (*f.*) angina
angioplasma (*m.*) angioplasty
anillo (*m.*) ring, 13
ano (*m.*) anus
anoche last night, 13
anteojos (*m.*) glasses, 2
anterior front

antes (de) before, 3; first, 10
—**dormir** before sleeping, 3
antiácido (*m.*) antacid, 17
antibiótico (*m.*) antibiotic, 15
anticoagulante (*m.*) anticoagulant
anticonceptivo(a) for birth control, 7; contraceptive (*adj.*), 7
antidroga antidrug, 18
antihistamina (*f.*) antihistamine, 19
añadir to add
año (*m.*) year, 3
aparato (*m.*) apparatus, 12; instrument, 12; system
—**intrauterino** I.U.D., 7
apellido (*m.*) surname
apenas barely, 16
apendicitis (*f.*) appendicitis
apestar to have a bad odor, 15
apetito (*m.*) apetite, 3
aplicar to apply, 19
apretar (*e:ie*) to press, 8; to be tight, 14
aprovechar to take advantage of
aquí here, 1
—**está** here it is, 1
—**mismo** right here, 12
árbol (*m.*) tree, 10
archivo clínico (*m.*) medical records
arder to burn, 15
ardor (*m.*) burning, 8
arriesgarse to risk
arrojar to throw up, 1
arroz (*m.*) rice, 6
arteria (*f.*) artery
artificial artificial
artritis (*f.*) arthritis
ascensor (*m.*) elevator
aseguranza (*f.*) (*México*) insurance, 1
asegurarse to make sure, 12
asentaderas (*f.*) buttocks, 5
así like this, 8; so, 8; that way, 11; like that, 11
asiento (*m.*) seat
asimismo also
asistente (*m., f.*) assistant, 9; helper, 9
asmático(a) asthmatic, 3
aspirina (*f.*) aspirin, 3
astigmatismo (*m.*) astigmatism
asustarse to be scared, 19; to be frightened, 19

ataque (*m.*) seizure, attack
 —al corazón heart attack, 18
atender (*e:ie*) to attend, to tend
atragantarse to choke, 19
audífono (*m.*) hearing aid, 17
aumentar to gain, 8; to increase
aun even
auto (*m.*) auto, 10
autorización (*f.*) authorization
aventado(a) bloated, 3
avisar to let (someone) know, 13
aviso (*m.*) warning
¡ay! oh!, 10
ayer yesterday
ayudar to help, 13
ayunas: en— with an empty stomach, 8; fasting, 8; before eating anything
azúcar (*m.*) sugar, 17
azul blue

B

babero (*m.*) bib
babuchas (*f.*) slippers
bajar to go down, 3
 —de peso to lose weight, 6
bajo under, 18
bajo(a) short, 8; low
bala: herida de— (*f.*) gunshot wound
balanceado(a) balanced
banco de sangre (*m.*) blood bank
bañadera (*f.*) bathtub, 19
bañar(se) to bathe, 13
bañera (*f.*) bathtub, 19
baño (*m.*) bathroom, 14
 —de esponja sponge bath, 13
barato(a) cheap
barbilla (*f.*) chin, 8
barriga (*f.*) stomach, 11
básico(a) basic
bata (*f.*) robe, 14
batería (*f.*) battery, 20
bazo (*m.*) spleen
bebé (*m.*) baby, 4
beber to drink, 2
bebida (*f.*) drink, 17; beverage, 17
 —alcohólica alcoholic beverage, 4
benigno(a) benign, 12
biberón (*m.*) baby bottle, 11
bien fine, P; well, P

muy—, gracias very well, thank you, P
 no muy— not very well, P
biopsia (*f.*) biopsy, 12
blanco(a) white
blando(a) bland (diet); soft
blanquillo (*m.*) egg (*México*)
bizco(a) cross-eyed
blusa (*f.*) blouse
boca (*f.*) mouth, 9
 —abajo on one's stomach
 —arriba on one's back
bocio (*m.*) goiter
bolita (*f.*) little ball, 12; lump, 12
bolsa (*f.*) bag; handbag, 9; purse, 9
 —de agua water bag, 11
 —de hielo ice pack, 9
bomberos: departamento de— fire department
bonito(a) pretty, 11
borroso(a) blurry, 12
botella (*f.*) bottle, 10
botiquín (*m.*) medicine chest, 19; medicine cabinet, 19
 —de primeros auxilios first-aid kit, 19
botón (*m.*) button, 13
brazo (*m.*) arm, 7
breve brief, P
brindar to offer
bronquitis (*f.*) bronchitis
bróculi (*m.*) broccoli, 6
bucal oral (*ref. to the mouth*)
bueno(a) okay, 1; well, 1; good
 buenos días good morning (day), P
 buenas noches good evening (night), P
 buenas tardes good afternoon, P

C

cabello (*m.*) hair
cabeza (*f.*) head
caca (*col.*) (*f.*) excrement, stool
cachete (*m.*) cheek
cada every, 3; each, 3
 —... horas every . . . hours
cadera (*f.*) hip
caer(se) to fall, 10
café (*m.*) coffee, 2
cafeína (*f.*) caffeine, 17

caja (*f.*) box, 20
—**de seguridad** safe, 13
—**fuerte** safe, 13
cajero(a) (*m., f.*) cashier
cajetilla (*f.*) pack of cigarettes, 2
calambre (*m.*) cramp, 20
calcáneo (*m.*) calcaneus
calcetín (*m.*) sock
calcio (*m.*) calcium
cálculo (*m.*) stone, 17
calentar (*e:ie*) to heat up
calentura (*f.*) fever, 3
caliente hot, 2
calmante (*m.*) painkiller, 2;
 sedative, 2
calmar(se) to calm down, 11
caloría (*f.*) calorie, 6
calle (*f.*) street
cama (*f.*) bed, 13
cambiar(se) to change (oneself), 9
cambio (*m.*) change
camilla (*f.*) stretcher, 10
caminar to walk, 10
camisa (*f.*) shirt
camisón (*m.*) nightgown
campanilla (*f.*) uvula
canal (*m.*) canal
—**auditivo** ear canal
—**de la orina** urethra
—**en la raíz** root canal
cáncer (*m.*) cancer, 7
canino (*m.*) canine
cansado(a) tired, 3
cansancio (*m.*) tiredness, 17; exhaustion, 17; fatigue
cantidad (*f.*) quantity, 6
caño de la orina (*m.*) urethra
cápsula (*f.*) capsule, 3
cara (*f.*) face, 9
caramelo (*m.*) candy
carbohidrato (*m.*) carbohydrate
cardenal (*m.*) bruise (*Cuba*), 13
cardiología (*f.*) cardiology
cardiólogo(a) cardiologist, 20
cariado(a) decayed, 9; carious, 9
carie (*f.*) cavity, 9
carne (*f.*) meat
carpo (*m.*) carpus
carro (*m.*) car, 10
cartera (*f.*) handbag, 9; purse, 9
casa (*f.*) house, 19; home
casado(a) married, 1
casi almost, 10
—**nunca** hardly ever, 20

caso (*m.*) case, 10
en ese— in that case, 7
cataratas (*f.*) cataracts
catarro (*m.*) cold, 3
causar to cause, 7
ceguera (*f.*) blindness
ceja (*f.*) eyebrow
cemento (*m.*) cement
cena (*f.*) dinner, supper
centro (*m.*) center, 7
—**de envenenamiento** poison
 center, 19
cepillar(se) to brush (oneself), 9
cepillo (*m.*) brush, 9
—**de dientes** toothbrush
cerca (de) close, 12; near
cercano(a) near, 20
cereal (*m.*) cereal, 2
cerebro (*m.*) brain, cerebrum
cerilla (*f.*) match, 19
cerrado(a) closed, 14
cerrar (*e:ie*) to close, 5
cerveza (*f.*) beer, 18
cérvix (*f.*) cervix
cesáreo(a) cesarean, 11
ciego(a) blind
cierto(a) certain, 20
cinta adhesiva (*f.*) adhesive
 tape, 19
cintura (*f.*) waist
circulación (*f.*) circulation
cirugía (*f.*) surgery, 12
cirujano(a) (*m., f.*) surgeon, 12
cita (*f.*) appointment, 5
clamidia (*f.*) chlamydia
claramente clearly, 12
clavícula (*f.*) clavicle
clínica (*f.*) clinic, 5
clínico (*m., f.*) general practitioner,
 17; internist, 17
cobija (*f.*) blanket, 2
coca (*f.*) cocaine
—**cocinada** crack (*col.*)
cocaína (*f.*) cocaine
cocina (*f.*) stove, 19
coche (*m.*) car, 10
cochecito (*m.*) baby carriage
codeína (*f.*) codeine
codo (*m.*) elbow
cognado (*m.*) cognate
col (*f.*) cabbage, 6
colesterol (*m.*) cholesterol, 8
cólico (*m.*) colic
colitis (*f.*) colitis

colmillo (*m.*) canine
colocar to place, 7
colon (*m.*) colon, 14
columna vertebral (*f.*) backbone, spinal column
comadrona (*f.*) midwife
comenzar (*e:ie*) to begin, 11; to start, 11
comer to eat, 2
comercial comercial, 17
comezón (*f.*) itching, 8
comida (*f.*) meal, 1; food, 16; lunch; midday meal
comidita de bebé (*f.*) baby food
como since, 3; like
cómo how, P
  ¿—**está usted?** How are you?, P
  —**no** of course, 13; sure, 13
  ¿—**se siente?** How are you feeling?, P
comodidad (*f.*) convenience
cómodo(a) comfortable, 13
compañero(a) sexual (*m., f.*) sexual partner
compañía (*f.*) company, 1
  —**de seguros** (*f.*) insurance company, 1
comparar to compare
compartir to share
completamente completely, 15
comprar to buy, 3
comprender to understand
compresa (*f.*) compress, 13
común common
con with, 1
concebir (*e:i*) to conceive, 7
condimentado(a) spiced, 17; spicy, 17
condón (*m.*) condom, 7
conducto lacrimar (lagrimar) (*m.*) tear duct
  —**auditivo** ear canal
confirmar to confirm, 10
conjuntivitis (*f.*) conjunctivitis
conocer to know (*be acquainted with*), 7
conocimiento (*m.*) knowledge
  perder el— to be unconscious, 10; to lose consciousness, 10
conseguir to obtain, 15; to get, 15
consejo (*m.*) advice, 19
constantemente constantly, 6
consultar to consult
consultorio (*m.*) doctor's office, 1

consumir to consume
contagioso(a) contagious
contar (*o:ue*) to count, 6; to tell
contener to contain, 20
conteo (*m.*) blood count, 14; count, 14
contra against, 5
contracción (*f.*) contraction, 11
contraceptivo (*m.*) contraceptive
control (*m.*) control, 7
controlar to control, 9
conversación (*f.*) conversation, P
conversar to talk
convulsiones (*f.*) convulsions
coordinador(a) (*m., f.*) coordinator, 18
corazón (*m.*) heart, 16
cordón umbilical (*m.*) umbilical cord
corona (*f.*) crown, 9
correctamente correctly
correcto(a) correct, 7
correr to run, 8
cortadura (*f.*) cut, 19
cortar(se) to cut (oneself), 10
corto(a) de vista nearsighted
cosa (*f.*) thing, 6
cosmético (*m.*) cosmetic
costado (*m.*) side, 14
costilla (*f.*) rib
costra (*f.*) scab, 5
crac (*m.*) crack
cráneo (*m.*) skull
creer to believe, 3; to think, 3
crema (*f.*) cream, 7
crup (*m.*) croup
cuadra (*f.*) block, 20
cuadro (*m.*) box
cuál what?, 3; which?, 3
cualquier(a) any, 16
cuando when, 8
  ¿**cuándo?** when?, 1
cuanto: —antes mejor the sooner, the better, 15
cuánto how much, 1
  ¿—**mide (Ud.)?** How tall are you?, 1
  ¿**por—tiempo...?** for how long . . . ?, 10
  ¿—**tiempo hace...?** how long ago . . . ?, 14
cuántos(as) how many
cuarto (*m.*) room, 3
cuates (*m., f.*) twins (*México*)

cúbito (*m.*) ulna
cubrir to cover, 5
cucaracha (*f.*) joint (*col. drugs*)
cucharada (*f.*) (table)spoonful, 13
cucharadita (*f.*) teaspoonful, 3
cuello (*m.*) neck, 12
cuenta (*f.*) bill, 1
cuero cabelludo (*m.*) scalp
cuerpo (*m.*) body
cuidado (*m.*) care
cuna (*f.*) crib, 19; cradle, 19
cuña (*f.*) bedpan, 2
cuñado(a) (*m., f.*) brother-in law,
  sister-in-law
cura (*f.*) cure
curado(a) cured, 15
curandero(a) (*m., f.*) folk healer
curar to cure, 17
curita (*f.*) adhesive bandage, 14
cutis (*m.*) skin (*facial*)
cuyo(a) whose

CH

chancro (*m.*) chancre
chaqueta (*f.*) jacket
chata (*f.*) bedpan, 2
chequear to check, 5
chequeo (*m.*) checkup, 8; exam, 8;
  examination, 8
chile (*m.*) pepper, 6
chocar to run into, 10; to collide,
  10
chocolate (*m.*) chocolate, 2
chupete (*m.*) pacifier
chupón (*m.*) pacifier

D

daltonismo (*m.*) color blindness
daño (*m.*) damage
dar to give, 3
  —a luz to give birth
  —de alta to release (*from a
  hospital*), 13
  —de mamar to nurse, 11
  —el pecho to nurse, 11
  —resultado to work, 12; to produce results, 12
  —un tiro to shoot
  —una puñalada to stab
darse vuelta to turn over, 14
de of
  —prisa in a hurry, 8
debajo de under, 13

deber must, 2; should, 2
débil weak, 4
debilidad (*f.*) weakness, 17
decidir to decide, 18
decir to say, 7; to tell, 7
decisión (*f.*) decision, 12
dedo (*m.*) finger
  —del pie toe
defecar to have a bowel
  movement, 11
dejar to leave (behind), 14
  —de to stop (doing
  something), 4
delgado(a) thin, 3
demasiado too much, 19
dentadura (*f.*) teeth, set of teeth, 2
dentadura postiza (*f.*) dentures, 2
dental dental, 18
dentina (*f.*) dentine
dentista (*m., f.*) dentist, 9
dentro inside
  por— on the inside
  —de in, 8; within, 8
departamento (*m.*) department, 13
derecho(a) right, 14
dermatólogo(a) (*m., f.*)
  dermatologist, 12
derrame (*m.*) stroke, 16
desarrollar to develop
desayuno (*m.*) breakfast
descansar to rest
descubrir to discover
descuento (*m.*) discount
desde since, 4
desear to want, 2; to wish, 2
desinfectar to disinfect, 10
desintoxicación (*f.*) detoxification
desmayarse to faint, 17
despierto(a) awake, 20
desprendimiento (*m.*) detachment
después (de) after, 1; later, 15
destruir to destroy
detergente (*m.*) detergent, 19
determinar to determine, 7
día (*m.*) day, 12
diabetes (*f.*) diabetes
diabético(a) diabetic, 6
diafragma (*m.*) diaphragm, 7
diagnosticar to diagnose
diagnóstico (*m.*) diagnosis, 10
diariamente daily, 17
diario(a) daily
diarrea (*f.*) diarrhea, 5
diente (*m.*) tooth, 9

dieta (*f.*)   diet, 6
  seguir una—   to go on a diet, 6
dietista (*m., f.*)   dietician, 2
diferente   different, 7
difícil   difficult, 6
dificultad (*f.*)   difficulty, 8
difteria (*f.*)   diphtheria, 5
digerir (*e:ie*)   to digest
digestivo(a)   digestive
dilatado(a)   dilated
dirección (*f.*)   address, P
directamente   straight, 12
dirigir   to direct
disminuir   to cut down, 16; to
  diminish, 16
distinguir   to distinguish
distinto(a)   different, 7
diurético (*m.*)   diuretic
divorciado(a)   divorced, 1
doblar   to bend, 8
doctor(a) (*m., f.*)   doctor, P
doler (*o:ue*)   to hurt, 8; to ache, 8
dolor (*m.*)   pain, 1
  —de cabeza   headache, 1
  —de estómago   stomachache, 1
  —de garganta   sore throat
  —de parto   labor pain, 6
doloroso(a)   painful
domicilio (*m.*)   address, P
donante (*m., f.*)   donor
donar   donate
dónde   where, 10
dormido(a)   asleep, 20
dormir (*o:ue*)   to sleep, 8
dosis (*f.*)   dosage, 16
drenaje (*m.*)   drainage
droga (*f.*)   drug, 18
drogadicto(a) (*m., f.*)   drug
  addict, 18
droguería (*f.*)   pharmacy (*col. some
  L.A. countries*), 3
dudar   to doubt, 18
dulce (*m.*)   candy, 6; sweet
durante   during, 4
durar   to last, 20
durazno (*m.*)   peach
duro(a)   hard, 4

E

eczema (*f.*)   eczema
edad (*f.*)   age, 16
efectivo(a)   effective, 7
efecto (*m.*)   effect

eficaz   effective
ejemplo (*m.*)   example
ejercicio (*m.*)   exercise, 13
elástico(a)   elastic, 17
eléctrico(a)   electric, 10;
  electrical, 10
electrocardiograma (*m.*)
  electrocardiogram (EKG), 20
electroencefalograma (*m.*)
  electroencephalogram (EEG)
elevado(a)   elevated, 20
elevador (*m.*)   elevator
eliminar   to eliminate, 16
embarazada   pregnant, 4
embarazo (*m.*)   pregnancy, 7
embolia (*f.*)   embolism, clot
emergencia (*f.*)   emergency, 1
empastar   to fill (a tooth), 9
empeorar   to get worse
empezar (*e:ie*)   to begin, 15; to
  start, 15
emplear   to employ
emplomar   to fill a tooth, 9
empujar   to push
en   in, 2; at, 2
  —ayunas   fasting, 8
  —caso de   in case, 1
  —cuanto   as soon as, 19
  —seguida   right away, 5
encía (*f.*)   gum, 9
encinta   pregnant, 4
encontrar (*o:ue*)   to find, 12
enchufe de seguridad (*m.*)
  electrical plug cover, 19
endoscopía (*f.*)   endoscopy
endrogarse   to take drugs, to become addicted to drugs
endulzado(a)   sweetened
endurecimiento (*m.*)   hardening
enema (*m.*)   enema, 14
enfermedad (*f.*)   sickness, 5
enfermero(a) (*m., f.*)   nurse, 2
enfermo(a) (*m., f.*)   sick person, 18
enfisema (*m.*)   emphysema
enjuagar(se)   to rinse out, 9
enjuague (*m.*)   mouthwash
entonces   then, 9
entrada (*f.*)   opening, 7; entry, 7
entrante   next, 5
entrar   to enter, 1; to go (come) in
entre   between, 20
entumecido(a)   numb
entumecimiento (*m.*)   numbness

envenenamiento (*m.*) poisoning, 10

envenenar(se) to poison (oneself), 19

enyesar to put a cast on, 10

epilepsia (*f.*) epilepsy, 18

equipo (*m.*) equipment

eructar to burp

erupción (*f.*) rash

escalera (*f.*) staircase, 10

escalofríos (*m.*) chills

escanograma (*m.*) CAT scan

escayola (*f.*) cast (*España*), 10

escayolar to put a cast on (*España*), 10

escrito(a) written, 13

escroto (*m.*) scrotum

escuela (*f.*) school, 19

escupir to spit, 9

esmalte (*m.*) enamel

eso that, 8

   por— that's why, 6; for that reason, 6

espacio (*m.*) room, 9; space, 9

espaguetis (*m.*) spagetti, 6

espalda (*f.*) back, 4

esparadrapo (*m.*) adhesive bandage

especial special, 5

especialista (*m.*, *f.*) specialist, 12

especialmente especially, 6

espejuelos (*m.*) glasses (*Cuba*), 2

esperar to wait (for), 3

esperma (*f.*) sperm

espinal spinal

espinilla (*f.*) blackhead, 12

esponja (*f.*) sponge

esposo(a) (*m.*, *f.*) husband, 1; wife, 1

espuma (*f.*) foam

esputo (*m.*) sputum

esqueleto (*m.*) skeleton

esquina (*f.*) corner

esquizofrenia (*f.*) schizophrenia

estacionamiento (*m.*) parking

estado (*m.*) state

   —civil marital status

estar to be, 3

   —acatarrado(a) to have a cold, 3

   —de parto to be in labor

   —resfriado(a) to have a cold, 3

este(a) this, 8

   esta noche tonight

esterilidad (*f.*) sterility, 7

esterilizar to sterilize, 7

esternón (*m.*) sternum

estómago (*m.*) stomach, 1

estos(as) these

estrecho(a) narrow, 6

estreñido(a) constipated, 3

estrés (*m.*) stress

estricto(a) strict, 6

estuche (de primeros auxilios) (*m.*) first-aid kit, 19

estufa (*f.*) stove, 19

evacuar to have a bowel movement (*México*), 11

evitar to avoid, 4

examen (*m.*) exam, 8; examination, 8; check up, 8

examinar to examine, 4

exceso de peso overweight

excremento (*m.*) excrement, 2

excusado (*m.*) bathroom, 14

expectorar to expectorate

explicar to explain, 10

exponer(se) to expose oneself

expresión (*f.*) expression

extender (*e:ie*) to stretch, 14; to extend, 14

extracción (*f.*) extraction, 9

extraer to extract, 9; to take (pull) out, 9

extremidad (*f.*) limb, 20

eyacular to ejaculate

F

fácil easy, 7

falange (*m.*) phalange

falda (*f.*) skirt

faltarle algo a uno to be lacking something, 20

familia (*f.*) family, 7

familiar family (*adj.*), 7

farfallotas (*f.*) mumps (*Puerto Rico*), 5

farmacia (*f.*) pharmacy, 3

fatiga (*f.*) fatigue

favor (*m.*) favor, 11

   —de please, 18

fecha (*f.*) date, 18

   —de nacimiento date of birth, 1

fémur (*m.*) femur

fértil fertile, 7

feto (*m.*) fetus

fibra (*f.*) fiber

fiebre (*f.*) fever, 3

   —escarlatina scarlet fever

—**del heno** hay fever
—**reumática** rheumatic fever, 20
fíbula (*f.*) fibula
fielmente faithfully, 17
final (*m.*) end
finalmente finally, 15
firma (*f.*) signature, 1
firmar to sign
físico(a) physical, 8
flato (*m.*) intestinal gas
flema (*f.*) phlegm
floruro (*m.*) fluoride
flujo (*m.*) discharge, 15
fluoroscopía (*f.*) fluoroscopy, 14
folleto (*m.*) pamphlet, 7
fórceps (*m.*) forceps, 6
forma (*f.*) form (*México*), 1; way
fórmula (*f.*) formula
fósforo (*m.*) match, 19
fractura (*f.*) fracture, 10
fracturar(se) to break, 10; to
fracture, 10
frasco (*m.*) bottle, 10
frazada (*f.*) blanket, 2
frecuencia (*f.*) frequency
con— frequently, 4
frecuente frequent, 12
frenos (*m.*) dental braces
frente (*f.*) forehead, 10
fresa (*f.*) strawberry, 6
fricción (*f.*) rub, 13; rubbing, 13;
massage, 13
frijoles (*m.*) beans, 6
frío(a) cold, 2
fruta (*f.*) fruit, 2
fuente (*f.*) source
—**de agua** water bag, 6
fuera outside
—**de lo común** out of the
ordinary, 8
—**del alcance** out of reach
por— on the outside, 7
fuerte strong
fumar to smoke, 2

G

gafas (*f.*) glasses, 2
galletica (*f.*) cookie
galletita (*f.*) cookie
ganglio linfático (*m.*) lymph gland
garganta (*f.*) throat
garrotillo (*m.*) croup
gas (*m.*) gas

gasa (*f.*) gauze, 9
gastritis (*f.*) gastritis
gatear to crawl, 19
gemelos(as) twins
general general, 8
generalmente generally, 17
genitales (*m.*) genitals, 14
gente (*f.*) people
ginecología (*f.*) gynecology
ginecólogo(a) (*m., f.*) gynecologist,
4
glande (*m.*) glans
glándula (*f.*) gland
glaucoma (*f.*) glaucoma, 12
globo (*m.*) balloon (*drug dosage*), 18
golpear(se) to hit (oneself), 10
gonorrea (*f.*) gonorrhea, 13
gordo(a) fat, 6
gordura (*f.*) obesity, 6
gorro (*m.*) bonnet, 19; cap, 19
gota (*f.*) drop, 5
gotero (*m.*) eyedropper
gracias thank you, P
grado (*m.*) degree, 3
grande big, 4; large
grano (*m.*) pimple, 12
grasa (*f.*) fat, 6; grease, 6
grasiento(a) oily
gratis free (*of charge*)
grave serious, 3
gripe (*f.*) influenza
grupo (*m.*) group, 6
guardado(a) put away, 13
guardar to keep; to put away
guía (*f.*) guide
gustar to like, 13; to be pleasing
to, 13
gusto (*m.*) pleasure

H

habichuelas (*f.*) beans (*Puerto
Rico*), 6
habitación (*f.*) room, 11
hablar to speak, 1
hace como... about . . . , 18
hacer to do, 5; to make, 5
—**caca** to have a bowel
movement (*col.*)
—**daño** to hurt, 18
—**ejercicio** to exercise, 6
—**gárgaras** to gargle
—**preguntas** to ask questions, 19
—**un análisis** to run a test, 8

—**una prueba**   to run a test, 8
—**un examen**   to give a checkup, 8
hacia   toward
—**adelante**   forward, 8
—**atrás**   backwards, 8
hachich (hashís) (*m.*)   hashish
hambre: tener—   to be hungry, 5
harina (*f.*)   flour
hasta   until, 8; till, 8
—**mañana.**   See you tomorrow., P
hay   there is, 5; there are, 5
hemorragia (*f.*)   hemorrhage, 13
—**cerebral**   stroke, 16
hemorroide (*f.*)   hemorroid, 17
hepatitis (*f.*)   hepatitis, 18
hereditario(a)   hereditary, 16
herida (*f.*)   wound, 9; injury, 9
herido(a) (*m., f.*)   injured person, 10
hermanastro(a) (*m., f.*)   stepbrother; stepsister
hermano(a) (*m., f.*)   brother, 20; sister, 20
heroína (*f.*)   heroin
herpes (*m.*)   herpes, 13
hidropesía (*f.*)   dropsy
hielo (*m.*)   ice, 9
hierro (*m.*)   iron, 3
hígado (*m.*)   liver, 6
higienista (*m., f.*)   hygienist, 9
hijastro(a) (*m., f.*)   stepchild
hijo(a) (*m., f.*)   son, 3; daughter, 3
hilo dental (*m.*)   dental floss, 9
hinchado(a)   swollen, 4
hinchazón (*m.*)   swelling
hiperopía (*f.*)   farsightedness
hipertension (*f.*)   hypertension, 16
hirviendo   boiling, 10
histerectomía (*f.*)   hysterectomy
historia clínica (*f.*)   medical history, 1
hoja clínica (*f.*)   medical history, 1
hombre (*m.*)   man, 15
hombro (*m.*)   shoulder
hondo   deep (*adv.*), 8; deep (*adj.*), 19
hongo (*m.*)   fungus
hora (*f.*)   hour, 3
—**de visita**   visiting hour, 13
pedir—   to make an appointment, 5
horario (*m.*)   hours, schedule
hormigueo (*m.*)   pins and needles, tingling

horno (*m.*)   oven, 19
hospital (*m.*)   hospital, 2
hoy   today, 2
hueco (*m.*)   hole, 19
hueso (*m.*)   bone, 8
—**ilíaco**   ilium
huevo (*m.*)   egg, 6
humano(a)   human
húmero (*m.*)   humerus

I

implante (*m.*)   implant, 7
importancia (*f.*)   importance, 12
importante   important, 5
impotencia (*f.*)   impotence
incapacidad (*f.*)   disability, 18
incendio (*m.*)   fire
incisivo (*m.*)   incisor
incubación (*f.*)   incubation
incubadora (*f.*)   incubator
indicar   to indicate, 5
infarto (*m.*)   heart attack, 18
infección (*f.*)   infection, 5
—**de la garganta**   tonsilitis
infeccioso(a)   infectious
inflamación (*f.*)   inflamation
—**del intestino grueso**   colitis
inflamado(a)   swollen, 4
inflamatorio(a)   inflammatory
información (*f.*)   information, P
informe (*m.*)   report
ingle (*f.*)   groin
ingresar   to be admitted (*to a hospital*), 10
inodoro (*m.*)   toilet, 14
insecticida (*m.*)   insecticide, 19
inseminación artificial (*f.*)   artificial insemination
insertar   to insert, 7
insolación (*f.*)   sunstroke
insomnio (*m.*)   insomnia, 8
insoportable   unbearable, 9
instrucción (*f.*)   instruction, 17
insulina (*f.*)   insulin, 17
internar   to be admitted (*to a hospital*)
internista (*m., f.*)   general practitioner, 17; internist, 17
interno(a)   internal
intestino (*m.*)   gut, intestine
intoxicación (*f.*)   intoxication
investigador(a) (*m., f.*)   investigator

inyección (*f.*) injection, 10; shot, 10
   —contra el tétano tetanus shot
inyectar(se) to inject (oneself), 17
ipecacuana (*f.*) ipecac
ir to go, 3
irritación (*f.*) irritation
irritado(a) irritated, 5
irse to leave, 14; to go away, 14
izquierdo(a) left, 12

J

jabón (*m.*) soap, 12
jalea (*f.*) jelly, 7
jarabe (*m.*) syrup
   —para la tos cough syrup, 2
jeringa (hipodérmica) (*f.*) hypodermic syringe
jeringuilla (*f.*) hypodermic syringe
jimaguas (*m., f.*) twins (*Cuba*)
joven young, 7
juanete (*m.*) bunion
jugo (*m.*) juice, 2
   —de china orange juice (*Puerto Rico*), 2
   —de naranja orange juice, 2
juntos(as) together, 5

L

labios (*m.*) lips
laboratorio (*m.*) laboratory, 8
lado (*m.*) side, 12
   al—de at the side of
ladrón (-ona) (*m., f.*) burglar
laparascopía (*f.*) laparoscopy
laringitis (*f.*) laryngitis
lastimar(se) to hurt (oneself), 11
latido (*m.*) heartbeat
latir to beat (*heart*), 20
lavado (*m.*) washing
   —intestinal (*m.*) enema, 14
   hacer un— de estómago to pump the stomach, 10
laxante (*m.*) laxative, 17
leche (*f.*) milk, 2
   —descremada (*f.*) skim milk, 6
leer to read, 2
legumbre (*f.*) vegetable
lejía (*f.*) bleach, 19
lejos (de) far away, 12
lengua (*f.*) tongue, 13
lentamente slowly, 8

lentes (*m.*) glasses, 2
   —de contacto (*m.*) contact lenses, 2
leño (*m.*) joint (*col.*)
lesión (*f.*) lesion, 15
letra (*f.*) handwriting, 1; letter, 12
   —de molde print, printed letter
   —de imprenta print, printed letter
leucemia (*f.*) leukemia
levantar(se) to lift, 13; to raise, 13; to get up
   al— first thing in the morning
libra (*f.*) pound, 1
licencia para conducir (*f.*) driver's license, 1
ligadura (*f.*) tourniquet, 14
ligar to tie, 12
ligero(a) light
limitación (*f.*) limitation, 18
limpiar to clean, 5
limpieza (*f.*) cleaning
línea (*f.*) line, 12
linimento (*m.*) liniment
líquido (*m.*) liquid, 3
lista (*f.*) list, 6
listo(a) ready, 14
lo it, him, you (*form.*)
   —mejor the best (thing), 5
   —mismo the same (thing), 8
   —que that which, 10
   —siento I'm sorry, P
local local, 9
loción (*f.*) lotion, 12
   —para bebé baby lotion
locura (*f.*) insanity
lonche (*m.*) lunch (*col. México*), 13
los (las) dos both, 3; the two of them, 3
lubricar to lubricate
luego then, 10
lugar (*m.*) place, 18
   —donde trabaja place of employment, 1
lunar (*m.*) mole
luz (*f.*) light, 12

LL

llaga (*f.*) sore, 15; wound, 15
llamado(a) called
llamar to call, 1
llegar to arrive, 10
llenar to fill out, 1

lleno(a) de gases   bloated, 3
llevar   to take (someone or something somewhere), 3; to carry
—**a cabo**   to carry out
llorar   to cry

M

macarrones (*m.*)   macaroni, 6
madrastra (*f.*)   stepmother
madre (*f.*)   mother
mal de ojo (*m.*)   evil eye
malaria (*f.*)   malaria
malestar (*m.*)   discomfort, malaise
maligno(a)   malignant, 12
malo(a)   bad, 4
malparto (*m.*)   miscarriage, 4
mamá (*f.*)   mother, 6; mom
mamadera (*f.*)   baby bottle, 11
mamar: dar de—   to nurse, 11
mamila (*f.*)   baby bottle (*México*), 11
mamografía (*f.*)   mammogram, 12
mancha en la piel (*f.*)   birthmark
mandíbula (*f.*)   jaw
manga (*f.*)   sleeve, 14
manifestarse (*e:ie*)   to manifest
mano (*f.*)   hand, 14
manta (*f.*)   blanket, 2
manteca (*f.*)   heroin (*col. Caribe*)
mantener   to keep
mantequilla (*f.*)   butter, 2
—**de cacahuate**   peanut butter, 6
—**de maní**   peanut butter, 6
manzana (*f.*)   apple
mañana   tomorrow, 1; (*f.*) morning, 4
maquillaje (*m.*)   make up, 19
máquina (*f.*)   car (*Cuba*), 10
marcapasos (*m.*)   pacemaker, 20
mareo (*m.*)   dizziness, 4
margarina (*f.*)   margerine, 6
mariguana (marijuana) (*f.*)   marijuana
más   more, 4; else, 16; most
—**o menos**   more or less, 8
masa (*f.*)   mass, 12
matar   to kill
materia fecal (*f.*)   stool, feces
matriz (*f.*)   womb
mayor   major, 12
mayoría (*f.*)   majority, 12
mechón (*m.*)   patch
medias (*f.*)   stockings, 17; hose, 17
—**elásticas**   support stockings, 17

medicina (*f.*)   medicine, 3
medicinal   medicinal, 12; medicated, 12
médico(a) (*adj.*)   medical; (*m., f.*) doctor, 1; M.D., 1
medio(a)   half, 16
en el—   in the middle
medir (*e:i*)   to measure; to be . . . tall
mejilla (*f.*)   cheek
mejor   better, 7; best, 7
mejorar   to make better, 20; to improve, 20
melocotón (*m.*)   peach
melón (*m.*)   melon, 6
mellizos(as) (*m., f.*)   twins
meningitis (*f.*)   meningitis
menor   minor, 12
menos   less, 8
por lo—   at least
menstruación (*f.*)   menstruation, 4
mental   mental, 18
mentón (*m.*)   chin
mesa (*f.*)   table, 14
metadona (*f.*)   methadone
metatarso (*m.*)   metatarsus
método (*m.*)   method, 7
miel (*f.*)   honey
miembro (*m.*)   penis
mientras tanto   in the meantime, 4
mineral (*m.*)   mineral, 5
minuto (*m.*)   minute, 9
mío(a)   mine, 9
miope   nearsighted
miopía (*f.*)   nearsightedness
mirar   to look at, 1
mismo(a)   same
mitad (*f.*)   half, 6
molestia (*f.*)   trouble, 7; discomfort, 7
momento (*f.*)   moment, 15
moneda (*f.*)   coin, 19
morado (*m.*)   bruise, 13
morder (*o:ue*)   to bite, 9
moretón (*m.*)   bruise, 13
morfina (*f.*)   morphine
morir (*o:ue*)   to die, 20
mover(se) (*o:ue*)   to move, 14
—**el vientre**   to have a bowel movement, 11
mucosas (*f.*)   mucous membranes
muchacho(a) (*m., f.*)   young man, 18; boy, 18; young woman, 18; girl, 18

mucho   much, 2; a lot, 2
  muchas gracias   thank you very
  much, P
mueble (*m.*)   piece of furniture, 19
muela (*f.*)   tooth, 9; molar, 9
  —del juicio   wisdom tooth, 9
muerte (*f.*)   death
muestra (*f.*)   sample, 2; specimen, 2
  —de orina   urine sample
  (specimen), 2
  —de excremento   stool
  specimen, 2
  —de heces fecales   stool
  specimen, 2
mujer (*f.*)   woman, 7
mujercita (*f.*)   female (girl)
  (*col. México*), 6
muleta (*f.*)   crutch, 10
muñeca (*f.*)   wrist
músculo (*m.*)   muscle
muslo (*m.*)   thigh
muy   very

N

nacer   to be born, 11
nacimiento (*m.*)   birth
nada   nothing, 8
  de—   you're welcome, P
nadie   nobody, 15; no one, 15
nalgas (*f.*)   buttocks, 5
naranja (*f.*)   orange, 6
nariz (*f.*)   nose
natalidad (*f.*)   birth, 7
náusea (*f.*)   nausea, 1
necesariamente   necessarily, 7
necesario(a)   necessary, 5
necesitar   to need, 1
negativo(a)   negative, 8
negro(a)   black, 17
nervio (*m.*)   nerve
nervioso(a)   nervous, 16
neurología (*f.*)   neurology
neurológico(a)   neurological
neurólogo(a) (*m., f.*)   neurologist
nieto(a) (*m., f.*)   grandson;
  granddaughter
niño(a) (*m., f.*)   child, 3; boy; girl
noche (*f.*)   night
nombre (*m.*)   name, P; noun
normal   normal, 8
normalmente   normally, 11
notar   to notice, 17
novocaína (*f.*)   novocaine, 9

nuca (*f.*)   nape
nudillo (*m.*)   knuckle
nuera (*f.*)   daughter-in-law
nuevo(a)   new
número (*m.*)   number
  —de teléfono   phone number, P
nunca   never, 6

O

o   or, 1
obesidad (*f.*)   obesity, 6
objeto (*m.*)   object, 19
obrar   to have a bowel
  movement, 11
obstetra (*m., f.*)   obstetrician
obstruido(a)   clogged
oculista (*m., f.*)   oculist, 12; ophthalmologist, 12; optometrist, 12
ocupación (*f.*)   occupation, P
ocurrir   to happen, 16; to occur, 16
odontólogo(a) (*m., f.*)   odontologist; dental surgeon; dentist
oficina (*f.*)   office, 3
oftalmología (*f.*)   ophthalmology
oftalmólogo(a) (*m., f.*)
  ophthalmologist
oído (*m.*)   (inner, internal) ear, 5
oír   to hear, 17
ojalá   I hope, 17; if only, 17
ojo (*m.*)   eye
olor (*m.*)   odor, 15
olvidarse (de)   to forget, 9
ombligo (*m.*)   navel
omóplato (*m.*)   scapula
operación (*f.*)   operation, 11;
  surgery
  —de corazón abierto   open-
  heart surgery
operar   to operate, 12
opio (*m.*)   opium
opresión (*m.*)   tightness, 20
orden (*f.*)   order, 8
ordenar   to order, 14
oreja (*f.*)   (external) ear
órgano (*m.*)   organ
orina (*f.*)   urine
orinar   to urinate, 2
ortodoncia (*f.*)   orthodontia
ortodoncista (*m., f.*)   orthodontist
ortopedia (*f.*)   orthopedics
ortopédico(a) (*m., f.*)   orthopedist
ortopedista (*m., f.*)   orthopedist
orzuelo (*m.*)   sty

oscuridad (*f.*)　dark, darkness

otorrinolaringólogo(a) (*m., f.*)　ear, nose, and throat specialist

otra vez　again, 8

otro(a)　other, 2; another, 2

ovario (*m.*)　ovary

ovulación (*f.*)　ovulation, 7

óvulo (*m.*)　ovum

oxígeno (*m.*)　oxygen

P

paciente (*m., f.*)　patient, P

　—**externo**　outpatient

padecer　to suffer, 6

　—**del corazón**　to have heart trouble, 20

padrastro (*m.*)　stepfather

padre (*m.*)　father, 6

padres (*m.*)　parents

pagar　to pay, 1

pago (*m.*)　payment

país (*m.*)　country

palabra (*f.*)　word

paladar (*m.*)　palate

pálido(a)　pale, 3

palpitación (*f.*)　palpitation, 16

pan (*m.*)　bread, 2

　—**tostado**　toast, 2

pantalones (*m.*)　pants

pantimedias (*f.*)　pantyhose

pantorrilla (*f.*)　calf

pañal (*m.*)　diaper

　—**desechable**　disposable diaper

pañuelo de papel (*m.*)　tissue

papa (*f.*)　potato

papá　father, 6; dad

Papanicolau: examen de —(*m.*)　Pap test (smear)

papel (*m.*)　paper

paperas (*f.*)　mumps, 5

papiloma (*m.*)　papiloma

par (*m.*)　pair, 17; couple

para　for, 2; in order to, 3

　—**qué**　for what, 5

parabrisas (*m.*)　windshield

parálisis (*f.*)　paralysis, 16

paralítico(a)　paralyzed, 16

paramédico(a) (*m., f.*)　paramedic, 19

pararse　to stand up, 14

parcial　partial, 16

parecer　to seem, 8; to look

pared (*f.*)　wall, 12

pareja (*f.*)　pair

pariente (*m., f.*)　relative, 20

　—**cercano(a)**　close relative, 20

parir　to give birth

párpado (*m.*)　eyelid

parte (*f.*)　part, 7

　—**partes privadas**　private parts, 14

partera (*f.*)　midwife

parto (*m.*)　delivery, 11; childbirth

　dolor de—(*m.*)　labor pain, 11

　estar de—　to be in labor

　sala de—(*f.*)　delivery room

pasado(a)　last, 12

pasar　to happen, 10

pasársele a uno　to pass, 17

Pase.　Come in., P

pasillo (*m.*)　hallway, 14

pasta (*f.*)　pasta

　—**de dientes**　toothpaste, 9

　—**dentífrica** (*f.*)　toothpaste, 9

pastel (*m.*)　pie; cake

pastilla (*f.*)　tablet, 2; pill, 2

　—**para el dolor**　painkiller, 2

pasto (*m.*)　marijuana (*col.*)

pecho (*m.*)　breast, 4; chest, 8

　dar el—　to nurse, 11

pediatra (*m., f.*)　pediatrician, 3

pediatría (*f.*)　pediatrics

pedir (*e:i*)　to ask for; to request

pegar un tiro　to shoot

peligroso(a)　dangerous, 6

pelo (*m.*)　hair

pelvis (*f.*)　pelvis

pene (*m.*)　penis, 8

penicilina (*f.*)　penicillin, 3

pensar (*e:ie*)　to think (about), 7; to plan, 11

peor　worse, 16; worst, 16

pequeño(a)　small, 6; little, 6

pera (*f.*)　pear

perder (*e:ie*)　to lose

　—**peso**　to lose weight, 6

pérdida (*f.*)　loss

perfil (*m.*)　side

perfume (*m.*)　perfume

perico (*m.*)　cocaine (*col.*)

periodo (*m.*)　menstruation, 4; period

permanente　permanent

pero　but, 3

peroné (*m.*)　fibula

perro(a) (*m., f.*)　dog

persona (*f.*)　person, 12

personal (*m.*)   personnel
pesado(a)   heavy, 4
pesar   to weigh, 1
pescado (*m.*)   fish, 6
pescuezo (*m.*)   neck
peso (*m.*)   weight, 6
pestañas (*f.*)   eyelashes
pezón (*m.*)   nipple
picado(a)   decayed, 9; carious, 9
picadura (*f.*)   cavity, 9; bite
picante   spicy
picazón (*f.*)   itching, 8
pie (*m.*)   foot
piedra (*f.*)   stone, 17; crack (*col.*)
piel (*f.*)   skin, 5
pierna (*f.*)   leg, 11
pijama (*m.*)   pyjamas
píldora (*f.*)   pill
pimiento (*m.*)   pepper, 6
pintura (*f.*)   paint, 19
pinzas (*f.*)   tweezers, 19
piña (*f.*)   pineapple
piorrea (*f.*)   pyorrhea, 9
pipí: hacer—   to urinate (*col.*), 2
pis: hacer—   to urinate (*col.*), 2
piscina (*f.*)   swimming pool, 19
piso (*m.*)   floor; story
pito (*m.*)   marijuana (*col.*)
placa (*f.*)   plaque
placenta (*f.*)   placenta, 11
plancha (*f.*)   iron, 19
planificación (*f.*)   planning, 7
planilla (*f.*)   form, 1
planta del pie (*f.*)   sole of the foot
plástico (*m.*)   plastic, 19
pleuresía (*f.*)   pleurisy
pneumonía (*f.*)   pneumonia
pobre   poor
pobrecito(a) (*m., f.*)   poor little thing (one), 3
poco(a)   little (*ref. to quantity*), 3
　poco a poco   little by little, 14
　un—   a little, 8
pocos(as)   few, 6
poder (*o:ue*)   to be able to, 6; can, 6
podiatra (*m., f.*)   podiatrist
polen (*m.*)   pollen
policía (*m., f.*)   police; policeman; policewoman
poliomielitis (*f.*)   poliomyelitis, 5
póliza (*f.*)   policy, P
polvo (*m.*)   cocaine (*col.*)
pollo (*m.*)   chicken, 2
pomo (*m.*)   bottle (*Cuba*), 10

poner(se)   to put; to put on; to turn
　poner una inyección   to give a shot, 10
por   through, 8; for, 10
　¿—cuánto tiempo...?   for how long . . . ?, 10
　—ejemplo   for example, 20
　—eso   that's why, 6; for that reason, 6
　—favor   please, P
　—fin   finally, 15
　—lo menos   at least, 6
　¿—qué?   why, 4
　—supuesto   of course, 16
poro (*m.*)   pore
porque   because, 4
porro (*m.*)   joint (*col.*)
positivo(a)   positive, 8
posterior   rear
postizo(a)   false, 2
postnatal   postnatal
postre (*m.*)   dessert, 2
practicar   to practice
precaución (*f.*)   precaution, 5
preferir (*e:ie*)   to prefer, 5
pregunta (*f.*)   question, 19
preguntar   to ask (a question), 13
prematuro(a)   premature
prenatal   prenatal
prendas (*f.*)   clothing
prender   to react
preñada   pregnant (*col.*), 4
preocupado(a)   worried, 6
preocupar(se) por   to worry about, 10
preparar   to prepare, 6
présbite   farsighted
presión (*f.*)   pressure, 8; blood pressure, 8
　—arterial   blood pressure, 8
presupuesto (*m.*)   budget
primario(a)   primary
primero(a)   first (one), 5
primeros auxilios (*m.*)   first aid, 19
primo(a) (*m., f.*)   cousin
principio (*m.*)   principle
privado(a)   private
probablemente   probably, 16
probar (*o:ue*)   to try, 7
probeta (*f.*)   test tube
　bebé de—   test-tube baby
problema (*m.*)   problem, 3
profundo(a)   deep, 19
programa (*m.*)   program, 18
promedio (*m.*)   average

pronto soon, 10

  tan—como as soon as, 19

propio(a) itself

proporcionar to provide

próstata (*f.*) prostate gland

prostatitis (*f.*) prostatitis

proteger to protect

proteína (*f.*) protein, 3

próximo(a) next, 5; (*m., f.*) next one, 12

prueba (*f.*) test, 5

psiquiatra (*m., f.*) psychiatrist

psiquiátrico(a) psychiatric

publicar to publish

público(a) public, 15

puente (*m.*) bridge

puerta (*f.*) door

pues well, 10

pujar to push (labor), 11

pulgada (*f.*) inch, 1

pulmón (*m.*) lung

pulmonía (*f.*) pneumonia

pulpa (*f.*) pulp

pulso (*m.*) pulse, 13

pullar to shoot up (*col. Caribe*)

puntada (*f.*) stitch, 10

punto (*m.*) stitch, 10; dot, 12

punzada (*f.*) sharp pain

punzante sharp, 20

pupila (*f.*) pupil

purgante (*m.*) purgative, 17; cathartic, 17

pus (*m.*) pus, 5

Q

que that, 3

qué what, 2

quebrarse (*e:ie*) to break (*México*), 10; to fracture (*México*), 10

quedar(se) to remain, 11; to stay, 11

  —sordo(a) to go deaf, 17

quemadura (*f.*) burn, 10

quemar(se) to burn (oneself), 10

querer (*e:ie*) to want, 5; to wish, 5

queso (*m.*) cheese, 6

quién who, 1

quieto(a) still

quijada (*f.*) jaw

quimioterapia (*f.*) chemotherapy

quirúrgico(a) surgical

quiste (*m.*) cyst, 12

quitar(se) to take out, 12; to remove, 12

  —la ropa to take off one's clothes, 14

quizá(s) perhaps, 3; maybe, 3

R

rabadilla (*f.*) coccyx

radio (*m.*) radius

radiografía (*f.*) X-ray, 1

radiólogo(a) (*m., f.*) radiologist

raíz (*f.*) root

rápidamente rapidly, 20

raquídea (*f.*) spinal anesthesia

rasguño (*m.*) scratch, 19

rasurar(se) to shave

rato (*m.*) while, 11

rayos equis (*m.*) X-rays

reanimación (*f.*) revival

rebajar to lose weight, 6

recepcionista (*m., f.*) receptionist, P

receta (*f.*) prescription, 3

recetar to prescribe, 5

recibir to receive, 18

recién new

  —casado(a) (*m., f.*) newlywed, 7

  —nacido(a) (*m., f.*) newborn

recomendar (*e:ie*) to recommend, 17

reconocer to examine, 4; to recognize

recto (*m.*) rectum

recuperación (*f.*) recovery

recuperarse to recover

refresco (*m.*) soft drink, 6; soda pop, 6

regalo (*m.*) present; gift

regla (*f.*) menstruation

regresar to return, 1

regularmente regularly, 17

relaciones sexuales (*f.*) sexual relations, 4

  tener— to have sex, 4

relajarse to relax (oneself), 11

reloj (*m.*) watch, 13

remangarse to roll up one's sleeves, 14

remedio (*m.*) medicine, 3

repollo (*m.*) cabbage, 6

reproductivo(a) reproductive

resfriado (*m.*) cold, 3

resfrío (*m.*) cold, 3

resollar to breathe, 8
respiración (*f.*) breath
respirar to breathe, 8
respiratorio(a) respiratory
resto (*m.*) rest, 16; remainder, 16
resultado (*m.*) result, 8
  dar— to work, 12; to produce
  results, 12
resumen (*m.*) summary, 18
retención (*f.*) retention
retina (*f.*) retina
reumatismo (*m.*) rheumatism
revisar to check, 5
revestir (*e:i*) to line
riesgo (*m.*) risk
riñón (*m.*) kidney, 16
ritmo (*m.*) rhythm, 7
roca (*f.*) crack (*col.*)
rodilla (*f.*) knee, 8
rojo(a) red, 6
romper(se) to break, 10; to
  fracture, 10
ronco(a) hoarse, 8
ronchas (*f.*) hives
ronquera (*f.*) hoarseness
ropa (*f.*) clothes, 13
  —interior underwear
rotula (*f.*) patella
rubéola (*f.*) rubella, 5
ruido (*m.*) noise, 8

S

sábana (*f.*) sheet
saber to know, 7
sacar to pull out, 9; to take out, 9;
  to extract, 9; to stick out, 17
sal (*f.*) salt, 9
sala (*f.*) ward, 2; room
  —de bebés nursery, 11
  —de emergencia emergency
  room, 10
  —de espera waiting room, 3
  —de maternidad maternity
  ward
  —de parto delivery room, 11
  —de rayos X X-ray room, 10
  —de recuperación recovery
  room
  —de urgencia emergency
  room, 10
salir to leave, 9; to go out, 9
  —bien to turn out okay, 14
saliva (*f.*) saliva

salpullido (*m.*) rash, 5
salud (*f.*) health, 15
saludo (*m.*) greeting
salvar to save, 9
sangrar to bleed, 9
sangre (*f.*) blood, 1
sano(a) healthy, 8
sarampión (*m.*) measles, 5
sarna (*f.*) scabies
sarpullido (*m.*) rash, 5
sarro (*m.*) tartar, 9
seco(a) dry
secreción (*f.*) secretion
secundario(a) secondary
sed (*f.*) thirst
seda dental (*f.*) dental floss, 9
sedativo (*m.*) tranquilizer
seguida: en— right away
seguir (*e:i*) to continue, 7; to
  follow, 7
según according to
segundo (*m.*) second, 10
segundo(a) second
  —nombre (*m.*) middle name, 1
seguro (*m.*) insurance, 1
  —social (*m.*) social security, 1
seguro(a) sure, 4; safe, 19
semana (*f.*) week, 5
semen (*m.*) semen
semiduro(a) medium hard
seno (*m.*) breast, 4
sentado(a) sitting
sentar(se) (*e:ie*) to sit (down), 9
sentidos (*m.*) senses
sentir(se) (*e:ie*) to feel, 8
señal (*f.*) sign; warning
señalar to indicate
señor (*m.*) Mr., P; sir, P;
  gentleman, P
señora (*f.*) Mrs., P; lady, P; Ma'am,
  P; madam, P
señorita (*f.*) Miss, P; young lady, P
separado(a) separated, 1
separar to separate, 8
ser to be, 2
  —querido (*m.*) loved one
serio(a) serious, 3
servicio (*m.*) bathroom, 14
servir (*e:i*) to serve, 7
sexo (*m.*) sex, P
si if, 3
**SIDA (Síndrome de Inmunodefi-
  ciencia Adquirida)** (*m.*) AIDS,
  18

siempre   always, 1
sien (*f.*)   temple
sífilis (*f.*)   syphilis, 15
sifilítico(a)   syphilis (*adj.*)
siguiente   following, 12; next, 12
silla de ruedas (*f.*)   wheelchair
similar   similar, 14
simple   simple, 9
sin   without, 8
   —sal   salt free
síntoma (*m.*)   symptom, 4
situación (*f.*)   situation
sobre   about, 1; on
   —todo   above all
sobredosis (*f.*)   overdose
sobrino(a) (*m., f.*)   nephew; niece
social   social, P
sofocar(se)   to suffocate (oneself), 19
sol (*m.*)   sun, 19; monetary unit of Perú
solamente   only, 2
solo(a)   alone, 19
sólo   only, 2
soltero(a)   single, 1
sonograma (*m.*)   sonogram
sopa (*f.*)   soup, 2
sordera (*f.*)   deafness
sordo(a)   deaf, 17; dull (*pain*), 20
sospechar   to suspect, 15
subir   to lift, 13; to go up, 13
   —de peso   to gain weight, 8
   —subirse la manga   to roll up one's sleeve, 14
suceder   to happen
sudor (*m.*)   sweat, 20
suegro(a) (*m., f.*)   father-in-law; mother-in-law
suero (*m.*)   I.V. (serum), 13
suerte (*f.*)   luck, 7
suficiente   enough, 9
sufrir   to suffer, 3
   —del corazón   to have heart trouble, 20
sugerencia (*f.*)   suggestion
sugerir (*e:ie*)   to suggest, 16
suicidarse   to commit suicide
sulfa (*f.*)   sulfa
supositorio (*m.*)   suppository
supuración (*f.*)   pus, 5
susto (*m.*)   fright
suyo(a)   yours, 9

T

tabaco (*m.*)   tobacco, 16
tableta (*f.*)   tablet, 13
tal: ¿Qué —...?   How about . . . ?; How is (are) . . . ?
   —vez   perhaps, 20
talón (*m.*)   heel
tamaño (*m.*)   size, 7
también   also, 2
tampoco   either, 7; neither, 7
tanto   so much, 2
tapado(a)   constipated, 3
tapar   to cover, 4
tarde (*f.*)   afternoon, 11; (*adv.*)   late
   más—   later, 6
tarjeta (*f.*)   card, 1
tarso (*m.*)   tarsus
taza (*f.*)   cup
técnico(a) (*m., f.*)   technician, 14
tejido (*m.*)   tissue
   —graso   fatty tissue
tela (*f.*)   cloth
teléfono (*m.*)   phone, 19
temblor (*m.*)   tremor, 20; shaking, 20
temer   to be afraid, 17; to fear, 17
temperatura (*f.*)   temperature, 3
tendencia (*f.*)   tendency
tener   to have, 4
   —a mano   to keep at hand
   —años   to be . . . years old, 6
   —cuidado   to be careful, 6
   —en cuenta   to keep in mind
   —hambre   to be hungry, 5
   —mal olor (peste)   to have a bad odor, 15
   —miedo   to be afraid, 19
   —que   to have to, 4
   —razón   to be right, 4
   no—importancia   to not matter, 12
tensión (*f.*)   blood pressure, 16; tension
tenso(a): ponerse—   to tense up, 11
terapia (*f.*)   therapy
tercero(a)   third, 10
terminar   to finish, 14; to be done, 14
termómetro (*m.*)   thermometer, 13
terrible   terrible, 10
testículo (*m.*)   testicle
tétano(s) (*m.*)   tetanus, 5

tete (*m.*) pacifier (*Cuba*)
tía (*f.*) aunt, 20
tibia (*f.*) tibia
tibio(a) lukewarm, 9; tepid, 9
tiempo (*m.*) time
tienda (*f.*) store; shop
tijeras (*f.*) scissors, 19
tímpano (*m.*) eardrum
tinte (*m.*) dye, 19
tintura de yodo (*f.*) iodine
tío (*m.*) uncle, 20
tiroides (*f.*) thyroid, 14
título (*m.*) title
toallita (*f.*) washcloth
tobillo (*m.*) ankle, 4
tocar to touch, 8
todavía yet, 2; still, 2
todo(a) all, 4
  —eso all that, 5
  —lo posible everything
  possible, 6
tomacorrientes (*m.*) electrical outlet, 19; socket, 19
tomar to drink, 2; to take, 3
  Tome asiento. Have a seat., P
tomate (*m.*) tomato, 6
tórax (*m.*) thorax
torcer(se) (*o:ue*) to twist, 10
torcido(a) crooked
torniquete (*m.*) tourniquet, 14
toronja (*f.*) grapefruit
tortilla (*f.*) tortilla, 6
tos (*f.*) cough, 2
  —convulsiva whooping cough
  —ferina whooping cough, 5;
  pertussis, 5
toser to cough, 2
tostada (*f.*) toast, 2
total total, 16
trabajar to work, 12
trabajo (*m.*) work, 4
traer to bring, 8
tragar to swallow, 14
tranquilizante (*m.*) tranquilizer
transfusión (*f.*) transfusion, 12
transmitido(a) transmitted
  —a través del contacto sexual
  sexually transmitted
transplante de corazón (*m.*) heart
  transplant
trastorno nervioso (*m.*) nervous
  disorder
tratamiento (*m.*) treatment, 12
tratar to treat, 16; to try, 16

tripas (*f.*) belly; intestines
trompa (*f.*) tube
tuberculina (*f.*) tuberculin
tuberculosis (*f.*) tuberculosis, 5
tubo (*m.*) tube, 14
tumor (*m.*) tumor, 12
tupido(a) constipated, 3
turno (*m.*) appointment, 5

U

úlcera (*f.*) ulcer, 17
últimamente lately, 17
último(a) last, 12
  la —vez the last time, 12
ultrasonido (*m.*) ultrasound, 17
ungüento (*m.*) ointment, 5
unidad (*f.*) unit
  —de cuidados intensivos
  intensive care unit
urea alta (*f.*) uremia
uremia (*f.*) uremia
uretra (*f.*) urethra
úrico uric, 20
urología (*f.*) urology
urólogo(a) (*m.*, *f.*) urologist, 12
urticaria (*f.*) hives
usado(a) used, 7
usar to wear, 2; to use, 2
útero (*m.*) uterus, 7
útil useful, 19
uva (*f.*) grape
úvula (*f.*) uvula

V

vacío(a) empty, 10
vacunado(a) vaccinated
vacunar to vaccinate, 5
vagina (*f.*) vagina, 7
vaginal vaginal
vaginitis (*f.*) vaginitis
vamos a ver let's see, 4
varicela (*f.*) chickenpox
várices (*f.*) varicose veins, 17
variedad (*f.*) variety, 6
varios(as) several, 13
varón (*m.*) male, 11; boy, 11
vasectomía (*f.*) vasectomy, 12
vaselina (*f.*) Vaseline, 5
vasito (*m.*) little glass, 14; cup, 14
vaso (*m.*) glass, 17
veces (*f.*) times
  a— sometimes, 8
  algunas— sometimes, 8

283

vegetal (*m.*) vegetable
vejiga (*f.*) bladder
vena (*f.*) vein, 13
 —**varicosa** varicose vein, 17
venda (*f.*) bandage, 19
vendaje (*m.*) bandage, 19
vendar to bandage, 10
veneno (*m.*) poison, 10
venéreo(a) venereal, 18
venir to come, 5
ventaja (*f.*) advantage
ventana (*f.*) window
 —**nasal** nostril
 —**de la nariz** nostril
ver to see, 5
verbo (*m.*) verb
verdad true
 ¿—? right?, 11
verde green, 6
verdoso(a) greenish, 15
verruga (*f.*) wart, 12
verse to look, 13; to seem, 13
vértebra (*f.*) vertebra
vesícula (*f.*) bladder
 —**biliar** gallbladder, 17
 —**seminal** seminal vesicle
vestido (*m.*) dress
vez (*f.*) time, 12
 de—en cuando from time to
 time, 17
 una— once
vía: por—bucal orally
 —**oral** orally
vida (*f.*) life, 16
viejo(a) (*m., f.*) elderly man, 16; elderly woman, 16

vientre (*m.*) abdomen, 6
VIH (virus de inmunodeficiencia
 humana) (*m.*) HIV (human immunodeficiency virus)
vino (*m.*) wine, 18
violento(a) violent, 20; strenuous
viruela (*f.*) smallpox
virus (*m.*) virus
visitar to visit, 13
vista (*f.*) vision, 12; view
 corto(a) de— nearsighted
vitamina (*f.*) vitamin
viudo(a) (*m., f.*) widow, 1; widower
 1
vivir to live
vocabulario (*m.*) vocabulary
volver (*o:ue*) to come (go) back, 6;
 to return, 6
volverse to turn over, 14
vomitar to throw up, 1

Y

y and, P
ya already, 11; now, 11
 —**está** That's it.
yerba marijuana (*col.*)
yerno (*m.*) son-in-law
yeso (*m.*) cast, 10
yodo (*m.*) iodine, 19
yogur (*m.*) yogurt, 6

Z

zapatilla (*m.*) slipper
zapato (*m.*) shoe

English-Spanish Vocabulary

A

a day al día, 2

abdomen vientre (*m.*), 11; barriga (*f.*), 11; abdomen (*m.*)

abortion aborto (*m.*), 4

about sobre, 1; acerca de; hace como..., 18

above all sobre todo, 6

abscess absceso (*m.*), 9

abstinence abstinencia (*f.*)

accident accidente (*m.*), 10

according to según

ache dolor (*m.*), 1; doler (*o:ue*), 8

acid ácido (*m.*), 10

acidity acidez (*f.*), 17

acne acné (*m.*), 12

acquainted: to be—with conocer, 7

add añadir

addicted adicto(a)

addition: in— además, 6

address dirección (*f.*), P; domicilio (*m.*), P

adhesive tape cinta adhesiva (*f.*), 19

adjective adjetivo (*m.*)

admission admisión (*f.*)

admit (to a hospital) internar

admitted: to be—to a hospital ingresar, 10

advance adelanto (*m.*)

advantage ventaja (*f.*)
 take—of aprovechar

advice consejo (*m.*), 19

advise aconsejar, 16

affect afectar, 16

afraid: to be— temer, 17; tener miedo, 19

after después (de), 1

afternoon tarde (*f.*), 11

again otra vez, 8

against contra, 5

age edad (*f.*), 16

ago: how long ago . . . ? ¿Cuánto tiempo hace...?, 14

agreeable ameno(a)

aha ajá, 1

AIDS SIDA (Síndrome de Inmunodeficiencia Adquirida) (*m.*), 18

air aire (*m.*)

alcohol alcohol (*m.*), 16

alcoholic alcohólico(a), 4

all todo(a), 4; todos(as)
 —that todo eso, 5

allergic alérgico(a), 3

allergy alergia (*f.*), 18

almost casi, 10

alone solo(a), 19

already ya, 11

also también, 2; asimismo

always siempre, 1

ambulance ambulancia (*f.*), 10

amount cantidad (*f.*)

amphetamine anfetamina (*f.*), 18

amputate amputar

analysis análisis (*m.*), 1

and y, P

anemia anemia (*f.*), 4

anemic anémico(a), 3

anesthesia anestesia (*f.*), 9

anesthesiologist anestesiólogo(a) (*m., f.*)

anesthesiology anestesiología (*f.*)

angina angina (*f.*)

angioplasty angioplasma (*m.*)

ankle tobillo (*m.*), 4

another otro(a), 2

antacid antiácido (*m.*), 17

antibiotic antibiótico (*m.*), 15

anticoagulant anticoagulante (*m.*)

antihistamine antihistamina (*f.*), 19

anus ano (*m.*)

any alguno(a), 3; cualquier(a), 16

anything algo, 2

apparatus aparato (*m.*), 12

appendicitis apendicitis (*f.*)

appetite apetito (*m.*), 3

apple manzana (*f.*)

apply aplicar, 19

appointment cita (*f.*), 5; turno (*m.*), 5; hora (*f.*), 5

approach acercarse, 14

arm brazo (*m.*), 7

around alrededor (de), 13

arrive llegar, 10

artery arteria (*f.*)

arthritis artritis (*f.*)

artificial artificial

ask preguntar, 13
 —questions hacer preguntas, 19

asleep dormido(a), 20
aspirin aspirina (*f.*), 3
assistant asistente (*m., f.*), 9
asthmatic asmático(a), 3
astigmatism astigmatismo (*m.*)
at en, 2; a
 —**(+ time)** a la(s) + time, 1
 —**first** al principio
 —**least** por lo menos, 6
 —**the end of** al final, 14
 —**the present time** actualmente
atmosphere ambiente (*m.*)
attack ataque (*m.*)
attend atender (*e:ie*)
aunt tía (*f.*), 20
authorization autorización (*f.*)
average promedio (*m.*)
avoid evitar, 4
awake despierto(a), 20

B

baby bebé (*m.*), 4
 —**bottle** mamadera (*f.*), 11;
 mamila (*f.*) (*México*), 11; biberón
 (*m.*), 11
 —**carriage** cochecito (*m.*)
 —**food** comidita de bebé (*f.*)
 —**lotion** loción para bebé (*f.*)
back espalda (*f.*), 4
backbone columna vertebral (*f.*)
backward hacia atrás, 8
bad malo(a), 4
balanced balanceado(a)
balloon (drug dosage) globo (*m.*),
 18
bandage venda (*f.*), 19; vendaje
 (*m.*), 19; vendar, 10
 adhesive— curita (*f.*), 14
bank banco (*m.*)
barely apenas, 16
bathe bañar, 13
bathroom cuarto de baño (*m.*), 14;
 baño (*m.*), 14; excusado (*m.*), 14;
 servicio (*m.*), 14
bathtub bañadera (*f.*), 19; bañera
 (*f.*), 19
battery batería (*f.*), 20
be ser, 2; estar, 3
 —**able (to)** poder (*o:ue*), 6
 —**born** nacer, 11
 —**careful** tener cuidado, 6
 —**done** terminar, 14
 —**pleasing to** gustar, 13

 —**tight** apretar (*e:ie*), 14
beans frijoles (*m.*), 6; habichuelas
 (*Puerto Rico*), 6
bear aguantar, 18
beat latir, 20
because porque, 4
become ponerse
bed cama (*f.*), 13
bedpan chata (*f.*), 2; cuña (*f.*), 2
bedtime: at— al acostarse
beer cerveza (*f.*), 18
before antes (de), 10
 —**sleeping** antes de dormir, 3
begin comenzar (*e:ie*), 11; empezar
 (*e:ie*), 15
believe creer, 3
bend doblar, 8
benign benigno(a), 12
besides además, 6
best mejor, 7; lo mejor, 5
better mejor, 7
between entre, 20
beverage bebida (*f.*), 17
 alcoholic beverage bebida
 alcohólica (*f.*), 4
bib babero (*m.*)
big grande, 4
bill cuenta (*f.*), 1
biopsy biopsia (*f.*), 12
birth natalidad (*adj.*), 12;
 nacimiento (*m.*)
 —**control** anticonceptivo(a)
 (*adj.*), 7
 —**mark** mancha en la piel (*f.*)
 to give— dar a luz; parir
bite morder (*o:ue*), 19; picadura
 (*f.*)
black negro(a), 17
blackhead espinilla (*f.*), 12
bladder vejiga (*f.*)
bland blando(a)
blanket frazada (*f.*), 2; cobija (*f.*),
 2; manta (*f.*), 2
bleach lejía (*f.*), 19
bleed sangrar, 9
bleeding pérdida de sangre (*f.*)
blind ciego(a)
blindness ceguera (*f.*)
blister ampolla (*f.*)
bloated aventado(a), 3; lleno de
 gases, 3
block cuadra (*f.*), 20
blood sangre (*f.*), 1
 —**bank** banco (*m.*) de sangre

—**count** conteo (*m.*), 14
—**pressure** presión (*f.*), 8; presión arterial (*f.*), 8; tensión (*f.*), 16
—**relative** pariente cercano(a) (*m., f.*), 20
—**test** análisis de sangre (*m.*), 1
blouse blusa (*f.*)
blue azul
blurry borroso(a), 12
body cuerpo (*m.*)
boiling hirviendo, 10
bone hueso (*m.*), 8
bonnet gorro (*m.*), 19
both los (las) dos, 3
bottle frasco (*m.*), 10; botella (*f.*), 10; pomo (*m.*) (*Cuba*), 10
bowel movement: to have a—
mover el vientre, 11; hacer caca, 11; obrar, 11; defecar, 11; evacuar (*México*), 11
box caja (*f.*), 20; cuadro (*m.*)
boy niño (*m.*), 3; varón (*m.*), 11; muchacho (*m.*), 18
braces frenos (*m.*)
brain cerebro (*m.*)
bread pan (*m.*), 2
break fracturar(se), 10; quebrarse (*e:ie*) (*México*), 10; romperse, 10
breakfast desayuno (*m.*), 2
breast seno (*m.*), 4; pecho (*m.*), 4
breath aliento (*m.*), 9; respiración (*f.*)
breathe respirar, 8; resollar, 8
bridge puente (*m.*)
brief breve, P
bring traer, 8
broccoli bróculi (*m.*), 6
brochure folleto (*m.*), 7
bronchitis bronquitis (*f.*)
brother hermano (*m.*), 20
brother-in-law cuñado (*m.*)
bruise moretón (*m.*), 13; morado (*m.*), 13; cardenal (*m.*) (*Cuba*), 13
brush cepillo (*m.*), 9; cepillar(se), 9
budget presupuesto (*m.*)
bunion juanete (*m.*)
burglar ladrón (-ona) (*m., f.*)
burn quemadura (*f.*), 10; quemar(se), 10; arder, 15
burning ardor (*m.*), 8
burp eructar
business office oficina de pagos (*f.*)
but pero, 3

butter mantequilla (*f.*), 2
buttocks nalgas (*f.*), 5; asentaderas (*f.*), 5
button botón (*m.*), 13
buy comprar, 3

C

cabbage col (*f.*), 6; repollo (*m.*), 6
caffeine cafeína (*f.*), 17
cake pastel (*m.*)
calcaneus calcáneo (*m.*)
calcium calcio (*m.*)
calf pantorrilla (*f.*)
call llamar, 1
called llamado(a)
calm calma (*f.*); calmar
—**down** calmar(se), 11
calorie caloría (*f.*), 6
can (be able to) poder (*o:ue*), 6
cancer cáncer (*m.*), 7
candy dulce (*m.*), 6; caramelo (*m.*)
canine canino (*m.*)
cap gorro (*m.*), 19
capsule cápsula (*f.*), 3
car carro (*m.*), 10; coche (*m.*), 10; auto (*m.*), 10; máquina (*f.*) (*Cuba*), 10
carbohydrate carbohidrato (*m.*)
card tarjeta (*f.*), 1
cardiologist cardiólogo(a), 20
cardiology cardiología (*f.*)
care cuidado (*m.*)
careful: to be— tener cuidado, 6
carious picado(a), 9; cariado(a), 9
carpus carpo (*m.*)
carry llevar
—**out** llevar a cabo
case caso (*m.*), 10
in that— en ese caso, 7
cashier cajero(a)
cast yeso (*m.*), 10; escayola (*f.*) (*España*), 10
CAT scan escanograma (*m.*)
cataracts cataratas (*f.*)
cathartic purgante (*m.*), 17
cause causa (*f.*); causar, 7
cavity picadura (*f.*), 9; carie (*f.*), 9
cement cemento (*m.*)
center centro (*m.*), 7
cereal cereal (*m.*)
cerebrum cerebro (*m.*)
certain cierto(a), 20; seguro(a)
certainly ciertamente

cervix cérvix (*f.*)
cesarean cesáreo(a), 11
chancre chancro (*m.*)
change cambiar(se), 9; cambio (*m.*)
cheap barato(a)
check revisar, 5; chequear, 5
checkup examen (*m.*), 8; chequeo (*m.*), 8
cheek cachete (*m.*); mejilla (*f.*)
cheese queso (*m.*), 6
chemotherapy quimioterapia (*f.*)
chest pecho (*m.*), 8
chew masticar; mascar
chicken pollo (*m.*), 2
chickenpox varicela (*f.*)
child niño(a) (*m., f.*), 3
childbirth parto (*m.*)
chill escalofrío (*m.*)
chin barbilla (*f.*), 8; mentón (*m.*), 8
chlamydia clamidia (*f.*)
chocolate chocolate (*m.*), 2
choke atragantarse, 19
cholesterol colesterol (*m.*), 8
circulation circulación (*f.*)
clavicle clavícula (*f.*)
clean limpiar, 5; limpio(a)
cleaning limpieza (*f.*)
clearly claramente, 12
clinic clínica (*f.*), 5
clogged obstruido(a)
close cerrar (*e:ie*), 5; cerca, 12
closed cerrado(a), 14
clot embolia (*f.*)
clothes ropa (*f.*), 13
clothing ropa (*f.*), 13; prendas
coat abrigo (*m.*)
cocaine cocaína (*f.*); coca (*f.*); perico (*m.*) (*col.*); polvo (*m.*) (*col.*)
coccyx rabadilla (*f.*)
codeine codeína (*f.*)
cognate cognado (*m.*)
coin moneda (*f.*), 19
cold frío(a), 2; catarro (*m.*), 3; resfrío (*m.*), 3; resfriado (*m.*), 3
　to have a— estar resfriado(a), 3; estar acatarrado(a), 3
colic cólico (*m.*)
colitis colitis (*f.*)
collide chocar, 10
colon colon (*m.*), 14
color blindness daltonismo (*m.*)
come venir, 5
　—back volver (*o:ue*), 6
　—in pase, P; entrar

comercial comercial, 17
comfortable cómodo(a), 13
commit suicide suicidarse
common común
company compañía (*f.*), 1
compare comparar
completely completamente, 15
compress compresa (*f.*), 13
conceive concebir (*e:i*)
condom condón (*m.*), 7
confirm confirmar, 10
conjunctivitis conjuntivitis (*f.*)
consciousness: to lose— perder el conocimiento, 10
constantly constantemente, 6
constipated estreñido(a), 3; tapado(a), 3; tupido(a), 3
consult consultar
consume consumir
contact lenses lentes de contacto (*m.*), 2
contagious contagioso(a), 15
contain contener, 20
continue seguir (*e:i*), 7
contraceptive (*adj.*) anticonceptivo(a) (*m.*), 7
contraction contracción (*f.*), 6
control control (*m.*), 7; controlar, 9
convenience comodidad, (*f.*)
conversation conversación (*f.*), P
convulsions convulsiones (*f.*)
cookie galletita (*f.*); galletica (*f.*)
coordinator coordinador(a) (*m., f.*), 18
correct correcto(a), 7
correctly correctamente, 7
cosmetic cosmético (*m.*)
cough toser, 2; tos (*f.*), 2
　—syrup jarabe para la tos (*m.*), 2
count contar (*o:ue*), 6; conteo (*m.*), 14
country país (*m.*)
couple par (*m.*)
course: of— cómo no, 13; por supuesto, 16
cover cubrir, 5; tapar, 14
crack crac (*m.*); piedra (*f.*) (*col.*); roca (*f.*) (*col.*); coca cocinada (*f.*) (*col.*)
cradle cuna (*f.*), 19
cramp calambre (*m.*), 20
crawl gatear, 19; andar a gatas, 19
cream crema (*f.*), 7
crib cuna (*f.*), 19

crooked torcido(a)

cross-eyed bizco(a)

croup crup (*m.*)

crown corona (*f.*), 9

crutch muleta (*f.*), 10

cry llorar

cup vasito (*m.*), 14; taza (*f.*)

cure curar, 17; cura (*f.*)

cured curado(a), 15

currently actualmente, 18

curtain cortina (*f.*), 19

cut cortar(se), 10; cortadura (*f.*), 19

—**down** disminuir, 16

cyst quiste (*m.*), 12

D

dad papá (*m.*)

daily diariamente, 17; diario(a)

damage daño (*m.*); dañar

dangerous peligroso(a), 6

dark oscuridad (*f.*)

date fecha (*f.*), 18

—**of birth** fecha de nacimiento, 1

daughter hija, 3

—**daughter-in-law** nuera (*f.*)

day día (*m.*), 12

deaf sordo(a), 17

go— quedarse sordo(a), 17

deafness sordera (*f.*)

death muerte (*f.*)

decayed picado(a), 9; cariado(a), 9

decide decidir, 18

decision decisión (*f.*), 12

deep (*adv.*) hondo, 8; (*adj.*) hondo(a), 19; profundo(a), 19

degree grado (*m.*), 3

delivery parto (*m.*), 11

—**room** sala (*f.*) de parto, 11

dental dental, 18

—**floss** hilo dental (*m.*)

—**surgeon** odontólogo(a) (*m., f.*)

dentine dentina (*f.*)

dentist dentista (*m., f.*), 9; odontólogo(a) (*m., f.*)

dentures dentadura postiza (*f.*), 2

department departamento (*m.*), 15

dermatologist dermatólogo(a) (*m., f.*), 12

dessert postre (*m.*), 2

destroy destruir

detachment desprendimiento (*m.*)

detergent detergente (*m.*), 19

determine determinar, 7

detoxification desintoxicación (*f.*)

develop desarrollar

diabetes diabetis (*f.*), 8

diabetic diabético(a), 6

diagnose diagnosticar

diagnosis diagnóstico (*m.*), 10

diaper pañal (*m.*)

diaphragm diafragma (*m.*), 7

diarrhea diarrea (*f.*), 5

die morir (*o:ue*), 20

diet dieta (*f.*), 6

go on a— seguir (*e:i*) una dieta, 6

dietician dietista (*m., f.*), 2

different distinto(a), 7; diferente, 7

difficult difícil, 6

difficulty dificultad (*f.*), 8

digest digerir (*e:ie*)

digestive system aparato digestivo (*m.*)

dilated dilatado(a)

diminish disminuir, 16; aliviarse (*a pain*), 17

dinner cena (*f.*)

diphtheria difteria (*f.*), 5

direct dirigir

directly directamente, 12

disability incapacidad (*f.*), 18

discharge flujo (*m.*), 15

discomfort molestia (*f.*) 7; malestar (*m.*)

discount descuento (*m.*)

discover descubrir

disease enfermedad (*f.*), 5

disfigure afear

disinfect desinfectar, 10

disorder trastorno (*m.*)

disposable desechable

distinguish distinguir

diuretic diurético (*m.*)

divorced divorciado(a)

dizziness mareo (*m.*), 4

do hacer, 5

doctor doctor(a) (*m., f.*), P; médico(a) (*m., f.*), 1

—**doctor's office** consultorio (*m.*)

donate donar

donor donante (*m., f.*)

door puerta (*f.*)

dosage dosis (*f.*), 16

dot punto (*m.*) 12

doubt dudar, 18; duda (*f.*)
drainage drenaje (*m.*)
dress vestido (*m.*)
drink beber, 2; tomar, 2;
  bebida (*f.*), 17
drop gota (*f.*), 5
dropsy hidropesía (*f.*)
drug(s) droga(s) (*f.*), 18
  —addict drogadicto(a) (*m., f.*),
  18
  become addicted to—
  endrogarse
  take— endrogarse
dry seco(a)
DT's delírium tremens (*m.*)
dull (pain) sordo(a), 20
during durante, 4
dye tinte (*m.*), 19

E

each cada, 3
ear (*inner*) oído (*m.*), 5; oreja
  (*external*) (*f.*)
  —canal conducto auditivo (*m.*);
  canal auditivo (*m.*)
  —drum tímpano (*m.*)
easy fácil, 7
eat comer, 2
eczema eczema (*f.*)
effect efecto (*m.*)
effective efectivo(a), 7; eficaz
egg huevo (*m.*), 6; blanquillo (*m.*)
  (*México*), 6
either tampoco, 7
ejaculate eyacular
elastic elástico(a), 17
elbow codo (*m.*)
elderly man (woman) viejo(a)
  (*m., f.*), 16; anciano(a) (*m., f.*), 17
electric(al) eléctrico(a), 10
  —outlet tomacorrientes (*m.*), 19
  —plug cover enchufe de
  seguridad (*m.*), 19
electrocardiogram (EKG)
  electrocardiograma (*m.*), 20
electroencephalogram (EEG)
  electroencefalograma (*m.*)
elevated elevado(a), 20
elevator elevador (*m.*); ascensor
  (*m.*)
eliminate eliminar, 16
else más, 16
embolism embolia (*f.*)

emergency emergencia (*f.*), 1
emphysema enfisema (*f.*)
emplear to employ
empty vacío(a), 10
enamel esmalte (*m.*)
enema enema (*m.*), 14; lavado
  intestinal (*m.*), 14
enough suficiente, 9
enter entrar, 1
entry entrada (*f.*), 7
epilepsy epilepsia (*f.*), 18
equipment equipo (*m.*)
especially especialmente, 6
even aun
ever alguna vez, 17
  hardly— casi nunca, 20
every cada, 3
  —. . . hours cada...horas
everything todo (*m.*)
  —possible todo lo posible, 6
evil eye mal de ojo (*m.*)
examination examen (*m.*), 8;
  chequeo (*m.*), 8
examine examinar, 4; reconocer, 4,
  chequear
example: for— por ejemplo, 20
excrement excremento (*m.*)
exercise hacer ejercicio, 6;
  ejercicio (*m.*), 15
exhaustion cansancio (*m.*), 17
explain explicar, 10
expose (oneself) exponer(se)
expression expresión (*f.*)
extend extender (*e:ie*), 14
extract sacar, 9; extraer, 9
extraction extracción (*f.*), 9
eye ojo (*m.*)
eyebrow ceja (*f.*)
eyedropper gotero (*m.*),
  cuentagotas (*m.*)
eyelashes pestañas (*f.*)
eyelid párpado (*m.*)

F

face cara (*f.*), 9
faint desmayarse, 17
faithfully fielmente, 17
fall caer(se), 10
false postizo(a), 2
family familia (*f.*), 7; (*adj.*)
  familiar
far (away) lejos (de), 12
farewell despedida (*f.*)

farsighted   présbite
farsightedness   hiperopía (*f.*)
fast   rápido(a); rápidamente
fasting   en ayunas, 8
fat   grasa (*f.*), 6; gordo(a), 6
father   padre (*m.*), 6; papá (*m.*), 6
 — **-in-law**   suegro (*m.*)
fatigue   fatiga (*f.*)
fatty tissue   tejido graso (*m.*)
favor   favor (*m.*), 11
fear   temer, 17
feces   materia fecal (*f.*)
feel   sentir(se) (*e:ie*), 8
 —**better**   aliviarse, 17
feet   pies (*m.*)
female   mujercita (*f.*) (*col. México*),
 11
femur   fémur (*m.*)
fertile   fértil, 7
fetus   feto (*m.*)
fever   fiebre (*f.*), 3; calentura (*f.*), 3
few   pocos(as), 6
fiber   fibra (*f.*)
fibula   fíbula (*f.*); peroné (*m.*)
fill   llenar
 —**a tooth**   emplomar, 9;
 empastar, 9
 —**out (forms)**   llenar, 1
finally   finalmente, 15
find   encontrar (*o:ue*), 12
fine   bien, P
finger   dedo (*m.*)
finish   terminar, 14
fire   incendio (*m.*)
 —**department**   departamento de
 bomberos (*m.*)
first   primero(a), 5; antes, 10
 —**aid**   primeros auxilios (*m.*), 19
 — **-aid kit**   estuche (botiquín) de
 primeros auxilios (*m.*), 19
fish   pescado (*m.*)
flatus   flato (*m.*)
floss (dental)   hilo dental (*m.*), 9;
 seda dental (*f.*), 9
flour   harina (*f.*)
fluoroscopy   fluoroscopía (*f.*)
foam   espuma (*f.*)
follow   seguir (*e:i*), 7
following   siguiente, 12
food   alimento (*m.*), 6; alimentación
 (*f.*), 12; comida (*f.*), 16
foot   pie (*m.*)
for   para, 2; por, 10
forceps   fórceps (*m.*), 6

forehead   frente (*f.*), 10
forget   olvidarse (de), 9
form   planilla (*f.*), 1; forma (*f.*)
 (*México*), 1
formula   fórmula (*f.*)
forward   hacia adelante, 8
fracture   fractura (*f.*), 10;
 fracturar(se)
free   gratis
frequent   frecuente, 12
frequently   con frecuencia, 4
fright   susto (*m.*)
frightened: to be—   asustarse, 19
fruit   fruta (*f.*)
fungus   hongo (*m.*)
furniture (piece of)   mueble (*m.*)

G

gain weight   subir de peso, 8;
 aumentar de peso, 8
gallbladder   vesícula biliar (*f.*), 17
gargle   hacer gárgaras
gas   gas (*m.*)
gastritis   gastritis (*f.*)
gauze   gasa (*f.*), 9
general   general, 8
 —**practitioner**   clínico (*m., f.*), 17
generally   generalmente, 17
genitals   genitales (*m.*), 14
gentleman   señor (*m.*), P
get   conseguir (*e:i*), 15
 —**close**   acercarse, 14
girl   niña (*f.*), 3; mujercita (*f.*) (*col.
 México*), 11; muchacha (*f.*), 18
give   dar, 3
 —**a shot**   poner una inyección, 10
 —**birth**   dar a luz; parir
gland   glándula (*f.*)
glans   glande (*m.*)
glass   vaso (*m.*), 17
 little—   vasito (*m.*), 14
glasses   anteojos (*m.*), 2; lentes (*m.*),
 2; gafas (*f.*), 2; espejuelos (*m.*)
 (*Cuba*), 2
glaucoma   glaucoma (*m.*), 12
go   ir, 3
 —**away**   irse, 14
 —**down**   bajar, 3
 —**in**   entrar
 —**out (leave)**   salir, 9
 —**to bed**   acostarse (*o:ue*), 14
 —**up**   subir, 13
goiter   bocio (*m.*)

gonorrhea gonorrea (*f.*), 15
good bueno(a)
—**afternoon** buenas tardes, P
—**evening (night)** buenas noches, P
—**morning (day)** buenos días, P
good-bye adiós, P
granddaughter nieta (*f.*)
grandfather abuelo (*m.*)
grandmother abuela (*f.*)
grandson nieto (*m.*)
grapefruit toronja (*f.*), 6
green verde, 6
greenish verdoso(a), 15
greeting saludo (*m.*)
groin ingle (*f.*)
group grupo (*m.*), 6
gum encía (*f.*), 9
gunshot wound herida de bala (*f.*)
gut tripa (*f.*); intestino (*m.*)
gynecologist ginecólogo(a) (*m., f.*)
gynecology ginecología (*f.*)

H

hair pelo (*m.*); cabello (*m.*)
half mitad (*f.*), 6; medio(a), 16
hallway pasillo (*m.*), 14
hand mano (*f.*), 14
handbag bolsa, 9
handwriting letra (*f.*), 1
happen pasar, 10; ocurrir, 16; suceder
hard duro(a), 4
hardening endurecimiento (*m.*)
hashish hachich (*m.*); hachís (*m.*)
have tener
—**to** tener que, 4
hay fever fiebre de heno (*f.*)
head cabeza (*f.*), 1
headache dolor de cabeza (*m.*), 1
health salud (*f.*), 15
healthy sano(a), 8; saludable
hear oír, 17
hearing aid audífono (*m.*), 17
heart corazón (*m.*), 16
—**attack** ataque al corazón (*m.*), 18
—**beat** latido (*m.*)
—**transplant** transplante de corazón (*m.*)
to have—trouble sufrir del corazón, 20; padecer del corazón, 20

heartburn acidez (*f.*), 17
heat (up) calentar (*e:ie*)
heavy pesado(a), 4
heel talón (*m.*)
help ayudar, 13
helper asistente (*m., f.*), 9
hemorrhage hemorragia (*f.*), 12
hemorrhoids hemorroides (*f.*), 17; almorranas (*f.*), 17
hepatitis hepatitis (*f.*), 18
here aquí
—**it is** aquí está, 1
hereditary hereditario(a), 16
heroin heroína (*f.*), manteca (*f.*) (*col. Caribe*)
herpes herpes (*m.*), 15
high alto(a), 3
hip cadera (*f.*)
hit (*oneself*) golpear(se), 10
HIV (human immunodeficiency virus) VIH (virus de inmunodeficiencia humana) (*m.*)
hives urticaria (*f.*)
hoarse ronco(a), 8
hoarseness ronquera (*f.*)
hold aguantar
—**one's breath** aguantar la respiración, 14
hole agujero (*m.*), 19; hueco (*m.*), 19
home casa (*f.*)
honey miel (*f.*)
hose medias (*f.*), 17
hospital hospital (*m.*), 2
hot caliente, 2
hour hora (*f.*), 3
hours horario (*m.*)
house casa (*f.*), 19
how cómo
—**about . . . ?** ¿Qué tal...?, 3
—**are you?** ¿Cómo está usted?, P
—**are you feeling?** ¿Cómo se siente?, P
—**long** cuánto tiempo, 10
—**long ago . . . ?** ¿Cuánto tiempo hace...?, 14
—**many** cuántos(as)
—**much** cuánto(a), 1
human humano(a)
humerus húmero (*m.*)
hungry: to be— tener hambre, 5
hurry: in a— de prisa, 8
hurt doler (*o:ue*), 8; (*oneself*) lastimarse, 11; hacer daño, 18

husband esposo (*m.*), 1; marido (*m.*), 1

hydrogen peroxide agua oxigenada (*f.*), 19

hygienist higienista (*m.*, *f.*), 9

hypertension hipertensión (*f.*), 16

hypodermic syringe jeringuilla (*f.*); jeringa hipodérmica (*f.*)

hysterectomy histerectomía (*f.*)

I

ice hielo (*m.*), 9
—**pack** bolsa de hielo, 9

if si, 3
—**only** ojalá, 17

ilium hueso ilíaco (*m.*)

ill enfermo(a)

implant (*m.*) implante, 7

importance importancia (*f.*), 12

important importante, 5

impotence impotencia (*f.*)

impotent impotente

improve mejorar, 20

in en, 2; dentro de, 8

inch pulgada (*f.*), 1

incisor incisivo (*m.*)

increase aumento (*m.*); aumentar

incubation incubación (*f.*)

incubator incubador (*m.*)

indicate indicar, 15; señalar

infect infectar

infection infección (*f.*), 5

infectious infeccioso(a)

inflammation inflamación (*f.*)

inflammatory inflamatorio(a)

influenza gripe (*f.*)

information información (*f.*), 1

inject (oneself) inyectar(se), 17

injection inyección (*f.*), 10

injured person herido(a) (*m.*, *f.*), 10

injury herida (*f.*), 9

insanity locura (*f.*)

insecticide insecticida (*m.*), 19

insemination inseminación (*f.*)

insert insertar, 7

inside adentro
on the— por dentro, 7

insomnia insomnio (*m.*), 8

instruction instrucción (*f.*), 17

instrument aparato (*m.*), 12

insulin insulina (*f.*), 17

insurance seguro (*m.*), 1; aseguranza (*f.*), 1
—**company** compañía de seguros, 1

intensive care unit unidad de cuidados intensivos (*f.*)

internal internal

internist internista (*m.*, *f.*), 17; clínico (*m.*, *f.*), 17

interuterine device (I.U.D.) aparato intrauterino (*m.*), 7

intestine intestino (*m.*)
large— intestino grueso (*m.*)
small— intestino delgado (*m.*)

intoxication intoxicación (*f.*)

investigator investigador(a), 15

iodine yodo (*m.*), 19

ipecac ipecacuana (*f.*), 19

iron hierro (*m.*), 3; plancha (*f.*), 19

irritated irritado(a), 5

irritation irritación (*f.*)

itching comezón (*f.*), 8; picazón (*f.*), 8

itself propio(a)

I.V. serum suero (*m.*), 13

J

jacket chaqueta (*f.*)

jaw (bone) mandíbula (*f.*); quijada (*f.*)

jelly jalea (*f.*), 7

joint (*drugs*) leño (*m.*); cucaracha (*f.*); porro (*m.*)

juice jugo (*m.*), 2

just: to have— acabar de, 13

K

keep mantener
—**at hand** tener a mano
—**in mind** tener en cuenta

kidney riñón (*m.*), 16
—**stones** cálculos en el riñón (*m.*); piedras en el riñón (*f.*)

kill matar

kind amable, 13

knee rodilla (*f.*), 8

know saber, 7; conocer, 7

knowledge conocimiento (*m.*)

knuckle nudillo (*m.*)

L

labor parto (*m.*)
—**pains** dolores de parto (*m.*), 11
to be in— estar de parto

laboratory laboratorio (*m.*), 8
lacking: to be—something faltarle
  algo a uno, 20
lady señora (*f.*), P
laparoscopy laparascopía (*f.*)
laryngitis laringitis (*f.*)
last último(a), 12; pasado(a), 12;
  durar, 20
  —night anoche, 13
  —time la última vez, 12
late tarde
lately últimamente, 17
later más tarde, 6; después, 15
  —on más adelante, 5
laxative purgante (*m.*), 17; laxante
  (*m.*), 17
least: at— por lo menos
leave irse, 14; salir
left izquierdo(a), 12
leg pierna (*f.*), 11
lesion lesión (*f.*), 15
less menos, 8
let (someone) know avisar, 13
  let's see . . . a ver..., 1; vamos a
  ver, 4
letter letra (*f.*), 1
leukemia leucemia (*f.*)
license: driver's— licencia para
  conducir (*f.*), 1
lie (down) acostarse (*o:ue*), 14
life vida (*f.*), 16
lift subir, 13; levantar, 13
light luz (*f.*); ligero(a)
like gustar, 13; como
  —that así, 11
  —this así, 8
limitation limitación (*f.*), 18
line línea (*f.*), 12; revestir (*e:ie*)
liniment linimento (*m.*)
lip labio (*m.*)
liquid líquido (*m.*), 3
list lista (*f.*), 6
little pequeño(a) (*size*) (*f.*), 6; poco
  (*quantity*), 3
  —by little poco a poco, 14
  a— un poco, 8
live vivir
liver hígado (*m.*), 6
local local, 9
look mirar, 1; verse, 13
lose perder (*e:ie*)
  —weight adelgazar, 6; perder
  (*e:ie*) peso, 6; rebajar, 6
loss pérdida (*f.*)

lot: a— mucho, 2
lotion loción (*f.*), 12
loved one ser querido (*m.*)
low bajo(a), 8
  —fat con poca grasa
lubricate lubricar
luck suerte (*f.*), 7
lukewarm tibio(a), 9
lump bolita (*f.*), 12; abultamiento
  (*m.*)
lunch lonche (*m.*) (*col. México*), 13;
  almuerzo (*m.*); comida (*f.*)
lung pulmón (*m.*)
lymph gland ganglio linfático (*m.*)

M

ma'am señora (*f.*), P
macaroni macarrones (*m.*), 6
Madam señora (*f.*), P
maintain mantener
major mayor, 12
majority mayoría (*f.*), 12
make hacer, 5
  —an appointment pedir turno,
  5; pedir hora, 5
  —better mejorar, 20
  —sure asegurarse, 12
makeup maquillaje (*m.*), 19
malaise malestar (*m.*)
malaria malaria (*f.*)
male varón (*m.*), 11
malignant maligno(a), 12
mammogram mamografía (*f.*), 12
man hombre (*m.*), 15
manifest manifestar (*e:ie*)
margerine margarina (*f.*) 6
marijuana mariguana (*f.*); marijuana (*f.*); [*col.:* yerba (*f.*); pito (*m.*);
  pasto (*m.*)]
marital status estado civil (*m.*), 1
married casado(a), 1
mass masa (*f.*), 12
massage fricción (*f.*), 13
match fósforo (*m.*), 19; cerilla (*f.*),
  19
maternity ward sala de maternidad
  (*f.*)
matter: to not— no tener
  importancia, 12
maybe quizá(s), 3
M.D. doctor(a) (*m., f.*), 1;
  médico(a) (*m., f.*), 1
meal comida (*f.*), 1

meantime: in the— mientras tanto, 4

measles sarampión (*m.*), 5

measure medir (*e:i*), 7

meat carne (*f.*)

medical médico(a), 12

—history hoja clínica (*f.*), 1; historia clínica (*f.*), 1

medicated medicinal, 12

medicinal medicinal, 12

medicine medicina (*f.*), 3; remedio (*m.*), 3

—chest (cabinet) botiquín (*m.*), 19

medium hard semiduro(a)

melon melón (*m.*), 6

meningitis meningitis (*f.*), 5

menstruation menstruación (*f.*), 4; regla (*f.*), 4; periodo (*m.*), 4

mental mental, 18

—health enfermedades mentales (*f.*)

metatarsus metatarso (*m.*)

methadone metadona (*f.*)

method método (*m.*), 7

midday meal almuerzo (*m.*); comida (*f.*)

middle medio (*m.*)

—name segundo nombre (*m.*), 1

midwife partera (*f.*); comadrona (*f.*)

milk leche (*f.*), 2

mine mío(a), 9

mineral mineral (*m.*), 5

minor menor, 12

minute minuto (*m.*), 9

miscarriage malparto (*m.*), 4; aborto espontáneo (*m.*), 4; aborto natural (*m.*), 4

Miss señorita (*f.*), P

molar muela (*f.*), 9

mole lunar (*m.*)

moment momento (*m.*), 15

more más, 4

—or less más o menos, 8

morning mañana (*f.*), 4

morphine morfina (*f.*)

mother madre (*f.*), 6

—-in-law suegra (*f.*)

mouth boca (*f.*), 9

mouthwash enjuague (*m.*)

move mover(se) (*o:ue*), 14

Mr. señor (*m.*), P

Mrs. señora (*f.*), P

much (*adv.*) mucho, 2

too— demasiado, 19

mucous membranes mucosas (*f.*)

mumps paperas (*f.*), 5; farfallotas (*f.*) (*col. Puerto Rico*), 5

muscle músculo (*m.*)

must deber

N

name nombre (*m.*), P

last— apellido (*m.*), P

nape nuca (*f.*)

narrow estrecho(a), 11

nausea náusea (*f.*), 1

near cerca (de) 12; cercano(a), 20

nearsighted miope; corto(a) de vista

nearsightedness miopía (*f.*)

necessarily necesariamente, 7

necessary necesario(a), 5

neck cuello (*m.*), 12

need necesitar, 1

needle aguja (*f.*)

negative negativo(a), 8

neither tampoco, 7

nephew sobrino (*m.*)

nerve nervio (*m.*)

nervous nervioso(a), 16

neurological neurológico(a)

neurologist neurólogo(a) (*m.*, *f.*)

neurology neurología

never nunca, 6

new nuevo(a)

newborn recien nacido(a) (*m.*, *f.*)

newlywed recién casado(a) (*m.*, *f.*), 7

next próximo, 5; entrante, 5; ...que viene, 5; siguiente, 12

—one próximo(a) (*m.*, *f.*), 12

niece sobrina (*f.*)

nightgown camisón (*m.*)

nipple pezón (*m.*)

no one nadie, 15

nobody nadie, 15

noise ruido (*m.*), 8

normal normal, 8

normally normalmente, 6

nose nariz (*f.*)

nostril ventana nasal (*f.*); ventana de la nariz (*f.*)

nothing nada, 8

notice notar, 17

noun nombre (*m.*)

nourishment alimento (*m.*), 6
novocaine novocaína (*f.*), 9
now ya, 11; ahora
numb entumecido(a)
number número (*m.*)
  phone— número de teléfono (*m.*), P
numbness entumecimiento (*m.*)
nurse enfermero(a) (*m.*, *f.*), 2; dar el pecho, 11; dar de mamar, 11
nursery sala de bebés (*f.*), 11

O

obesity obesidad (*f.*), 6; gordura (*f.*), 6
object objeto (*m.*), 19
obstetrician obstetra (*m.*, *f.*)
obtain conseguir (*e:i*), 15
occupation ocupación (*f.*), 1
oculist oculista (*m.*, *f.*), 12
odontologist odontólogo(a) (*m.*, *f.*)
odor olor (*m.*)
  to have a bad— tener mal olor, 15; apestar, 15; tener peste, 15
offer brindar
office oficina (*f.*), 3
often a menudo, 1
oh ¡ay!, 6; ah, 9
oil aceite (*m.*), 5
oily grasiento(a)
ointment ungüento (*m.*), 5
okay bueno(a), 1
on en; sobre
once una vez
only sólo, 2; solamente, 2
open abrir, 9; abierto(a)
  —heart surgery operación de corazón abierto (*f.*)
opening entrada (*f.*), 7
operate operar, 12
operating room sala de cirugía (*f.*); sala de operaciones (*f.*)
operation operación (*f.*), 11
ophthalmologist oculista (*m.*, *f.*), 12; oftalmólogo(a) (*m.*, *f.*)
ophthalmology oftalmología (*f.*)
opium opio (*m.*)
optometrist oculista (*m.*, *f.*), 12
or o, 1
oral bucal
orally por vía bucal; por vía oral
orange naranja (*f.*), 6; anaranjado(a)

—juice jugo de naranja (*m.*), 2; jugo de china (*m.*) (*Puerto Rico*), 2
order orden (*f.*), 8; ordenar, 14
  in—order to para, 3
ordinary: out of the— fuera de lo común, 8
organ órgano (*m.*)
orthodontia ortodoncia (*f.*)
orthodontist ortodoncista (*m.*, *f.*)
orthopedics ortopedia (*f.*)
orthopedist ortopedista (*m.*, *f.*); ortopédico(a) (*m.*, *f.*)
other otro(a), 2
out of reach fuera del alcance
outpatient paciente externo(a) (*m.*, *f.*)
outside afuera, 10
  on the— por fuera, 7
ovary ovario (*m.*)
oven horno (*m.*), 19
overdose sobredosis (*f.*)
overweight exceso de peso (*m.*)
ovulation ovulación (*f.*), 7
oxygen oxígeno (*m.*)

P

pacemaker marcapasos (*m.*), 20
pacifier chupete (*m.*); chupón (*m.*); tete (*m.*) (*Cuba*)
pack bolsa (*f.*)
  —of cigarettes cajetilla (*f.*), 2
pain dolor (*m.*), 1
painkiller pastilla para el dolor (*f.*), 2; calmante (*m.*), 3
painful doloroso(a)
paint pintura (*f.*), 19
pair par (*m.*), 17; pareja
palate paladar (*m.*)
pale pálido(a), 3
palpitations palpitaciones (*m.*), 16
pamphlet folleto (*m.*), 7
pants pantalones (*m.*)
pantyhose pantimedias (*f.*)
Pap test (smear) examen Papanicolau (*m.*)
papilloma papiloma (*m.*)
paralysis parálisis (*f.*), 16
paralyzed paralítico(a), 16
paramedic paramédico(a) (*m.*, *f.*), 19
parents padres (*m.*)
parking estacionamiento (*m.*)
part parte (*f.*), 7

partial parcial, 16
pass pasársele a uno, 17
pasta pasta (*f.*)
patch mechón (*m.*)
patela rótula (*f.*)
patient paciente (*m., f.*), 1
pay pagar, 1
payment pago (*m.*)
peach durazno (*m.*); melocotón
 (*m.*)
peanut butter mantequilla de maní
 (*f.*), 6; mantequilla de cacahuete
 (*f.*), 6
pear pera (*f.*)
pediatrics pediatría (*f.*)
pediatrician pediatra (*m., f.*), 3
pelvic de la pelvis; pélvico(a)
penicillin penicilina (*f.*), 3
penis pene (*m.*), 8; miembro (*m.*)
people gente (*f.*)
pepper chile (*m.*), 6; pimiento (*m.*),
 6
per day al día, 2
perfume perfume (*m.*)
perhaps quizá(s), 3; tal vez, 20
period periodo (*m.*)
permanent permanente
person persona (*f.*), 12
personnel personal (*m.*)
pertussis tos ferina (*f.*), 5
phalange falange (*m.*)
pharmacy farmacia (*f.*), 3;
 droguería (*f.*) (*col. in some L.A.*
 countries), 3
phlegm flema (*f.*)
phone teléfono (*m.*), P
physical físico(a), 8
pie pastel (*m.*)
pill pastilla (*f.*), 2; píldora (*f.*)
 —for pain pastilla para el dolor,
 2; calmante (*m.*), 2
pillow almohada (*f.*), 2
pimple grano (*m.*), 12
pin alfiler (*m.*), 19
 —pins and needles hormigueo
 (*m.*)
pineapple piña (*f.*)
place colocar, 7; lugar (*m.*), 18
 —of work lugar donde trabaja, 1
placenta placenta (*f.*), 11
plan pensar (*e:ie*), 11
planning planificación (*f.*), 7
plaque placa (*f.*)
plastic plástico (*m.*), 19

pleasant ameno(a)
please por favor, P; favor de, 18
pleasure gusto (*m.*)
pleuresy pleuresía (*f.*)
pneumonia pulmonía (*f.*);
 pneumonía (*f.*)
podiatrist podiatra (*m., f.*)
poison (oneself) envenenar(se),
 19; veneno (*m.*), 10
 —center centro de
 envenenamiento (*m.*), 19
poisoning envenenamiento (*m.*),
 10
police policía (*f.*)
policy póliza (*insurance*), 1
poliomyelitis poliomielitis (*f.*), 5
pollen polen (*m.*)
poor pobre
 —little thing (one) pobrecito(a)
 (*m., f.*), 3
pore poro (*m.*)
portion porción (*f.*)
positive positivo(a), 8
postnatal postnatal
potato papa (*f.*)
pound libra (*f.*), 1
practice practicar
precaution precaución (*f.*), 5
prefer preferir (*e:ie*), 5
pregnancy embarazo (*m.*), 7
pregnant embarazada, 4; encinta,
 4; preñada (*col.*), 4
premature prematuro(a)
prenatal prenatal
preparation preparación (*f.*)
prepare preparar, 6
prescribe recetar, 5
prescription receta (*f.*), 3
press apretar (*e:ie*), 8
pressure presión (*f.*), 8
pretty bonito(a), 11
prick pinchar
primary primario(a)
print (printed letter) letra de imprenta (*f.*), 1; letra de molde (*f.*), 1
private parts partes privadas (*f.*),
 14
probably probablemente, 16
problem problema (*m.*), 3
program programa (*m.*), 18
prostate gland próstata (*f.*)
prostatitis prostatitis (*f.*)
protect proteger
protein proteína (*f.*), 3

provide proporcionar
psychiatrist psiquiatra (*m., f.*)
public público(a), 15
publish publicar
pull (teeth) sacar, 9; extraer, 9
pulp pulpa (*f.*)
pulse pulso (*m.*), 13
pump (the stomach) hacer un lavado de estómago, 10
pupil pupila (*f.*)
purgative purgante (*m.*), 17
purse bolsa (*f.*), 9
pus supuración (*f.*), 5
push (during labor) pujar, 11
put poner
— **away** guardado(a), 13
pyorrhea piorrea (*f.*), 9

Q

quantity cantidad (*f.*), 6
question pregunta (*f.*), 19

R

radiologist radiólogo(a) (*m., f.*)
radiology radiología (*f.*)
radius radio (*m.*)
raise levantar, 13
rapidly rápidamente, 20
rash salpullido (*sarpullido*) (*m.*), 5; erupción de la piel
react prender
read leer, 2
ready listo(a), 14
receive recibir, 18
receptionist recepcionista (*m., f.*), 1
recognize reconocer
recommend recomendar (*e:ie*), 17
records: medical— archivo clínico (*m.*)
recover recuperarse
recovery room sala de recuperación (*f.*)
rectum recto (*m.*), 14
red rojo(a), 6
regularly regularmente, 17
relative pariente (*m., f.*), 20
 close— pariente cercano(a), 20
relax relajarse, 11
release (from hospital) dar de alta, 13
remain quedarse, 11
remainder resto (*m.*)
remove quitar, 12

report informe (*m.*)
respiratory respiratorio(a)
rest descansar, 4; descanso (*m.*); resto (*m.*)
result resultado (*m.*), 8
 produce results dar resultado, 12
retention retención (*f.*)
retina retina (*f.*)
return regresar, 1; volver (*o:ue*), 6
revival reanimación (*f.*)
rheumatic fever fiebre reumática (*f.*), 20
rheumatism reumatismo (*m.*)
rhythm ritmo (*m.*), 7
rib costilla (*f.*)
rice arroz (*m.*), 6
right derecho(a), 14
 —**?** ¿verdad?, 11
 —**away** en seguida, 5
 —**here** aquí mismo, 12
 —**now** ahora mismo, 3
 to be— tener razón, 4
ring anillo (*m.*), 13
ringing ruido (*m.*), 8
rinse enjuagar, 9
risk riesgo (*m.*); arriesgar
robe bata (*f.*), 14
roll up one's sleeves subirse la manga, 14; remangarse, 14
room cuarto (*m.*), 3; espacio (*m.*), 9; habitación (*f.*), 11; sala (*f.*)
 —**temperature** temperatura del ambiente (*f.*)
root raíz (*f.*)
 —**canal** canal en la raíz (*m.*)
roughage fibras (*f.*)
rub fricción (*f.*), 13; friccionar
rubella rubéola, 5
run correr, 8
 —**a test** hacer un análisis, 8; hacer una prueba, 8
 —**into** chocar, 10
 in the long— a la larga

S

safe caja de seguridad (*f.*), 13; caja fuerte (*f.*), 13; seguro(a), 19
saliva saliva (*f.*)
salt sal (*f.*), 9
 —**free** sin sal
same mismo(a)
 the— lo mismo, 8

sample muestra (*f.*), 2
save salvar, 9
say decir (*e:i*), 7
scab costra (*f.*), 5
scabies sarna (*f.*)
scalp cuero cabelludo (*m.*)
scapula omóplato (*m.*)
scared: to be— asustarse, 19
scarlet fever fiebre escarlatina (*f.*)
schedule horario (*m.*)
schizophrenia esquizofrenia (*f.*)
school escuela (*f.*), 19
scissors tijeras (*f.*), 19
scratch rasguño (*m.*), 19; rascar(se)
scrotum escroto (*m.*)
seat: Have a—. Tome asiento., P
second segundo (*m.*), 10;
  segundo(a), 14
secretion secreción (*f.*)
sedative sedativo (*m.*); calmante
  (*m.*)
see ver, 5
  —you tomorrow. Hasta
  mañana., P
seem parecer, 8; verse, 13
seizure ataque (*m.*)
semen semen (*m.*)
seminal vesicle vesícula seminal
  (*f.*)
senses sentidos (*m.*)
separate separar, 8
separated separado(a), 1
serious grave, 3; serio(a), 3
serve servir (*e:i*), 7
several varios(as), 13
sex sexo (*m.*), 1
  to have— tener relaciones
  sexuales, 4; acostarse con, 4
sexual sexual
  —relations relaciones sexuales
  (*f.*), 4
  —partner compañero(a) sexual
  (*m., f.*)
sexually a través del contacto
  sexual
shaking temblor (*m.*), 20
share compartir
sharp agudo(a), 20
  —pain punzada (*f.*)
shave afeitar(se); rasurar(se)
shirt camisa (*f.*)
shoe zapato (*m.*)
shoot dar un tiro; pegar un tiro
  —up pullar (*Caribe*)

shop tienda (*f.*)
short corto(a); bajo(a)
shortness of breath faltarle el aire
  a uno, 20
shot inyección (*f.*), 10
should deber, 2
shoulder hombro (*m.*)
sick person enfermo(a) (*m., f.*),
  18
sickness enfermedad (*f.*), 5
side lado (*m.*), 12; costado (*m.*), 14
  at the—of al lado de, 13
sign firmar; señal (*f.*)
signature firma (*f.*), 1
similar similar, 14
simple simple, 9
since como, 3; desde, 4
single soltero(a), 1
sir señor (*m.*), P
sister hermana (*f.*), 20
  —-in-law cuñada (*f.*)
sit sentar(se) (*e:ie*), 9
sitting sentado(a)
situation situación (*f.*)
size tamaño (*m.*), 7
skeleton esqueleto (*m.*)
skim milk leche descremada
  (*f.*), 6
skin piel (*f.*), 5; cutis (*m.*) (*face*)
skirt falda (*f.*)
skull cráneo (*m.*)
sleep dormir (*o:ue*), 8
sleeve manga (*f.*), 14
slipper zapatilla (*f.*); babucha
  (*f.*)
slowly lentamente, 8
small pequeño(a), 6
smallpox viruela (*f.*)
smoke fumar, 3; humo (*m.*)
smoked ahumado(a)
so así, 8
  —much tanto, 2
soap jabón (*m.*), 12
social social, 1
  —security seguro social (*m.*), 1
socket tomacorrientes (*m.*), 19
sock calcetín (*m.*)
soda refresco (*m.*), 6
soft blando(a)
  —drink refresco, 6
sole (of foot) planta del pie (*f.*)
some algunos(as), 3
someone alguien (*m.*)
something algo (*m.*), 2

sometimes   algunas veces, 8; a veces, 8
son   hijo (*m.*)
  —-in-law   yerno (*m.*)
sonogram   sonograma (*m.*)
soon   pronto, 10
  as—as   en cuanto, 19; tan pronto como, 19
sooner: the—, the better   cuanto antes mejor, 15
sore   llaga (*f.*), 15
  —throat   dolor de garganta (*m.*)
sorry: I'm—   Lo siento, P
soup   sopa (*f.*), 2
source   fuente (*f.*)
space   espacio (*m.*), 9
spaghetti   espaguetis (*m.*), 6
speak   hablar, 1
special   especial, 5
specialist   especialista (*m.*, *f.*), 12
specimen   muestra (*f.*), 2
sperm   esperma (*f.*)
spiced   condimentado(a), 17
spicy   picante, 6; condimentado(a), 17
spinal anesthesia   raquídea (*f.*)
spine (spinal column)   columna vertebral (*f.*)
spit   escupir, 9
spleen   bazo (*m.*)
sponge   esponja (*f.*)
  —bath   baño de esponja (*m.*), 13
spoonful   cucharada (*f.*), 13
sputum   esputo (*m.*)
stab   dar una puñalada
staircase   escalera (*f.*), 10
stairs   escaleras (*f.*)
stand   pararse, 14; aguantar, 18
start   comenzar (*e:ie*), 11; empezar (*e:ie*), 15
stay   quedarse, 11
stepbrother   hermanastro (*m.*)
stepchild   hijastro(a) (*m.*, *f.*)
stepfather   padrastro (*m.*)
stepmother   madrastra (*f.*)
stepsister   hermanastra (*f.*)
sterility   esterilidad (*f.*)
sterilize   esterilizar
sternum   esternón (*m.*)
stick out (one's tongue)   sacar (la lengua), 17
still   todavía, 2; quieto(a)

stitch   punto (*m.*), 10; puntada (*f.*), 10
stockings   medias (*f.*), 17
  support—   medias elásticas, 17
stomach   estómago (*m.*), 1; barriga (*f.*), 11
stomachache   dolor de estómago (*m.*), 1
stone   cálculo (*m.*), 17; piedra (*f.*), 17
stool   materia fecal (*f.*); caca (*f.*) (*col.*)
  —specimen   muestra de heces fecales (*f.*), 2; muestra de excremento (*f.*), 2
stop (doing something)   dejar de, 4
stove   cocina (*f.*), 19; estufa (*f.*), 19
straight   directamente, 12
strawberry   fresa (*f.*), 6
street   calle (*f.*), P
strenuous   violento(a)
stress   estrés (*m.*)
stretch   extender (*e:ie*), 14
stretcher   camilla (*f.*), 10
strict   estricto(a), 6
stroke   derrame (*m.*), 16; hemorragia cerebral (*f.*), 16
strong   fuerte
sty   orzuelo (*m.*)
suffer   sufrir, 3; padecer, 6
sufficient   suficiente, 9
suffocate (oneself)   sofocar(se), 19
sugar   azúcar (*m.*), 17
suggest   sugerir (*e:ie*), 16
suggestion   sugerencia (*f.*)
sulfa   sulfa (*f.*)
summary   resumen (*m.*), 18
sun   sol (*m.*), 19
sunstroke   insolación (*f.*)
supper   cena (*f.*)
suppository   supositorio (*m.*)
sure   seguro(a), 4; cómo no, 13
  make—   asegurarse, 12
surgeon   cirujano(a) (*m.*, *f.*), 12
surgery   cirugía (*f.*), 12; operación (*f.*)
surgical   quirúrgico(a)
surname   apellido (*m.*), P
suspect   sospechar, 15
swallow   tragar, 14
sweat   sudar, 20
sweet   dulce (*m.*), 6; caramelo (*m.*); dulce (*adj.*)

sweetened endulzado(a)

swelling inflamación (*f.*); hinchazón (*m.*)

swimming pool piscina (*f.*), 19; alberca (*f.*) (*México*), 19

swollen hinchado(a), 4; inflamado(a), 4

symptom síntoma (*m.*), 4

syphilis sífilis (*f.*), 15; sifilítico(a)

syringe jeringa (*f.*); jeringuilla (*f.*)

syrup jarabe (*m.*)

T

table mesa (*f.*), 14

tablespoonful cucharada (*f.*), 13

tablet tableta (*f.*); pastilla (*f.*)

take tomar, 3; llevar, 3

  —off one's clothes quitar(se) la ropa, 14

  —out sacar, 9; extraer, 9; quitar, 12

talk conversar, hablar

tall alto(a)

  How—are you? ¿Cuánto mide Ud.?, 1

tarsus tarso (*m.*)

tartar sarro (*m.*), 9

tea té (*m.*)

tear duct conducto lacrimar (*m.*); conductor lagrimar (*m.*)

teaspoonful cucharadita (*f.*), 3

technician técnico (*m., f.*), 14

teeth (set of teeth) dentadura (*f.*), 2

telephone teléfono (*m.*), 19

television televisión (*f.*)

tell decir, 7

temperature temperatura (*f.*), 3

temple sien (*f.*)

tend atender (*e:ie*)

tendency tendencia (*f.*)

tense up ponerse tenso(a), 11

tension tensión (*f.*)

tepid tibio(a), 9

terrible terrible, 10

test análisis (*m.*), 1; prueba (*f.*), 5

testicle testículo (*m.*)

test tube probeta (*f.*)

tetanus tétano(s) (*m.*), 5

thanks (thank you) gracias, P

that que, 3; eso, 8

  —which lo que, 10

  —way así, 11

That's it. Ya está., 14

then entonces, 9; luego, 10

therapy terapia (*f.*)

there allí, 15

  —is (are) hay

thermometer termómetro (*m.*), 13

these estos(as)

thigh muslo (*m.*)

thin delgado(a), 3

thing cosa (*f.*), 6

think creer, 3; pensar (*e:ie*), 7

third tercero(a), 10

thirst sed (*f.*)

this este(a), 18

thorax tórax (*m.*)

throat garganta (*f.*)

through por, 8

throw up arrojar, 1

thyroid tiroides (*f.*), 14

tibia tibia (*f.*)

tie ligar, 12; amarrar

tightness opresión (*f.*), 20

till hasta, 8

time vez (*f.*), 12; tiempo (*m.*)

  at the present— actualmente, 18

  from—to— de vez en cuando, 17

  on— a tiempo

tired cansado(a), 3

tiredness cansancio (*m.*), 17

tissue tejido (*m.*); pañuelo de papel (*m.*)

title título (*m.*)

toast tostada (*f.*), 2; pan tostado (*m.*), 2

tobacco tabaco (*m.*), 16

today hoy, 2

toe dedo del pie (*m.*)

  big— dedo gordo (*m.*)

together juntos(as), 5

toilet inodoro (*m.*), 14

tolerate aguantar, 18

tomato tomate (*m.*), 6

tomorrow mañana, 1

tongue lengua (*f.*), 13

tonsils amígdalas (*f.*)

tonsilitis amigdalitis (*f.*)

too much demasiado(a)

tooth diente (*m.*), 9; muela, 9

toothbrush cepillo de dientes (*m.*)

toothpaste pasta dentífrica, 9; pasta de dientes, 9

tortilla tortilla (*f.*), 6

total   total, 16
touch   tocar, 8
tourniquet   ligadura (*f.*), 14; torniquete (*m.*), 14
tranquilizer   tranquilizante (*m.*)
transfusion   transfusión (*f.*), 13
transmitted   trasmitido(a)
treat   tratar, 16
treatment   tratamiento (*m.*), 12
tree   árbol (*m.*), 10
tremor   temblor (*m.*), 20
trouble   molestia (*f.*), 7
trousers   pantalones (*m.*)
true   verdad, 11
try   probar (*o:ue*), 7; tratar (de), 16
tube   tubo (*m.*), 14
tuberculine   tuberculina (*f.*), 5
tuberculosis   tuberculosis (*f.*), 5
tumor   tumor (*m.*), 12
turn   ponerse
  —out okay   salir bien, 14
  —over   volverse, 14; darse vuelta, 14; voltearse (*México*), 14
tweezers   pinzas (*f.*), 19
twins   mellizos(as); gemelos(as); cuates (*México*); jimaguas (*Cuba*)
twist   torcer(se) (*o:ue*), 10
twitching   temblor (*m.*)

U

ulcer   úlcera (*f.*), 17
ulna   cúbito (*m.*)
ultrasound   ultrasonido (*m.*), 17
umbilical cord   cordón umbilical (*m.*)
unbearable   insoportable, 9
uncle   tío (*m.*), 20
under   debajo (de), 13; bajo
underwear   ropa interior (*f.*)
undress   desvestir(se) (*e:i*)
unit   unidad (*f.*)
until   hasta, 8
uremia   uremia (*f.*); urea alta (*f.*)
urethra   uretra (*f.*); canal de la orina (*m.*); caño de la orina (*m.*)
uric   úrico, 20
urinate   orinar, 2; hacer pis (*col.*), 2; hacer pipí (*col.*), 2
urine   orina (*f.*)
urologist   urólogo(a) (*m.,f.*)
urology   urología (*f.*)
use   usar, 2
used   usado(a), 7

useful   útil, 19
uterus   útero (*m.*), 7
uvula   campanilla (*f.*); úvula (*f.*)

V

vaccinate   vacunar, 5
vaccinated   vacunado(a), 5
vaccine   vacuna (*f.*)
vagina   vagina (*f.*)
vaginal   vaginal
vaginitis   vaginitis (*f.*)
varicose veins   várices (*f.*), 17; venas varicosas (*f.*), 17
variety   variedad (*f.*), 6
vasectomy   vasectomía (*f.*), 12
Vaseline   vaselina (*f.*), 5
vegetable   vegetal (*m.*), 6; legumbre (*f.*)
vein   vena (*f.*), 13
venereal   venéreo(a), 15
verb   verbo (*m.*)
vertebra   vértebra (*f.*)
very   muy
  —well   muy bien, P
  not—well   no muy bien, P
view   vista (*f.*)
violent   violento(a)
virus   virus (*m.*)
vision   vista (*f.*), 12
visit   visitar, 13
visiting hour   hora de visita (*f.*), 13
vitamin   vitamina (*f.*), 3
vocabulary   vocabulario (*m.*), P
vomit   arrojar, vomitar

W

waist   cintura (*f.*)
wait   esperar, 3
waiting room   sala (*f.*) de espera, 3
walk   caminar, 10; andar, 19
wall   pared (*f.*), 12
want   desear, 2; querer (*e:ie*), 5
ward   sala (*f.*), 2
warning   aviso (*m.*)
wart   verruga (*f.*), 12
washcloth   toallita (*f.*)
washing   lavado (*m.*)
watch   reloj (*m.*), 13
water   agua (*f.*), 2
  —bag   bolsa de agua (*f.*), 11
way   forma
  that—   así, 11
weak   débil, 4

weakness debilidad (*f.*), 17
wear usar, 2
week semana (*f.*), 5
weigh pesar, 1
weight peso (*m.*), 6
welcome: you're— de nada, P
well bien, P; bueno, 1; pues, 10
what cuál, 3; qué, 2; lo que
   —for? ¿para qué?, 5
   —time ¿a qué hora?, 5
wheelchair silla de ruedas (*f.*)
when cuando, 8; ¿cuándo?, 1
where ¿dónde?, 10; donde
which ¿cuál?, 3
while rato (*m.*), 11
   a—later al rato, 3
white blanco(a)
who ¿quién?, 1
whooping cough tos ferina (*f.*), 5;
   tos convulsiva (*f.*)
why ¿por qué?, 4
widow viuda (*f.*), 1
widower viudo (*m.*), 1
wife esposa (*f.*), 1; mujer (*f.*), 1
window ventana (*f.*)
windshield parabrisas (*m.*)
wine vino (*m.*), 18
wisdom tooth muela del juicio
   (*f.*), 9
wish desear, 2; querer (*e:ie*), 5
with con, 1
within dentro de, 8

without sin, 8
woman mujer, 7
womb matriz (*f.*)
word palabra (*f.*)
work trabajo (*m.*), 4; trabajar, 12;
   dar resultado, 12
worried preocupado(a), 6
worry preocupar(se), 10
worse peor, 16
worst peor, 16
wound herida (*f.*), 9; llaga (*f.*), 15
wounded herido(a)
wrist muñeca (*f.*)
write escribir
written escrito(a), 13

X

X-ray radiografía (*f.*), 1
   —room sala de rayos X (*f.*), 10

Y

year año (*m.*), 3
yellowish amarillento(a), 15
yesterday ayer
yet todavía, 2
yogurt yogur (*m.*), 6
young joven, 7
   —lady señorita (*f.*), P
   —man muchacho (*m.*), 18
   —woman muchacha (*f.*), 1
yours suyo(a), 9